DIE PHÖNIZIER
im Zeitalter Homers

Ulrich Gehrig und Hans Georg Niemeyer

mit Beiträgen von Eric Gubel, Joachim Latacz, Annette Rathje,
Wolfgang Röllig und Maria Eugenia Aubet Semmler

VERLAG PHILIPP VON ZABERN · MAINZ

Ausstellungsplanung: Ulrich Gehrig, Hans Georg Niemeyer

Herausgeber: Ulrich Gehrig, Hans Georg Niemeyer

Redaktion und Lektorat: Doris Niemeyer

Katalog: Christoph Briese (9–35, 37–44, 46–52, 56–60, 64, 68–72, 76, 79–82, 104–113, 117–126, 129, 133–135, 137–146, 148, 158–170, 175–184, 188, 190–197, 199–202, 206, 215, 216, 223–232, 248, 253–258 sowie die Texte zu den Modellen, o. Nr.)
Alexander Mlasowski (136)
Hans Georg Niemeyer (221, 222)
Elke Schlüter (1–8, 36, 53–55, 61–63, 65–67, 77, 78, 83–103, 114–116, 130–132, 147, 149–157, 171–174, 185–187, 189, 198, 203–205, 207–214, 217–220, 226–228, 233–247, 249–252)

Den Text des Einführungsbeitrages von M. E. Aubet Semmler übersetzten Doris und Hans Georg Niemeyer

260 Seiten mit 106 Farb- und 155 Schwarzweißabbildungen

Umschlag: Elfenbeinrelief aus Arslan-Tash (Nordost-Syrien), 8. Jh. v. Chr. (Katalog Nr. 33)

Vorsatz vorne: Die phönizische Expansion im Mittelmeerraum

Vorsatz hinten: Frühe phönizische Niederlassungen am Mittelmeer

Frontispiz: Karte Phöniziens, nach E. Renan, Mission de Phénicie (1864)

Kestner-Museum, Hannover   14. 9. – 25. 11. 1990
Museum für Archäologie, Hamburg   26. 1. – 17. 3. 1991
Prähistorische Staatssammlung, München   13. 4. – 30. 6. 1991

ISBN 3-8053-1173-7
ISBN 3-8053-1244-X (Museumsausgabe)
Satz: Typo-Service Mainz
Lithos: SWS Repro GmbH, Wiesbaden
Papier: Papierfabrik Scheufelen, Lenningen
Gesamtherstellung: Zaberndruck, Mainz am Rhein
Printed in Germany / Imprimé en Allemagne
Printed on fade resistant and archival quality paper (PH 7 neutral)

Inhaltsverzeichnis

Leihgeber

Berlin	Staatliche Museen Stiftung Preußischer Kulturbesitz Antikenmuseum Prof. Dr. Wolf-Dieter Heilmeyer Dr. Luca Giuliani
Berlin, DDR	Staatliche Museen zu Berlin, DDR Ägyptisches Museum Dr. Karl-Heinz Priese
Brüssel	Musées Royaux d'Art et d'Histoire Département des Antiquités Grecques, Etrusques et Romaines Prof. Dr. Jean-Charles Balty Département des Antiquités Orientales Prof. Dr. D. Homès-Frédéricq
Bremerhaven	Deutsches Schiffahrtsmuseum Prof. Dr. Detlef Ellmers
Genf	George Ortiz Collection
Hamburg	Museum für Kunst und Gewerbe Dr. Wilhelm Hornbostel Dr. Cornelia Ewigleben
Heidelberg	Archäologisches Institut der Universität Heidelberg Antikenmuseum und Abgußsammlung Prof. Dr. Tonio Hölscher Dr. Hildegund Gropengiesser
Huelva	Museo de Huelva Dr. José Ma. García Rincón
Karlsruhe	Badisches Landesmuseum Antikenabteilung Dr. Michael Maaß
Karthago	Musée de Carthage Dr. Abdelmajid Ennabli
Kopenhagen	Nationalmuseet, The National Museum of Denmark Department of Near Eastern and Classical Antiquities Dr. Sören Dietz
Leiden	Rijksmuseum van Oudheden

	Dr. G. J. Verwers Dr. Ruurd B. Halbertsma
London	The British Museum Department of Near Eastern Antiquities Dr. John Curtis Department of Greek and Roman Antiquities Brian F. Cook British School of Archaeology in Iraq C. B. F. Walker
Madrid	Museo Arqueológico Nacional Prof. Dr. Dr. José M. Luzón Deutsches Archäologisches Institut Madrid Prof. Dr. Dr. Hermanfried Schubart
Málaga	Museo de Bellas Artes de Málaga Dr. Rafael Puertas Tricas
München	Staatliche Antikensammlungen und Glyptothek Dr. Klaus Vierneisel Dr. Bert Kaeser
Paris	Musées du Louvre Département des Antiquités Grecques, Etrusques et Romaines Alain Pasquier Département des Antiquités Orientales Dr. Annie Caubet
Rom	Museo di Villa Giulia Dr. Paola Pelagatti
Saarbrücken	Institut für Vor- und Frühgeschichte der Universität des Saarlandes Prof. Dr. Rolf Hachmann
Salerno	Soprintendenza Archeologica di Salerno Dr. Giuliana Tocco
Sevilla	Museo Arqueológico Provincial de Sevilla Dr. Fernando Fernández Gómez
Zürich	Galerie Nefer, Zürich

Vorwort

Die Ausstellung »Die Phönizier im Zeitalter Homers« ist als eine Veranstaltung in das Festprogramm zum 100jährigen Jubiläum des Kestner-Museums eingebunden. Neben vier Jubiläumsausstellungen, in denen die vier Museumsabteilungen ihre Bestände zeigen, und einer weiteren Ausstellung über August Kestner selbst und das nach ihm benannte 100jährige Kestner-Museum sollen mit dieser Ausstellung die wissenschaftlichen Bemühungen August Kestners geehrt werden.

Die ersten intensiven Gespräche zwischen den Initiatoren kreisten insbesondere auch um die Kernfrage, ob ein kulturhistorischer Prozeß wie die Ausbreitung der Phönizier in das Mittelmeergebiet vom 9. bis 6. Jahrhundert vor Christus überhaupt darstellbar ist. Geht es hierbei doch nicht nur um den Nachweis der Anwesenheit der Phönizier an noch so entfernten westlichen Küsten, sondern vor allem um deren kulturell-katalysatorische Wirkung, durch die sie die jungen Gesellschaften der Griechen, Etrusker, Italiker und Iberer beeinflußt und befruchtet haben. In dieser Ausstellung wird der Versuch unternommen, eine Klärung dieses vielschichtigen Vorgangs vorzunehmen und die sich ergebenden verschiedenen Probleme durch archäologische Funde aus dem gesamten Mittelmeerraum aufzuzeigen und nachvollziehbar zu machen. Aus diesem Grunde waren wir deshalb auf Leihgaben vieler Museen angewiesen. Unseren Ausleihwünschen wurde freundschaftliches Verständnis und große Bereitschaft von allen Direktorinnen und Direktoren der Sammlungen und Museen entgegengebracht, und ich sage an erster Stelle den Leihgebern aufrichtigen Dank.

Zur Mitarbeit am Katalog konnten verschiedene Wissenschaftler gewonnen werden. Es ist mir ein großes Anliegen, ihnen für ihre Beiträge zu danken. Ebenso möchte ich Elke Schlüter und Christoph Briese, den Bearbeitern des Katalogteiles, für ihre Arbeit herzlich danken. Zur Durchführung der Ausstellung erhielten wir aus Mitteln der Niedersächsischen Fußball-Toto GmbH – Niedersächsischen Zahlenlotto GmbH und durch die Deutsche Lufthansa AG finanzielle Unterstützung. Beiden Institutionen gilt besonderer Dank. Herrn Franz Rutzen und seinen Mitarbeitern danke ich für bewährte Hilfe und Anregung beim Druck des Kataloges. Das Kestner-Museum genießt mit dieser Ausstellung wieder freundschaftlich gewährtes Gastrecht im Forum des Landesmuseums, für das wir Herrn Dr. H. W. Grohn, dem Direktor des Landesmuseums, sehr zu Dank verpflichtet sind.
Dem Rat und der Verwaltung der Landeshauptstadt Hannover habe ich sehr zu danken, daß trotz der umfassenden Probleme des Kestner-Museums das weitgespannte Jubiläumsprogramm Zustimmung gefunden hat.

ULRICH GEHRIG
Direktor des Kestner-Museums, Hannover

Einleitung

Hans Georg Niemeyer

Der Plan zu dieser Ausstellung entstand im Frühjahr 1985. Der eine von den beiden Initiatoren – und Herausgebern des Kataloges – fühlte sich als Museumsmann herausgefordert, in einer Ausstellung das zu konkretisieren, was der andere anderthalb Jahre zuvor in der Zweiten Mommsen-Vorlesung des Römisch-Germanischen Zentralmuseums in Mainz als ein vorläufiges Konzept entworfen hatte: ein Bild von der geschichtlichen Rolle der Phönizier als Kulturträger und Kulturvermittler im Mittelmeerraum in der »Morgendämmerung« Europas.

Unter dem Titel »Die Phönizier und die Mittelmeerwelt im Zeitalter Homers« war in jener dreiteiligen öffentlichen Vorlesung versucht worden, die in den letzten zwei Dezennien von einer immer intensiveren archäologischen Forschungs- und Ausgrabungstätigkeit erarbeiteten Erkenntnisse vorzustellen, mit deren Hilfe das Verhältnis zwischen Orient und Okzident in der europäischen Frühzeit schärfer beleuchtet werden kann. Dabei hatte sich das Augenmerk insbesondere auf jene frühen Seefahrer und Handelspioniere gerichtet, denen Griechen und Römer den Namen »Phönizier« gegeben haben und die auch wir heute noch so nennen. Ihr Einfluß auf die Entwicklung Griechenlands und Italiens im frühen 1. Jt. v. Chr. ebenso wie ihre kulturelle Identität ist in der Forschung so gut wie immer mehr oder weniger umstritten gewesen; und gerade in der zweiten Hälfte des vorigen Jahrhunderts hat das Urteil über sie zwischen den Extremen von grotesker Überbewertung und völliger Unterschätzung geschwankt. Während Wolfgang Helbig und zunächst sogar Eduard Meyer in der neuentdeckten mykenischen Kunst einen »älteren phönizischen Stil« zu erkennen geglaubt hatten, fühlte sich etwa der französische Archäologe Salomon Reinach 1893 bemüßigt, gegen das durchaus ironisch als »mirage oriental« apostrophierte Trugbild vom Primat der phönizischen Kultur die »Anrechte Europas« zu verteidigen.

Wie geradlinig die gegenüber den Phöniziern herrschenden negativen Vorurteile sich bis in die Anfänge der griechischen Literatur zurückverfolgen lassen, hat in einem unserer einführenden Beiträge der Baseler Altphilologe Joachim Latacz gezeigt. Diese Erkenntnis, die sich in der neueren Homerforschung hier und da abzuzeichnen beginnt, muß an dieser Stelle deshalb nicht eigens belegt werden. Die schon so früh begründete Tradition ist in späteren Epochen der Antike keineswegs abgerissen: Es mag hier genügen, auf das eindeutig negativ besetzte Karthago-Bild der römischen Republik zu verweisen. Und bekanntlich ist auch die biblische Tradition den Phöniziern gegenüber wenigstens seit der Kontroverse um Ahabs Weib im Grunde feindlich eingestellt.

Ein abwertendes Urteil über Kultur und Kunst der Phönizier konnte sich also auf antike Überlieferung berufen. Aber ebenso wie es im Altertum auch wohlwollende Stimmen gibt (z. B. Herodot, Pomponius Mela), so finden sich auch in der Wissenschaft der Moderne differenzierte, nüchterne, positive Bewertungen. Dies gilt insbesondere im Hinblick auf die Bedeutung, welche die phönizischen Vorbilder für die Entstehung und Entwicklung der griechischen Kunst gehabt hatten. Mit Bekanntwerden von immer mehr archäologischen Denkmälern der sogenannten »orientalisierenden Epoche« mußte sie mehr und mehr akzeptiert werden. Die 1912 als Buch erschienene große Untersuchung von Frederik Poulsen, »Der Orient und die frühgriechische Kunst«, bezeichnet einen markanten Abschnitt in diesem Prozeß der Neubewertung. Heute, fast 80 Jahre später, ist die archäologische Ausgangsbasis für eine Beschäftigung mit der Orient-Okzident-Problematik eine völlig andere. Gerade in

Abb. 1 Phönizisches Elfenbeinrelief mit dem Bild eines Greifen, aus Nimrud. (Kat. 48)

9

den vergangenen 40 Jahren haben die Forschungen zur phönizischen Archäologie einen unerhörten Aufschwung genommen. Die 1973 begründete Zeitschrift »Rivista di Studi Fenici«, der erste internationale Kongreß für phönizische und punische Studien 1979 in Rom und ein wenige Monate vorher unter dem Titel »Phönizier im Westen« in Köln durchgeführtes internationales Symposium, nicht zuletzt die 1979/80 erfolgte Gründung der Arbeitsgruppe für Phönizische und Punische Studien der Belgischen Universitäten, um hier nur weniges zu zitieren, gaben dem Ausdruck. Um so schärfer machen sich die Defizite in der Durchdringung und Aufarbeitung des ins Unübersehbare gewachsenen Materials bemerkbar, Defizite, die auch bei der Vorbereitung dieser Ausstellung mehr als einmal schmerzhaft empfunden wurden.

So ist es gewiß bezeichnend, daß ebenjenes monumentale Werk des dänischen Archäologen auch heute noch unersetzt geblieben ist. Der Vertiefung und Erweiterung der Thematik ist eine Fülle von Einzeluntersuchungen gewidmet worden, wie schon das diesem Katalog angefügte Literaturverzeichnis ausweist. Eine Zusammenfassung bleibt einstweilen noch Desiderat. Kunst und Kultur der Phönizier selbst und für sich sind also sehr wohl erneut zum Gegenstand der Forschung geworden. Schon die in ihrer Prägnanz unerreichte Zusammenfassung von Donald Harden aus dem Jahr 1962, dann die eindrucksvolle Reihe der Veröffentlichungen von Sabatino Moscati und des *Centro di Studio per la Civiltà Fenicia e Punica* seien als Beispiele genannt. Noch während der Vorbereitungen zur Ausstellung erschienen die in diesem Zusammenhang zu nennende Monographie von Maria E. Aubet Semmler und die von Michel Gras, Pierre Rouillard und Javier Teixidor.

Der kurze Blick auf jüngste Wissenschaftsgeschichte macht deutlich, daß das gewählte Thema in der Tat höchste Aktualität besitzt und daß auch der Plan für eine Ausstellung gleichsam »in der Luft« lag: 1986 wurde unter der Schirmherrschaft der Générale de Banque in Brüssel und Luxemburg die Ausstellung »Les Phéniciens et le monde méditerranéen« gezeigt, 1988 erregte die von Fiat gesponserte Phönizier-Ausstellung im Palazzo Grassi in Venedig weltweites Aufsehen.

In einem so dicht besetzten Feld konkurrierend aufzutreten mochte nun entweder vermessen oder aber überflüssig erscheinen. Bei näherem Hinsehen zeigte sich jedoch, daß die Situation auch eine besondere Gunst gewährte: die Möglichkeit der Konzentration auf eben das zu Beginn in den Blick genommene Problem der *Auseinandersetzung* zwischen Ost und West in der europäischen Frühzeit, in der Epoche Homers. Hier durch die unmittelbare Anschauung von einer ausgewählten Zahl archäologischer Denkmäler jedem die Kriterien für eine neue Einschätzung der Zusammenhänge und historischen Entwicklung vor Augen zu stellen mußte als Chance aufgefaßt und ergriffen werden.

Einer jüngsten, neuerlichen Herausforderung mochten wir uns allerdings noch nicht stellen: In Europa fast unbemerkt, erschien 1987 in London(!) das Buch »Black Athena«, in dem der amerikanische Forscher Martin Bernal unter schärfster Verurteilung der letzten 200 Jahre Wissenschaftsgeschichte das traditionelle Bild von der antiken Welt verwirft und die klassische Kultur aus afro-asiatischen Wurzeln zu erklären versucht. Die Johns Hopkins University von Baltimore und die American Philological Association haben bereits ein Jahr darauf mit einem wissenschaftlichen Symposium reagiert, die europäische Rezeption dagegen bleibt noch abzuwarten. Auch hierfür durch die Anschauung Grundlagen bereitzustellen, mag diese Ausstellung dienen.

Abb. 2   Das Trojanische Pferd, Symbol des griechischen Sieges über die Trojaner. Relief am Hals einer Amphora im Museum von Mykonos.

Die Phönizier bei Homer

Joachim Latacz

Nicht jedem wird sofort begreiflich sein, warum eine Ausstellung, die den Phöniziern gilt, unter den Namen des griechischen Dichters *Homer* gestellt wird, mehr noch: warum ein Zeitraum von rund 300 Jahren (ca. 900–600 v. Chr.) sogar als *Zeitalter* Homers bezeichnet wird. Was widersinnig scheint, entpuppt sich jedoch bald als wohlbegründet: Die umfangreiche Literatur, die die Phönizier, wie wir wissen, damals selbst besaßen, war auf vergänglichem Material (vor allem Leder- und Papyrusrollen) geschrieben und ist darum verloren (nur karge Reste – Inschriften meist, Graffiti u. dgl. – haben sich erhalten), und auch die übrigen schriftkundigen Völker des östlichen Mittelmeerraums (vor allem Aramäer, Assyrer und Ägypter) haben im genannten Zeitraum (sieht man vom damals eher randständigen Alten Testament ab) ein bedeutendes Literaturwerk, das sich bis zu uns erhalten hätte, nicht hervorgebracht. Die beiden einzigen nach Qualität und Umfang alles andere überragenden Literaturprodukte, die im Mittelmeergebiet zu jener Zeit entstanden, sind in der Tat die beiden griechischen Epen *Ilias* und *Odyssee* (zusammen fast 28 000 Verse lang), die wir *Homer* verdanken. Ilias und Odyssee sind aber zugleich auch das spektakulärste Wirkungsprodukt der Phönizier selbst; denn hätten die Griechen nicht um 800 v. Chr. die Alphabetschrift von den Phöniziern übernommen, dann wären Ilias und Odyssee vermutlich nicht entstanden, zumindest aber hätten sie nicht schriftlich aufgezeichnet und damit auch nicht zum Ausgangspunkt der europäischen Literaturentwicklung werden können. Die Griechen haben also, pointiert gesagt, ihren Homer – und Europa hat seine Schriftkultur – den Phöniziern zu verdanken. Eindrucksvoller läßt sich die Mittlerrolle der Phönizier zwischen Orient und Okzident nicht belegen.

»Die Phönizier im Zeitalter Homers« – das ist also treffende Bezeichnung des wohl fruchtbarsten Augenblicks im Zusammenleben zweier Nachbarvölker, die die europäische Kulturgeschichte nicht nur geprägt, sondern erst eigentlich begründet haben.

Intensiv waren die Beziehungen der beiden Völker immer schon gewesen, lange *vor* Homer bereits. In der zweiten Hälfte des 2. Jts. v. Chr. hatten schon einmal enge Kontakte bestanden, besonders im 14. und 13. Jh. v. Chr., als die sogenannten »mykenischen« Griechen (die sich großenteils »Achaier« nannten und so auch von den Nachbarvölkern genannt wurden) das Erbe der Minoer von Kreta angetreten hatten und mit ihren Schiffen die Küsten des östlichen Mittelmeers ansteuerten. In dieser ersten Blütezeit des Griechentums, die man auch »Ägäische Koiné« genannt hat, wurde mancherlei Kulturgut aus Ägypten und dem Osten, darunter auch von den Phöniziern, übernommen, wobei, wie üblich, mit den Sachen auch die Wörter wanderten: *chrysós* zum Beispiel, »Gold«, *Chitón,* »das Hemdkleid«, *sésamon,* »der Sesam«. In dieser ersten Austauschzeit war wohl auch der Name für das Volk im Küstenstreifen unterm Libanon-Gebirge mit seinen reichen Stadtstaaten Byblos, Beirut, Sidon, Tyrus (von seinen orientalischen Nachbarn *Kanaan* genannt) ent-

standen: *Phoinikes,* »die Karmesinrot-, Purpurfärber« (dasselbe hatte offenbar bereits die semitische Bezeichnung *Kanaan* – akkadisch *Kinaḫḫi* – bedeutet). Schon damals also war das Volk berühmt für seine Handwerkskunst – in diesem Falle für das Färben von Gewändern mit dem kostbaren Saft der Purpurschnecke; doch wissen wir aus anderen Quellen (zumal dem »Buch der Könige« im Alten Testament), daß Phönizier noch in einem zweiten Handwerk Außerordentliches leisteten: in der Fertigung und kunstreichen Ornamentierung von Metallprodukten, insbesondere Gefäßen aus Gold und Silber, Bronze, Zinn und Kupfer. Die wichtigste (und sicher früheste) Rohstofflieferantin lag ja vor der Tür: die Insel Zypern (*Kupros*), die über das lateinische *cuprum* noch heute unserem *Kupfer* den Namen gibt. Die Nachfrage nach solchen wertvollen Metallarbeiten war offensichtlich groß und trieb die Produzenten, wie es scheint, schon früh in die entferntesten Regionen des Mittelmeers hinaus, nach Sizilien, Sardinien, Spanien (*Gades* ~ *Cádiz),* aber auch zur Insel *Thasos* in der Nordägäis, mit ihren Gold- und Silberminen. Beschleunigt wurde diese »Goldsucher-Welle« im gleichen Maße, in dem das ursprüngliche heimatliche Handelsgut, das vielbegehrte Holz der Zedern vom Libanon, allmählich rarer wurde (der Mangel machte sich bereits um 1100 bemerkbar).

Aus dieser ersten Phase der Kontakte, die auf seiten der Phönizier noch nicht durch eine ausgeprägte Handelstätigkeit charakterisiert war, vielmehr durch Produktion von »Luxusgütern«, mögen jene Reminiszenzen in der Epentradition der Griechen stammen, die das Levante-Volk noch ganz in positivem Lichte zeigen, als *Sidonier* (Bewohner der Stadt *Sidon,* heute *Saida,* also nicht allgemein *Phoiniker*): kunstfertig, wohlbegütert, seßhaft und darum auch den Überfällen und Raubzügen anderer ausgesetzt. Bei Homer, der das Endprodukt der alten Epentradition darstellt, erscheinen solche Erinnerungen natürlich nur noch selten und meist vermengt mit den Erfahrungen aus späteren Phönizier-Begegnungen, doch lassen sie sich durch ihren Grundton – Anerkennung fremder Leistung, Stolz auf den Besitz »sidonischer« Erzeugnisse – deutlich von einem späteren Bilde scheiden, das ganz andere, wenig schmeichelhafte Seiten der *Phoinikes* in den Blickpunkt rückt.

Zunächst zwei Stellen aus dem älteren der beiden Epen, der *Ilias* (etwa um 730 v. Chr. zu datieren); es sind zugleich die einzigen Erwähnungen Phöniziens in diesem Epos. An der ersten geht es um die Rettung Trojas vor der drohenden Erstürmung durch das Invasionsheer der Achaier: Hektor, der Oberbefehlshaber der trojanischen Truppen, verläßt für kurze Zeit seine verzweifelt kämpfenden Soldaten und eilt in die Burg zurück, um eine Bittprozession der Frauen Trojas zum Tempel der Athene zu veranlassen: in höchster Not kann Hilfe nur noch von den Göttern kommen. Er

trifft seine Mutter Hekabe und sagt ihr seinen Wunsch, den sie sofort versteht. Sie weist die Dienerinnen an, die Frauen zu einem Sammelpunkt zu rufen (VI 288–95),

»... stieg aber selbst hinab ins Schlafgemach, das duftende,
wo ihr Gewänder lagen, buntgefärbte, Arbeiten von Frauen,

Abb. 3   Bronzekessel mit Stierprotomen, aus einem Fürstengrab bei Cumae (Kampanien).   (Kat. 143)

Sidonischen, die Alexandros selbst, der göttergleiche,
von *Sidon* hergebracht, das weite Meer befahrend,
auf eben jener Fahrt, als er die Helena heraufgebracht, die edle.
Von diesen Kleidern hob Hekabe eines auf, Athene zum Geschenke,
das weitaus schönste von den Farben her und auch das größte,
und wie ein Stern schien es heraus (es lag als letztes unter andren).«

Deutlich wird hier nicht nur die Faszination, die der Grieche (der die Stelle dichtete) ebenso wie jeder andre Fremde (hier die Königin von Troja) beim Betrachten der sidonischen »Spitzenerzeugnisse« empfindet, sondern auch die außerordentliche Begehrtheit dieser Textilien, die dazu führte, daß ausländische Königshöfe (hier vertreten durch den trojanischen Prinzen *Alexandros = Paris*) sich die Spezialistinnen für solche Arbeit ins eigene Land zu holen suchten (ob durch Anwerbung, Kauf oder Raub, bleibt an unserer Stelle offen). Die Geschichte vom Raub der Helena durch Paris gehört nun zum *ältesten* Erzählbestand der Trojasage: Gut möglich also, daß in der frühen Version, die hier zugrunde liegen muß (weil nur in der frühen Version die Fahrt des Paris von Sparta *über Ägypten* und von dort hinauf nach Norden ging), auch von einem Zwischenhalt in Sidon die Rede gewesen war. Aus anderen Quellen wissen wir, daß phönizische Handwerker in der Tat schon sehr früh außerhalb Phöniziens wirkten und z. T. für immer ansässig wurden (z. B. auf Euboia und Kreta, offenbar auch in Attika). Nicht auszuschließen also, daß diese Praxis des 10. und 9. Jhs. v. Chr. schon in *mykenischer* Zeit ihren Ursprung hatte, als die achäischen Zentralpaläste reich genug waren, sich ausländische Spezialhandwerker zu engagieren und zu halten.
Die zweite Ilias-Stelle ergänzt das Bild. Da setzt Achilleus bei den Leichenspielen zu Ehren seines gefallenen Freundes Patroklos als Kampfpreis für den Sieger im »Sprint« ein ganz besonderes Wertstück aus (XXIII 741–51):

». . . ein Silber-Mischgefäß, kunstvolle Arbeit, konnte sechs Maß fassen,
an Schönheit aber trug's den Sieg davon auf der gesamten Erde

bei weitem, denn *Sidoner voller Kunstsinn* hatten's schön gefertigt.
Phoiniker aber hatten's mitgebracht über das dunkle Meer hin
und hatten Halt gemacht im Hafen und dem Thoas es als Gastgeschenk gegeben.
Doch für den Sohn des Priamos, Lykaon, hatte es als Gegenwert gegeben
dem Patroklos, dem Helden, Iasons Sohn Euneos.
Und dieses setzte nun Achilleus aus als Kampfpreis, seinem Freund zu Ehren,
für den, der schnellster werden sollt' mit seinen hurt'gen Füßen.
Dem Zweiten aber setzt' er einen Ochsen aus, groß, feist vom Fette, –
und dann ein Halb-Talent von Gold: der letzte Preis, den er bestimmte.«

Die Bewunderung für die *Sidones polydaidaloi,* »die vielkünstlerischen Sidonier«, und ihre weltweit konkurrenzlos schönen Metallarbeiten kennen wir bereits. Neu sind zwei andere Punkte: Erstens ist hier eine deutliche Trennung gemacht zwischen Herstellern (den Sidoniern) und Vertreibern (den Phoinikern), und zweitens ist das Wertstück in eine noch fernere Vergangenheit zurückprojiziert als die sidonischen Gewänder der Königin von Troja. Denn Thoas, dem das Prunkstück – mehr wert als ein Mastochse und 25 Pfund Edelmetall – überreicht wird, ist in der Sage König der Insel Lemnos zu jener fernen Zeit, als die Argonauten durch die Dardanellen nach Kolchis fuhren – lange vor dem Trojanischen Krieg – und als Iason, ihr Anführer, Thoas' Tochter Hypsipyle zur Mutter des Euneos machte. Auch hier ist uralte Tradition, die bis auf ein frühes Argonauten-Epos zurückgehen könnte, nicht auszuschließen. Stutzig macht ja schon der Ort der Handlung: die Insel Lemnos in der Nordägäis ist für die Schiffahrt von Süden her unentbehrliche letzte Station auf dem Weg zur 80 km nordwestlich liegenden Silber-Insel *Thasos,* von deren Bedeutung für die Sidonier schon die Rede war. Ob es da ein Zufall ist, daß als Gastgeschenk für Thoas, den Inselherrn (der die Ankerung erlauben muß), ein *Silber*-Mischkrug figuriert, ist nicht ganz leicht zu glauben.

Abb. 4 Phönizische Silberschale mit vergoldeter Innenseite. (Kat. 144)

In der Odyssee, die später als die Ilias entstanden ist (um 700 v. Chr.), treffen wir in der Regel auf ein gänzlich anderes Phönizier-Bild; dazu sogleich. Doch ist auch in der Odyssee nicht alles über einen Kamm zu scheren. An zwei, drei Stellen lugt auch hier die alte Hochschätzung, ja Bewunderung hervor – und immer sind es dann auch hier *Sidonier,* nicht *Phoiniker,* denen der Respekt gilt.

Im 4. Gesang der Odyssee besucht Odysseus' Sohn Telemachos in Sparta Agamemnons Bruder Menelaos, um sich bei ihm nach dem Verbleib seines verschollenen Vaters Odysseus zu erkundigen. Menelaos erzählt ihm, was er weiß, und will ihm zum Abschied drei edle Pferde und einen schönen Wagen (sowie einen Becher) schenken. Telemachos jedoch weist darauf hin, daß Ithaka weder genügend Auslauf noch Nahrung für edle Rosse biete, und erbittet sich statt dieser eine andre Gabe: ein *keimelion,* eine »Antiquarie« (noch heute sprechen wir von der »Zimelie«, einem Kleinod). Menelaos willigt lächelnd ein (4, 612–19):

> »Nun denn! dann tausch' ich dir das ein – ich kann's ja!
> Von den Geschenken, die in meinem Hause als Cimelien liegen,
> geb' ich dir jenes, das das schönste ist und seinem Wert nach höchste:
> Ich geb' dir einen Mischkrug, schön gefertigt, ist von Silber
> ganz durch und durch, jedoch der Rand dran ist vergoldet:
> ein Werk Hephaists! und zugeeignet hat mir's Phaidimos, der edle,
> der *König der Sidonier,* als sein Haus mich bergend hüllte,
> nachdem ich dort auf meinem Rückweg hingekommen war: Dir will ich's nunmehr schenken!«

Wir registrieren, daß das Prachtstück mindestens den Gegenwert von drei edlen Rossen und einem Luxuswagen darstellt (Menelaos kann sein erstes Angebot unmöglich unterbieten) und daß es aus dem Besitze eines Königs – hier des Königs der Sidonier selbst – in den Besitz eines anderen ranghohen Königs, des Bruders Agamemnons, wechselt. Und wieder, wie schon an der ersten Stelle, wird die Kostbarkeit nicht erst am Wohnort des jetzigen Besitzers auf dem Handelsweg erstanden, sondern vom jetzigen Besitzer bei einer Reise in die Levante erworben und als wertvolles Souvenir in die Heimat mitgebracht.

An einer zweiten Stelle gehen Sidonier und Phönizier zwar schon durcheinander, doch ein Rest der alten Achtung vor den reichen Könnern aus dem Osten scheint auch hier noch durchzuschimmern: Im 15. Gesang der Odyssee erzählt der treue Schweinehirt Eumaios seinem unerkannten (weil als Bettler verkleideten) Herrn Odysseus seine Biographie. Es stellt sich heraus, daß der Schweinehirt in Wahrheit selbst ein Edler ist, ein Königssohn, der als kleiner Bub von seinem Kindermädchen entführt wurde (ein altes Schema, das sich bis in unsre Fernsehserien durchgehalten hat). Dieses Kindermädchen ist nun allerdings nicht irgendwer. Zunächst wird sie als *Phoinissa* bezeichnet, »Phönizierin«. Dann aber, im Verlauf der längeren Geschichte, läßt sie der Dichter selbst zu Worte kommen (15, 425–29):

> »Aus *Sidon,* erzreich, rühme ich mich herzustammen,
> die Tochter von Arybas bin ich, dem steinreichen.
> Doch haben Taphier mich geraubt, die räuberischen Männer,
> als ich vom Lande heimging, mich hierher verkauft dann,
> in dieses Mannes Haus – und der gab einen angemeßnen Kaufpreis.«

Schon vorher hatte Eumaios die reiche Tochter ganz entsprechend eingeführt (15, 417/18):

> »Es lebte da bei meinem Vater damals ein Phönizierweib im Hause,
> schön, groß, und wohlvertraut mit glänzendprächt'gen Werken.«

Da ist nicht der geringste Unterschied gemacht zu Dienerinnen aus anderen Völkern, die man sich ins Haus nimmt – zu den sieben Frauen aus Lesbos etwa, die Agamemnon im 9. Gesang der Ilias dem Achilleus als Geschenk anbietet, wenn er seinem Kampfboykott entsage (IX 270–72):

> ». . . sieben Frauen, wohlvertraut mit edlen Werken,
> aus Lesbos stammend . . .
> . . . und an Schönheit alle Frauen übertreffend.«

Wie wertvoll die Sidonierin hier ist, zeigt der »angemeßne Kaufpreis«, den ein fremder König (nicht ein Bauer etwa) für sie bietet.

Abb. 5   Phönizisches Elfenbeinrelief mit Lebensbaum, aus Nimrud.   (Kat. 51)

Bis hierher also strahlt das Bild, das sich die Griechen von den Leuten unterm Libanon-Gebirge machten, in den hellsten Farben. Und indirekt mag in dieses Bild noch manches andere hineingehören, was auf den ersten Blick keinen Bezug dazu zu haben scheint. Wenn z. B. für das uralte Erkennungszeichen zwischen Odysseus und Penelope, das Ehebett, das einst Odysseus selbst aus einem Ölbaumstamme fertigte und mit Gold, Silber und Elfenbein verzierte, im Jahre 1966 eine verblüffend ähnliche Möbel-Parallele aus *phönizischer* Produktion gefunden wurde, so mag das wiederum die offenbar unbegrenzte Hochschätzung belegen, mit der die frühen epischen Sänger der Griechen auf die handwerklichen Fähigkeiten der Phönizier schauten und die sie dazu brachte, ihren Helden Odysseus, den »Vielgewandten«, der alle Handwerkskünste

optimal beherrschen mußte (wie z. B. den wunderbaren Floßbau im 5. Gesang der Odyssee), eine phönizische Möbelfertigungstechnik anwenden zu lassen.
In der gleichen Erzählung des Eumaios, die so Rühmliches von der Phönizierin aus Sidon zu berichten weiß, ist freilich auch die dunkle Seite des griechischen Phönizierbildes schon enthalten. Die hochgewachsene, schöne und geschickte Tochter des reichen Mannes aus Sidon entpuppt sich plötzlich als Fremdenliebchen, verschlagene Kidnapperin und schließlich sogar als ganz gemeine Diebin. Das bricht mit einer Wucht herein, die geradezu erschreckend wirkt (15, 415–22):

»Da kamen einst *Phoiniker,* diese schiffsberühmten Männer, –
Halunken, hatten massenweise Tand und Putz im schwarzen Schiffe.
Es lebte aber da beim Vater ein *Phönizierweib* im Hause,
schön, groß, und wohlvertraut mit glänzendprächt'gen Werken.
Die also suchten die *Phoiniker,* meisterhafte Blender, zu verführen.
Sie machte Wäsche, da vereinte einer sich zum ersten Mal mit ihr beim Schiffsheck
im Liebesspiel – und das betört die Sinne ja gewöhnlich
dem zarteren Geschlecht der Frau'n, auch dann, wenn eine gut von Art ist.«

Zu allen anderen Vorzügen kam also bei der Sidonierin im Grunde auch noch charakterliche Integrität hinzu (»wenn eine gut von Art ist«). Aber der phönizische Verführer packt sie, nachdem er erfahren hat, wer sie ist, bei ihrer Eltern- und Heimatliebe: Er stellt, als unverbindliches Lockangebot zunächst (»mit uns könnt'st du ja jetzt nach Haus zurückgelangen . . .«), eine eventuelle Mitnahme in Aussicht. Da läßt sie die Schiffsbesatzung schwören, sie unversehrt nach Haus zu bringen, und nachdem sie diesen Schwur erhalten hat, entwickelt sie einen raffinierten Plan: Keiner der Männer soll sie auf der Straße oder bei der Quelle ansprechen oder gar dem König etwas von der Sache sagen (der würde sie sonst unverzüglich fesseln lassen und den Schiffsleuten Verderben sinnen), dafür aber sollen sie ihre Warentauschgeschäfte beschleunigen, und wenn ihr Schiff gefüllt sei, dann solle man ihr Nachricht geben; sie werde dann das Gold, das sie gerade ergattern könne, mitbringen, daneben aber

Abb. 6 Phönizisches Elfenbeinrelief: Der König vor dem Baum des Lebens, aus Arslan-Tash (Syrien). (Kat. 28)

Abb. 7 Silberbecher mit ägyptischen Hieroglyphen, aus einem Fürstengrab bei Pontecagnano (Kampanien). (Kat. 109)

auch noch einen anderen Fährlohn zahlen: sie ziehe nämlich den kleinen Sohn des Königs auf, so einen aufgeweckten kleinen Burschen, mit dem sie auch das Haus verlassen dürfe; den werde sie mitbringen, und der werde den Händlern einen enormen Gewinn eintragen, wenn sie ihn ins Ausland verkauften, zu Leuten andrer Zunge. Die Händler willigen natürlich ein, und alles läuft nach Plan. Nachdem das Schiff mit Waren vollgeladen ist, schicken sie einen »mit allen Wassern gewaschenen« Mann zum Königshof; der lenkt die Königin und ihre Frauen durch eine goldene Kette mit Bernsteinperlen ab und nickt der Sidonierin verstohlen zu. Da geht sie mit dem kleinen Eumaios hinaus. Als sie die Vorhalle durchqueren, wo noch das Tafelgeschirr auf den Tischen steht (der König ging mit seinen Edlen gerade zur Versammlung) (15, 469/70),

»... da ließ sie schnell drei Becher in dem Bausch
des Kleids verschwinden
und trug sie fort. Ich aber folgte ihr in meiner Einfalt.«

Sechs Tage lang segeln sie gemeinsam Tag und Nacht dahin, am siebten aber läßt Artemis die Frau tot wie

Abb. 8 45 Kettenanhänger aus Fayence, typische Vertreter der von Homer beschriebenen athyrmata (»Putz und Tand«), aus dem Bocchoris-Grab in Tarquinia. (Kat. 130)

ein Meerhuhn in den Schiffsraum plumpsen (offenbar ein göttliches Strafgericht); das Schiff landet schließlich in Ithaka, und Laertes, Odysseus' Vater, kauft den Phöniziern den Eumaios ab.

Es ist zwar deutlich, daß die Sidonierin zum Bösen *verführt* wird (und der Dichter findet zunächst auch Worte der Entschuldigung für sie), dann aber ist sie es, die mit ihrem rundum »ausgereiften« Entführungsplan kriminelle Energie entwickelt und die Sache konsequent – bis zum Abschluß mit gemeinem Diebstahl – durchsteht. Diese ganze Skizze der Entwicklung eines an sich gut veranlagten Menschen zum Bösen ist in Ilias und Odyssee singulär. Keiner anderen der vielen Dienstbotenfiguren wird im Homerischen Epos ein derart schäbiges Verhalten zugeschrieben (auch nicht den ungetreuen Mägden des Odysseus, die zwar frech und schamlos sind, jedoch nicht kriminell). Das zeigt, daß der Dichter nur bei einer *Phoinissa* mit bereitwilliger Zustimmung des Publikums zu seiner »Sex and Crime-Story« rechnen konnte. In der Geschichte spiegelt sich demnach ein allgemeines Urteil, besser Vorurteil, den Leuten aus Phönizien gegenüber wider: »Jawohl – genau das ist's, was diesen Leuten zuzutrauen ist!«

Das gleiche negative Phönizierbild schlägt sich an noch zwei weiteren Odyssee-Stellen nieder. Im 14. Gesang – das ist in der Chronologie der Odysseehandlung einen Abend früher als die eben besprochene Szene – erzählt der als Bettler verkleidete Odysseus dem Schweinehirten Eumaios *seine* angebliche Lebensgeschichte. Auch da kommt ein Phönizier vor. Bei einem Aufenthalt in Ägypten, bei dem der – damals noch hochgestellte – Bettler auf dem besten Weg gewesen sein will, ein steinreicher Mann zu werden (14, 288–91),

> » . . . da kam ein Mann an aus *Phönizien*, der betrügerische Dinge wußte,
> Halunke der! der hatte schon viel Übles zugefügt den Menschen!
> Der hat mich schlau beschwatzt und mitgenommen, bis wir kamen
> nach *Phoinike*, wo seine Hausbesitzungen und Güter lagen.«

Im nächsten Frühjahr nimmt der Phönizier seinen Gast auf einem Schiff nach Libyen (= Afrika) mit, angeblich um ihn an einem gewinnträchtigen Handel zu beteiligen – aber das war nur »Lügenwerk«, das er ausgeheckt hatte. In Wahrheit wollte er seinen Gastfreund nämlich – so hören wir – in Libyen verkaufen und dafür einen »riesigen Gewinn« einheimsen. Es kam dann freilich anders. Die Betrüger kamen alle in einem von Zeus gesandten Seesturm um (Strafmotiv!), und nur der Erzähler (= Odysseus) konnte sich retten.

Wie tiefverwurzelt das Klischee von den »phönizischen Betrügern« zur Entstehungszeit dieser Odyssee-Partien bereits ist, zeigt besonders eindrucksvoll eine weitere Stelle aus einer erfundenen Lebensgeschichte des Odysseus, wieder einen Gesang früher. Da ist es Athene, die, in der Gestalt eines jungen Ithakers dem gerade auf Ithaka erwachten Odysseus entgegenkommend, vom übervorsichtigen Odysseus genasführt werden soll. Er erzählt der Göttin in Menschengestalt eine Schauergeschichte, wie er auf Kreta einen Sohn des Königs Idomeneus getötet habe, der ihm seine Trojabeute nehmen wollte, und wie er dann zu einem Schiff im Hafen geflüchtet sei und dessen Besatzung um »Asyl« gebeten habe (13, 272–77):

> »Da lief ich rasch zu einem Schiff, und die *Phoiniker,* die erlauchten (!),
> fleht' ich um Hilfe an, gab ihnen reichlich von der Beute,
> und hieß sie, mich nach Pylos hinzubringen und an Land zu setzen,
> oder ins schöne Elis auch, wo die Epeier herrschen.
> Doch – wirklich wahr! – die hat von dort die Macht des Windes fortgestoßen,
> ganz wider ihren Willen, und sie *wollten* mich nicht täuschen!«

Da seien sie denn hierher abgetrieben worden, in tiefer Nacht und bei schwerer See; sie seien entkräftet an Land gegangen und hätten sich erst einmal ausgeruht; er selbst sei dann vor Erschöpfung eingeschlafen (13, 283–86),

> »die aber nahmen meine Schätze aus dem Bauch des Schiffes
> und legten sie genau dort ab, wo ich im Sande ruhte . . .
> und stachen nach *Sidonien* dann in See, dem gutbewohnten.«

Da muß Athene denn doch lächeln! Sie streichelt ihren Schützling, verwandelt sich aus dem jungen Mann in die Göttin zurück, und es wird kein Zufall sein, daß sie dem Odysseus gerade hier, nach diesem Wundermärchen, das größte Kompliment für seinen Listenreichtum und für seine Phantasiegeschichten macht, das er in der ganzen Odyssee erhält. Das war denn doch der Gipfel! Die notorischen Gauner aus Phönizien zu Ehrenmännern zu machen, die in dunkler Nacht einem in tiefem Schlafe ruhenden reichen Manne sein Geld gewissermaßen auch noch fürsorglich in die Hosentasche schieben! Tatsächlich – nur Odysseus ist imstande, so unschuldsvoll zu flunkern, daß man ihm selbst das X noch abnimmt, das er aus dem U macht!

Es ist wohl nicht mehr nötig, noch weitere Belege vorzuführen. Das Bild ist klar: Die *Phoiniker,* die in der Odyssee (vor allem in deren zweiter Hälfte) beschrieben werden, sind nicht dieselben mehr wie die, die man in einer älteren Zeit, wie's scheint, *Sidonier* nannte. Natürlich hat die Forschung sich gefragt, worin der Wandel seinen Ursprung haben könnte. Im neuesten Odyssee-Kommentar (1988) sieht der englische Kommentator J.B. Hainsworth das »anti-phönizische Vorurteil« zwar auch rassisch begründet (ein erster Hauch von Antisemitismus ist in der Tat kaum zu verkennen), im wesentlichen aber sozial bedingt: »Fliegende Händler« sind dem seßhaften Bauern – damals wie in späteren Gesellschaften – stets ein Dorn im Auge. Wir wissen, daß der (die) Dichter von Ilias und Odyssee dem Adel – das sind zu jener Zeit die Großbauern und Landbesitzer – sehr nahe stand(en), vielleicht sogar selbst dieser Oberschicht entstammte(n). In diesen Kreisen ist die Antipathie gegen die »Händlerseelen« (z. B. auch Odyssee 8, 159–64) noch bis weit in die klassische Zeit hinein lebendig geblieben. Die Schärfe der Verwerfung fällt in den Odyssee-Partien dennoch auf. So wird z. B. das griechische Wort, das wir hier mit »Halunken« wiedergegeben haben, in der ganzen

Homerischen Epik mit ihren annähernd 28 000 Versen nur auf die Phönizier angewandt – und bedeutet möglicherweise etwas noch viel Verächtlicheres, da es von einem Wortstamm abgeleitet ist, der »nagen« oder »knabbern« bedeutet.

Ein solches Maß von Angewidertheit ist zu einer Zeit, als die Griechen *selbst* in großem Stil Seehandel trieben und den Markt im Mittelmeergebiet sogar beherrschten – also seit etwa 700 v. Chr. – kaum noch denkbar. Das schlimme Bild des betrügerischen, profitsüchtigen und raffgierigen, trick- und fintenreichen Phöniziers, der alles an- und verkauft, was ihm unter die Hände kommt – auch Menschen –, wird also wohl schon vorher, d. h. in der Hauptsache im 8. Jh. v. Chr. entstanden und dann für zwei, drei Generationen zum Klischee geworden sein. Wie alle solche Fremdvölkerbilder wird es wohl nicht völlig ohne Grundlage in der Realität gewesen sein. Wie alle solche Bilder wird es aber auch jener Eigentümlichkeit menschlicher Selbstsucht seine Schärfe und Überzogenheit verdanken, der wir in der Geschichte der Völker so oft begegnen: Gerade von denen, denen man im Praktischen am meisten schuldet (Handwerk und Handel, Maße und Gewichte, Rechnungswesen und Schriftgebrauch, Weltläufigkeit und Pragmatismus), setzt man sich gern am rigorosesten ab. So werden wir das Bild, das uns Homer von den Phöniziern seiner Zeit vermittelt, eher mit Nachsicht registrieren. Im Lichte dessen, was die Phönizier gerade jener Zeit Europa brachten – und was zu präsentieren erklärtes Ziel dieser Ausstellung ist –, bleibt das bösartige Phönizierbild der Griechen, wie es sich bei Homer besonders in der Odyssee-Erzählung spiegelt, eine Episode.

Abb. 10 Goldene Schmuckbänder aus einem geometrischen Grab in Athen. (Kat. 89–90)

Die Phönizier in Griechenland

Ulrich Gehrig

Der erste Europäer, der die Phönizier erwähnt, ist der griechische Dichter Homer. Er charakterisiert sie als kühne und erfahrene Seeleute, als geschickte und auf ihren Vorteil bedachte Händler, und er rühmt ihre Kunstfertigkeit in der Herstellung schöner und kostbarer Dinge. Die Art, wie er von ihnen spricht, macht deutlich, daß sein Publikum die Phönizier kannte, daß phönizische Schiffe in griechischen Häfen ein wohlvertrauter Anblick waren.

Jüngere Autoren – allen voran Herodot – berichten gar von Siedlungsgründungen und Tempelweihungen durch die Phönizier im 8. und 7. Jh. v. Chr. und nennen

◁ *Abb. 9 Halikarnass, Geburtsort des griechischen Historikers Herodot, und die buchtenreiche Küste von Bodrum.*

in diesem Zusammenhang Orts- und Inselnamen wie Rhodos, Thera, Melos, Kythera, Kreta, Methone (Messenien) und Athen. Bei den meisten dieser Orte handelt es sich um Hafenstädte, die als Handelszentren angesteuert wurden, die den Phöniziern aber zugleich auch als Versorgungsstützpunkte und Zwischenstationen auf den Handelsfahrten in den fernen Westen gedient haben dürften. Eine dieser Routen verlief durch die griechische Inselwelt über Kreta und weiter entlang der Westküste der Peloponnes. Das belegen die mittlerweile zahlreichen orientalischen Funde auf Kreta, eine Tempelweihung auf Kythera und, nach der Tradition, die Gründung weiterer Siedlungsplätze. Auch in Korinth dürften die Phönizier in früher Zeit eine Niederlassung gehabt haben, worauf der in der Literatur überlieferte Kult einer bewaffneten Aphrodite hinweist. Wenn an dieser Stelle dann auch noch von

Abb. 11   Geometrische Kanne mit Darstellung des Schiffbruchs des Odysseus, aus Attika.   (Kat. 96)

Abb. 12 (rechts)   Goldschmuck aus einem attischen Grab geometrischer Zeit, aus der Sammlung Lord Elgin.   (Kat. 83–87)

Abb. 13 Goldene Schmuckplatte aus Rhodos, »Herrin der Tiere«. (Kat. 97)

Tempelprostitution die Rede ist, liegt es nahe, auf eine Verbindung zur phönizischen Göttin Astarte und damit auf die Präsenz der Phönizier zu schließen.

Neben den Zeugnissen der antiken literarischen Überlieferung hat die archäologische Wissenschaft eine Fülle von Funden und kunstgeschichtlichen Beobachtungen bereitgestellt, die nicht nur die Anwesenheit der Phönizier in Griechenland während der frühen Eisenzeit, d. h. im 9. / 7. Jh. v. Chr., beweisen, sondern auch und vor allem deren großen kulturellen Einfluß auf die griechische Kunst sichtbar machen.

An dem festgefügten Ornamentsystem der griechischen Vasen geometrischer Zeit (1000–700 v. Chr.) zeigen sich die durch fremde Vorbilder bewirkten Veränderungen am deutlichsten in der sogenannten spätgeometrischen Phase (800–700 v. Chr.); am Ende dieser Epoche entstand um 730 v. Chr. die Ilias des Homer. Die Schmuckelemente geometrischer Vasen, wie Dreiecke, Rauten, Kreise, Mäander usw., sind in einem ausgeprägten Stil auf die streng geformten Tongefäße gemalt. Ornamente und Vasenformen unterliegen einer folgerichtigen Entwicklung, deren jeweilige Ausprägung heute eine genaue Datierung ermöglicht. Bald nach Beginn der »spätgeometrischen« Zeit, etwa 780–770 v. Chr., treten zum ersten Mal im Dekor der Vasen neben den rein ornamentalen Motiven auch figürliche Darstellungen auf. Zunächst sind es nur einzelne Pferde und Tierfriese, dann aber auch Bilder von Totenklage und Aufbahrung, von Kampf und Krieg, von Festmahl und Tanz. Die orientalischen Vorbilder dieser neuen ›szenischen‹ Darstellungen nehmen Einfluß nicht nur auf die Vasenmalerei, sondern auch auf den Dekor anderer Gegenstände. Zu nennen sind hier die Goldbänder aus attischen Gräbern (Kat. 89–90; Abb. 10). Es werden feine Tücher oder erlesene Gewänder gewesen sein, deren eingewebte Bilder die Griechen übernommen, umgestaltet und auf andere Materialien übertragen haben. Beispielhaft zeigt die große Kanne (Kat. 95) deutlich, wie stark die orientalischen textilen Vorbilder wirksam werden und das strenge geometrische Ornamentsystem aufzulösen beginnen: Dies geschieht nämlich nicht nur, wie man erwarten könnte, im Tierfries, sondern auch in der gesamten dekorativen Syntax.

Eine andere Vorlage, gerade für die Tierfriese, fanden die attischen und korinthischen Vasenmaler in den sogenannten zypro-phönizischen Metallschalen (Kat. 144). Eine Gruppe von spätgeometrischen attischen Tonschalen ist offenbar ganz unter dem Eindruck der phönizischen Metallschalen entstanden. Denn die Schale selbst mit ihrer Funktion als Trinkgefäß tritt auch erst in der Zeit um 750 v. Chr. zum ersten Mal auf. Die Bemalung auf der Innenseite dieser Schalen und die Themen der Darstellung sind von solchen phönizischen Metallschalen (Kat. 25; Abb. 17) übernommen und in den attisch-spätgeometrischen Stil umgesetzt worden.

Die spätgeometrischen Vasenbilder haben in der Regel allgemeinen Charakter. Sie bleiben in ihren Schilderungen unpersönlich und spielen nicht auf bestimmte mythologische Motive an. Aber auch das ändert sich gegen Ende unseres Zeitabschnittes. Das allererste Bild, das ein sogar in der Odyssee erwähntes Abenteuer ausführlich wiedergibt (Od. 12, 399–425), ist die Darstellung eines Schiffbruchs auf dem Hals einer Kanne (Kat. 96; Abb. 11). Der Mann, der sich als einziger von der elfköpfigen Besatzung auf den Kiel des gekenterten Schiffes retten konnte, wird – nach einer Deutung von R. Hampe – Odysseus selbst sein. Seine zehn Gefährten werden für ihren Frevel an den Rindern des Helios von Zeus bestraft und ertrinken in den fischreichen, stürmischen Fluten des Meeres. Der Typus der Kanne, die dieses Bild trägt, bildet zusammen mit den zuvor erwähnten geometrischen Trinkschalen ein Service. Beim festlichen Umtrunk wurde aus einer solchen Kanne der gemischte Wein in die Trinkschale gegossen.

Funde von Goldschmuck aus den drei Jahrhunderten zwischen 1100 v. Chr., dem Ende der submykenischen Zeit, und dem ausgehenden 9. Jh. v. Chr. sind sowohl auf dem griechischen Festland als auch auf den Inseln nur selten anzutreffen. Die wenigen bekannten Stücke aus dieser Zeit zeigen schlichte Formen und einen anspruchslosen Dekor in einfacher Herstellungstechnik. Das aber ändert sich nahezu schlagartig um 800 v. Chr. Unter den deutlich reicher werdenden Goldschmuckfunden treten plötzlich delikat gearbeitete Stücke auf, für die es weder in technischer noch in künstlerischer Hinsicht einheimische Vorläufer aus Griechenland gibt. Mit Sicherheit handelt es sich daher bei diesen Stücken um Werke von Goldschmieden aus dem Vorderen Orient – insbesondere aus Phönizien –, die gelegentlich sogar in Griechenland ansässig wurden, wie z. B. jener frühe phönizische Meister, der sich in der phönizischen Niederlassung von Tekke bei Knossos auf Kreta angesiedelt hat. Seine Familie

Abb. 14   Goldener Schmuckanhänger mit drei Frauenköpfen, aus Delos.   (Kat. 98)

benutzte ein schon bestehendes, sehr viel älteres minoisches Tholosgrab, um dort ihre Toten zu bestatten. In diesem Grab nun waren außer zwei Urnen mit Werkzeug und Materialabfällen, wie sie aus einer Goldschmiedewerkstatt kommen, auch verschiedene Schmuckstücke vergraben. Sie sind für Kreta, das keinerlei vergleichbare einheimischen Parallelen aufzuweisen hat, in Technik und Stil ein absolutes Novum. Spätere kretische Goldschmiedearbeiten hingegen weisen in jeder Hinsicht eine so deutliche Abhängigkeit vom Schmuck aus dem Tholosgrab auf, daß auf einen längeren Bestand dieser phönizischen Werkstatt geschlossen werden kann. Es ist dies der Zeitraum, in dem die Griechen die Fertigkeiten und die Bildmotive der Fremdlinge aus dem Orient allmählich übernommen haben.

Abb. 15   Anhänger mit Karneolskarabäus aus Bolsena (Etrurien), mit Darstellung des ägyptischen Gottes Horus. (Kat. 116)

28

Abb. 16 Phönizisches Alabastron aus Etrurien.   (Kat. 147)

Dasselbe Phänomen läßt sich nun auch in Attika beobachten. In einem an Beigaben überreichen Frauengrab in Eleusis wurden zwei schöne große Ohrringe von besonderer Qualität gefunden. Form und Typ sind wiederum ganz neu unter den spärlichen und schlichten Produkten der vorangegangenen Zeit. Auch hier war es ein Meister, zweifellos ein Phönizier, in dessen Werkstatt mit großer Wahrscheinlichkeit die wohl auch aus einem attischen Grab stammenden Ohrringe (Kat. 83–87; Abb. 12) der Sammlung Elgin entstanden sind.

Die vielen Neuerungen und Veränderungen, die im Griechenland des 8. und 7. Jhs. v. Chr. auf die Phönizier zurückzuführen sind, beschränken sich jedoch nicht nur auf die Übernahme von Techniken und Ornamenten in Keramik und Schmuck: Der Einfluß durch den Vorderen Orient greift tief in gedankliche und religiöse Vorstellungen ein. Das Bild der Astarte, der gro-

ßen phönizischen Göttin, steht so etwa hinter den neuen Darstellungen der griechischen »Potnia Theron«, der Herrin der Tiere. Mit großen Flügeln, in einen langen Peplos gehüllt, mit jeder Hand einen Löwen haltend, finden wir sie als Motiv auf einem Goldblech (Kat. 97; Abb. 13) aus einer rhodischen Werkstatt. Phönizisch ist auch die strenge axiale und frontale Wiedergabe der Gestalt. Eine wesentliche Rolle dürften dabei die aus dem syro-phönizischen Raum stammenden und zahlreich erhaltenen Astarte-Täfelchen (vgl. z. B. Kat. 4) gespielt haben, die alsbald auch in den Terrakotta-Werkstätten von Axos auf Kreta und Korinth hergestellt wurden. Dies setzt die Übernahme auch eines neuen technischen Verfahrens voraus, nämlich die Verwendung von Modeln (Hohlformen). Das in geometrischer Zeit noch unbekannte Prinzip einer strengen Frontalität, das sich in der Kunst des kleinen Formats ebenso wie in der beginnenden Großplastik während des 7. Jhs. v. Chr. in Griechenland manifestiert, basiert also zum nicht geringen Teil auf der Kenntnis phönizischer Kunstwerke. Dabei ist unbestritten, daß gerade die Entstehung der griechischen Großplastik ohne die Vorbilder aus Ägypten nicht denkbar ist.

Auch die phönizische Elfenbeinschnitzerei, die auf unserer Ausstellung durch die besonders delikaten Arbeiten aus Nimrud und Arslan-Tash vertreten ist, hat einen nachhaltigen Einfluß auf die griechische Kleinkunst ausgeübt. Als Einlegearbeiten zum Schmucke kostbarer Möbel waren die Täfelchen offenbar sehr begehrt und weit verbreitet. Zwei Episoden aus der Odyssee (Od. 19,55 f.; 23,198 ff.) zeugen davon. Die Bildmotive dieser Schnitzereien kehren, z. T. umgewandelt oder auch aus dem Zusammenhang gerissen, als Schmuckelemente in der griechischen Kleinkunst wieder. Das geläufige Motiv der »Frau am Fenster« (Kat. 98; Abb. 14) war Vorbild für ein goldenes Schmuckblech, das, als Votivgabe in das Heiligtum von Delos geweiht, in einer ostgriechischen Werkstatt, wohl auf Rhodos, hergestellt worden ist.

Rhodos spielt bei der Rezeption und Weitergabe phönizischer Bildvorlagen mit Gewißheit eine wichtige Rolle. Seine blühenden Werkstätten, besonders die der Goldschmiede, legen dafür ein eindrucksvolles Zeugnis ab. Die Insel Rhodos aber war für die Phönizier nicht nur Stützpunkt auf dem Weg nach Westen, in die Ägäis, sie war in der frühen Eisenzeit – wie J. N. Coldstream nachgewiesen hat – auch Sitz einer phönizischen Niederlassung, in der duftende Öle und Salben sowie die entsprechenden Gefäße – für den Handel mit diesen kostbaren Kosmetika – hergestellt wurden.

Wie sehr die Phönizier im 8. und am Anfang des 7. Jhs. v. Chr. in Griechenland präsent waren, zeigt schließlich der bemerkenswerte Anteil von Funden phönizischer Herkunft in dem zu Korinth gehörenden Hera-Heiligtum von Perachora am Golf von Korinth und dem vielleicht noch bedeutenderen Heiligtum der Hera auf der Insel Samos. Unter den sogenannten »Fremdweihungen«, d. h. den Weihgeschenken, die nicht von den Einheimischen bzw. der Gemeinde des Heiligtums geweiht wurden, nimmt der Anteil der Fundstücke phönizischer Herkunft im samischen Heiligtum immerhin beachtenswerte 10% ein, in Perachora aber sind es erstaunliche 74%, wie Imma Kilian-Dirlmeier errechnet hat. Diese Weihgeschenke, von durchaus unterschiedlichem künstlerischem und materiellem Wert, je

nachdem, ob von einfachen Seeleuten oder von reichen Kaufherren gestiftet, haben durch ihre Zurschaustellung in den Heiligtümern, wo alle Tempelbesucher sie sehen konnten, einen Einfluß auf die griechische Kultur und im engeren Sinne auf die griechische Kunst genommen, der nicht hoch genug eingeschätzt werden kann.

Doch kamen Kunstgegenstände und Luxusartikel nicht nur aus den phönizischen Stadtstaaten nach Griechenland, sondern auch aus Zypern, Urartu, Assyrien und Ägypten. Zusammen bewirkten sie schließlich gegen Ende des 8. Jhs. v. Chr. die Auflösung des strengen Kanons im System der Formen und Dekormotive des geometrischen Stiles. Durch die Auseinandersetzung mit den Kulturen und den Ausdrucksmitteln des Vorderen Orients entstand in Griechenland eine künstlerische Formensprache, die dem 7. Jh. v. Chr. ihren Stempel aufdrücken sollte: der »orientalisierende Stil«.

Abb. 17   Phönizische Bronzeschale mit Tierfriesen.   (Kat. 25)

Abb. 18   Karyatidenkelch aus Elfenbein, aus der ›Tomba Barberini‹ in Praeneste.   (Kat. 140)

32

Abb. 19   *Goldene Dragofibel aus dem ›Kriegergrab‹ in Tarquinia.*   (Kat. 115)

Die Phönizier in Etrurien

Annette Rathje

In der Kulturgeschichte der Mittelmeerwelt ist das Verhältnis zwischen Phöniziern und dem frühen Etrurien eines der erregendsten Kapitel. Wir sind noch weit davon entfernt, es fertig schreiben zu können. Aber wenn die Erforschung der Rolle der Phönizier in der sogenannten orientalisierenden Kultur in Mittelitalien (8. bis 7. Jh. v. Chr.) auch noch lange nicht vor ihrem Abschluß steht, so kann doch nicht mehr bestritten werden, daß von der phönizischen Welt ein massiver Kultureinfluß ausging. Im heutigen Geschichtsbewußtsein haben die Phönizier endlich neben den Griechen ihren rechtmäßigen Platz eingenommen: es sind nicht mehr die Griechen allein, die dem Westen die Zivilisation gebracht haben. Der Philhellenismus der Vergangenheit ist einer nuancierteren Auffassung gewichen. Wir dürfen nicht vergessen, daß die Phönizier,

lange bevor die Griechen im westlichen Mittelmeerraum ihre Kolonien gründeten, in demselben Gebiet ein dichtes Handelsnetz etabliert hatten.

Einer früheren Auffassung nach waren die Phönizier durch die Eroberungen der Assyrer geschwächt, setzten aber ihre Segelfahrten und Handelsexpeditionen fort, um Steuern und Tribute zahlen zu können. Zweifellos gestanden die mächtigen Herren vom Zweistromland den Phöniziern eine Sonderstellung zu, waren sie doch selbst einfach nicht in der Lage, den phönizischen merkantilen Apparat zu ersetzen. Die phönizische Expansion in den Westen können wir deshalb wohl als einen Teil des assyrischen Imperialismus sehen: die assyrische Kriegsmaschinerie benötigte Rohstoffe; Etrurien besaß eben reiche Lagerstätten, besonders an Eisen – »das damalige Öl« –, und die

33

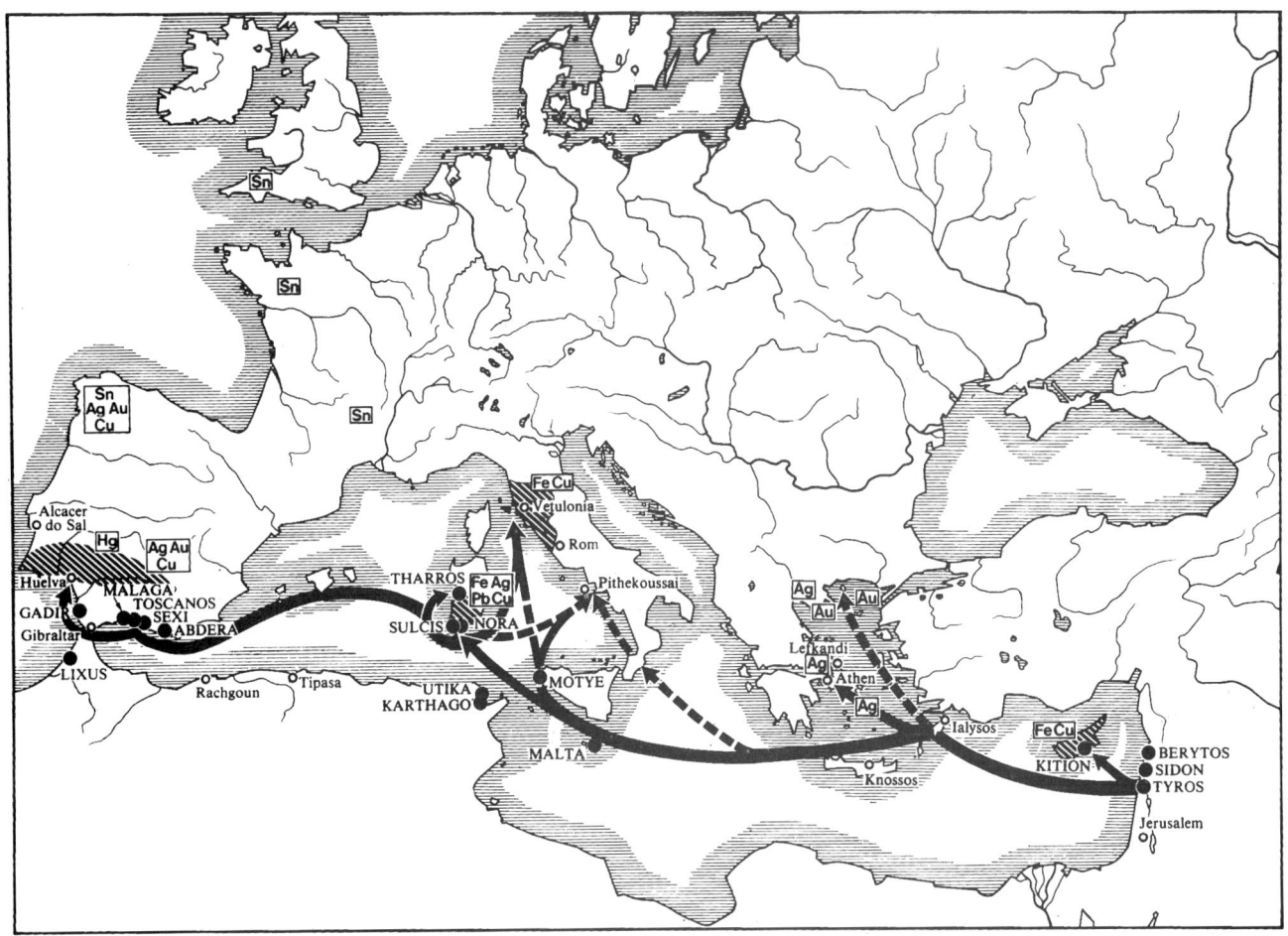

Abb. 20 Karte der Erzlagerstätten und Handelswege der Phönizier in der frühen Eisenzeit; Rekonstruktionsversuch.

Phönizier das »Know-how« in Seefahrt und Handel. Dabei scheint die Beziehung zu den Griechen eine friedliche gewesen zu sein. Auf der Insel Ischia nämlich, in Pithekoussai, dem ersten Vorposten der euböischen Griechen im Westen, fand man in mehr als einem Drittel der Gräber aus dem dritten Viertel des 8. Jhs. v. Chr. orientalische Objekte – aber niemals Waffen!

Die Rekonstruktion dieser frühen Handelsverhältnisse und -bedingungen (Abb. 20) ist ein mühsames Unterfangen: die wenigen erhaltenen Fragmente, bruchstückhafte Zeugen der vergangenen Geschichte, sind nur Teile eines sehr komplizierten Puzzles, und viele dieser Teile fehlen uns noch. Die Plünderungszüge der Assyrer an der levantinischen Küste im 8. Jh. v. Chr. und die Plünderungen der heutigen Grabräuber ebenso wie

derjenigen des vorigen Jahrhunderts haben bewirkt, daß unser Material sehr begrenzt ist. Wenn man aber die wenigen Zeugnisse, die trotzdem zurückgeblieben sind, in allen Einzelheiten studiert und erforscht, ist es immerhin noch möglich, die Existenz eines Akkulturationsprozesses zu erkennen. Die neuere Forschung ist zu der Ansicht gekommen, daß sich ein Netz von Handelsbeziehungen zwischen Sardinien und Etrurien bereits in der späten Bronzezeit etabliert hatte; und es ist sehr wahrscheinlich, daß sich die Phönizier nach ihrer Ankunft auf der Insel Sardinien dieses schon bestehenden Handelsnetzes bedienten. Ebenso liegt die These nahe, daß die Phönizier eben in diesem Zeitraum die Insel Sardinien, wo die lokale – prähistorische – Nuraghen-Kultur ihre expansive Phase schon beendet hatte, kolonisiert haben.

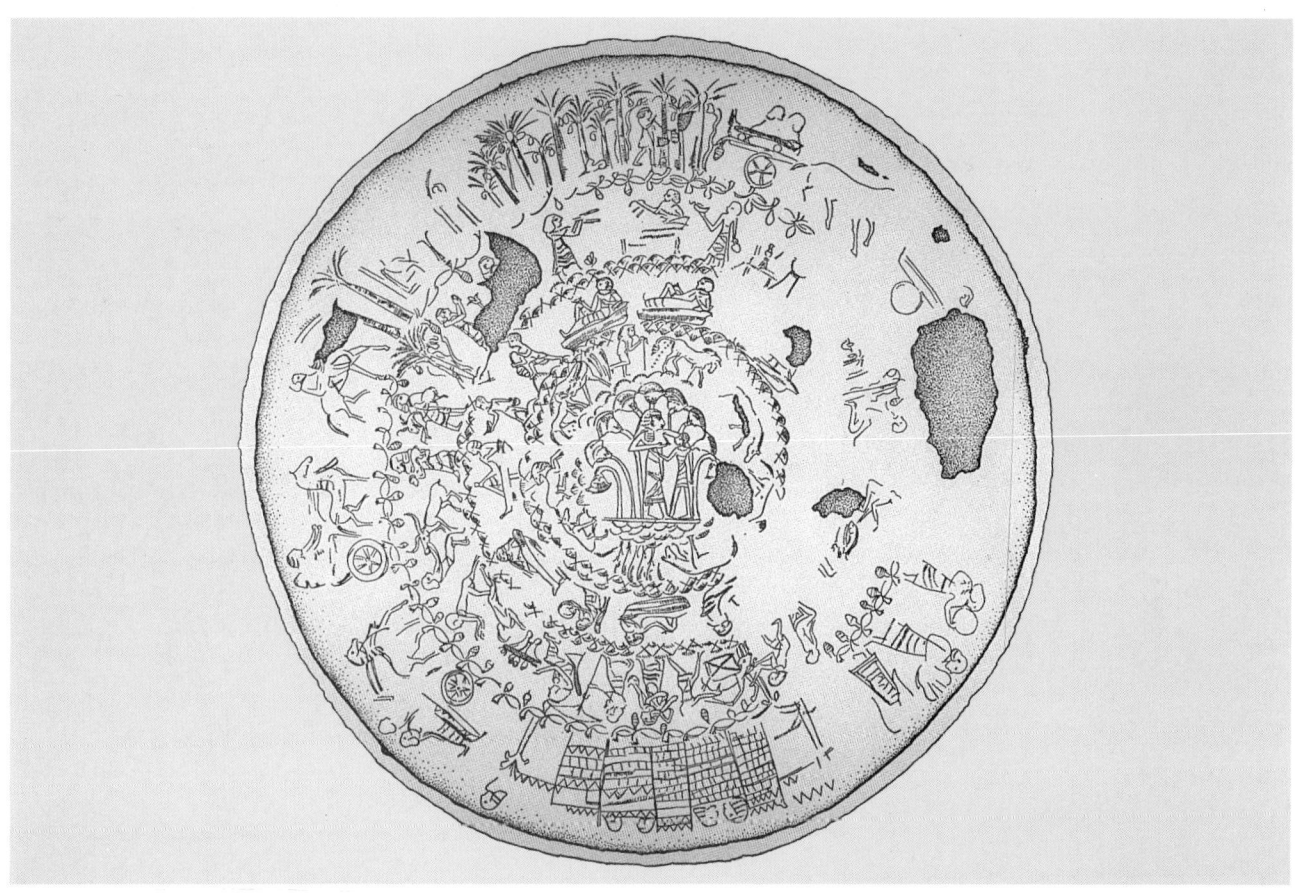

Abb. 21 Silberschale aus Zypern (New York, Metropolitan Museum); Umzeichnung des Innenbildes, nach Reinigung.

Deshalb überrascht es eben nicht, daß frühe Spuren orientalischer Beziehungen gerade aus Vetulonia, im nördlichen Etrurien, zu registrieren sind, einem Ort, an dem auch sehr viele sardische Funde gemacht worden sind.

Aber, von welcher Art sind dann die archäologischen Zeugnisse der Beziehungen zwischen Phöniziern und Etrurien?

– Phönizische oder andere Importe aus der Levante sind in etruskischen Gräbern gefunden worden.

– Wir sehen unter den etruskischen Produkten solche, die klare orientalische Einflüsse widerspiegeln.

Es kann daher von lokaler Nachahmung orientalischer Vorbilder gesprochen werden, doch Stil oder Technik zeigen jeweils an, ob immigrierte oder lokale Kunsthandwerker dafür verantwortlich sind.

Die frühesten unter den bis jetzt gefundenen importierten Objekten sind Glasperlen und Fayence-Amulette des ägyptisierenden Typus, und es ist verlockend, sie mit den venezianischen Glasperlen zu vergleichen, die im Afrika-Handel des 17. Jhs. eine so große Rolle spielten. Sieht man einmal von dieser Fundgruppe ab, zu der schließlich auch die nordsyrischen Siegelsteine zu rechnen sind, so können wir die übrigen Importobjekte als Luxusartikel und Statussymbole ansprechen. Zu den Luxusartikeln gehören Gefäße aus Fayence, Glas, Fritte, Muschelschalen, Elfenbein u. a. m. Es sind Gegenstände und Geräte, die im Verwendungszusammenhang der persönlichen Kosmetik erklärt werden müssen und als deren Inhalt wir uns kostbare Salben und Schminken oder wohlriechende Öle vorzustellen haben. Sie sind auch aus der schriftlichen Überliefe-

Abb. 22 Landschaft bei Tarquinia.

rung wohlbekannt. Dieser Luxus gehört zwar der Privatsphäre an, trägt aber auch zum Status des Besitzers bei. Es ist eine wohlbekannte Tatsache anthropologischer Studien, daß ausländische Produkte an sich das Ansehen des Besitzers heben. Einzigartig ist eine berühmte Fayence-Vase, die das reiche Frauengrab, das im vorigen Jahrhundert in Tarquinia gefunden wurde, benannt hat. Die Vase trägt sowohl eine Kartusche des ägyptischen Königs Bknrnf, den die Griechen Bokchoris genannt haben und der um etwa 720 v. Chr. regierte, als auch eine ägyptisierende Reliefdarstellung. Wahrscheinlich in Ägypten von Phöniziern gemacht, bietet diese Vase geradezu ein Paradebeispiel für die Problematik, mit der wir uns konfrontiert sehen, wenn phö-

nizische Kunstgegenstände nicht im Heimatland hergestellt oder gefunden wurden.

Weitere Luxusgegenstände, die den Besitzer als Mitglied einer Elite, einer adeligen Oberschicht, ausweisen, stammen aus den sogenannten Fürstengräbern Etruriens, von Vetulonia im Norden bis nach Pontecagnano im Süden. Manche von diesen Gräbern sind im vorigen Jahrhundert schlecht ausgegraben und außerdem unzulänglich publiziert worden. Die Grab-

Abb. 23 Silberschale, innen vergoldet, aus der ›Tomba Bernardini‹, einem der Fürstengräber von Praeneste. (Kat. 139)

36

beigaben befinden sich oftmals in kümmerlichem Erhaltungszustand. Glücklicherweise aber werden Fürstengräber auch heute noch gefunden, nach modernen Gesichtspunkten ausgegraben, dokumentiert und publiziert. Durch den Vergleich solcher neueren Funde (wie z. B. dem Inventar der Fürstengräber von Pontecagnano 926 und 928, hier Kat. 108–114; 117–127) mit den alten Fundinventaren ist es gelungen, die Verhaltensweisen und das besondere Anspruchsdenken der etruskischen Oberschicht, die ihre Gräber mit großem Aufwand auszustatten wußte, tiefer auszuloten.

Eine Reihe von Metallgefäßen und -geräten aus diesen Gräbern lassen sich mit der Sitte des adeligen Banketts bzw. Symposions verbinden, wie wir sie z. B. von den assyrischen Palast-Reliefs kennen. In diesen Zusammenhang gehören das in Veji gefundene bronzene Löwen-Rhyton assyrischer Herkunft, die großen nordsyrischen Bronzeständer mit den zugehörigen Kesseln zum Mischen von Wasser und Wein. Hierher gehört auch verschiedenartiges Trinkgeschirr, unter dem vor allem die charakteristischen kalottenförmigen Trinkschalen auffallen; ein Unikat dagegen ist eine phönizische Schale aus blauem Glas (!), die aus dem Bernardini-Grab in Palestrina stammt. Im vorderen Orient gibt es Vergleichsstücke, die ebenso aus den unterschiedlichen Materialien Glas, Keramik oder Metall gefertigt sind, und schließlich finden wir dieselbe Form der Trinkschale bei den Banketten verwendet, die auf phönizischen Elfenbeinen aus der Levante in Relief dargestellt sind.

Ein silberner Lebes (Kessel) mit Deckel, Sieb und Löffel – eine typische Beigabe in den etruskischen Fürstengräbern – stammt aus der Tomba Bernardini, und ein ebensolcher Lebes ist auch auf der vergoldeten Silberschale aus demselben Grab (Kat. 139; Abb. 23) abgebildet. Diese Schale fand bereits im vorigen Jahrhundert gleich nach der Ausgrabung große Beachtung, denn ihre Reliefdekoration schildert in neun fortlaufenden Szenen auf einzigartige Weise das »Jagdabenteuer eines Königs«. In einer dieser Szenen nun sitzt der König beim Opfermahl, und vor ihm steht ein Lebes mit Löffel. Vergleichen läßt sich diese Schale aus Palestrina mit einer anderen, die sich heute in der Sammlung Cesnola in New York befindet und aus den alten Grabungen auf Zypern stammt. Auf dieser zyprischen Schale ist – nach kürzlich erfolgter Reinigung – die Darstellung eines königlichen Picknicks zu erkennen (Abb. 21). Die Reliefschalen bilden eine große Gruppe, die immer

schon als besonders charakteristisches Beispiel für das hochstehende phönizische Kunsthandwerk gegolten hat. Die Mehrzahl der Schalen ist auf Zypern gefunden worden, aber allein in den vier Fürstengräbern Mittelitaliens kamen immerhin zwölf Exemplare zutage (ein weiteres Stück wurde in Francavilla Marittima ausgegraben). Und erst seit kurzem gibt es auch eine goldene Schale aus dem königlichen Palast in Nimrud; sie fand sich im Grab einer der Ehefrauen des Königs Assurnasirpal II (883–859 v. Chr.). Diese neue Schale nun entspricht fast vollständig einem Exemplar aus der Tomba Bernardini, womit wohl als bewiesen gelten kann, daß diese Schalen in der Levante produziert wurden. In der Forschung war man sich bis heute darüber nicht einig. Angenommen wurde vielfach eine lokale Produktion sowohl auf Zypern als auch in Italien. Das stark gehäufte Vorkommen dieser Schalen auf Zypern und in Italien hatte für diese Meinung den Ausschlag gegeben.

Die Bedeutung dieser figürlich verzierten Schalen kann gar nicht hoch genug eingeschätzt werden, liefern sie uns doch ein Bildprogramm fürstlich-königlichen Selbstverständnisses innerhalb eines phönizischen Repertoires, das wahrscheinlich nicht nur auf dieses »Bildmedium« beschränkt war. Wenn wir dann beobachten, daß die Bildmotive dieser Silberschalen einen starken Einfluß auf die lokale Produktion von z. B. Bucchero- und Metall-Gefäßen gehabt haben, dann liegt der Schluß nahe, daß die lokalen Kunsthandwerker sich von eben diesen Schalen inspirieren ließen. Dieselben Bildmotive finden wir ebenso auf Kunstgegenständen aus anderem kostbarem Material wie z. B. auf Elfenbeinschnitzereien und Textilien, die ebenfalls eine sehr wichtige Handelsware ausmachten. Was die Textilien betrifft, so haben wir zwar keine direkten archäologischen Zeugnisse, wissen aber aus den antiken Schriftquellen (z. B. Homer und Altes Testament), daß feines Leinen, gefärbte und gestickte Tücher nicht nur zu Gewändern verarbeitet wurden, sondern auch als Wandbekleidung, Teppiche und Kissen Verwendung fanden.

Es ist vermutet worden, daß die Reliefschalen nicht nur als Bankett-Service gebraucht wurden; vielleicht dien-

Abb. 24 Straußenei aus dem ›Isisgrab‹ in Vulci (Etrurien). (Kat. 55)

Abb. 25

Abb. 28

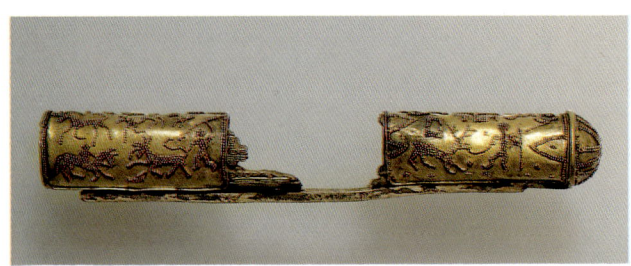

Abb. 26
Abb. 27

Abb. 29

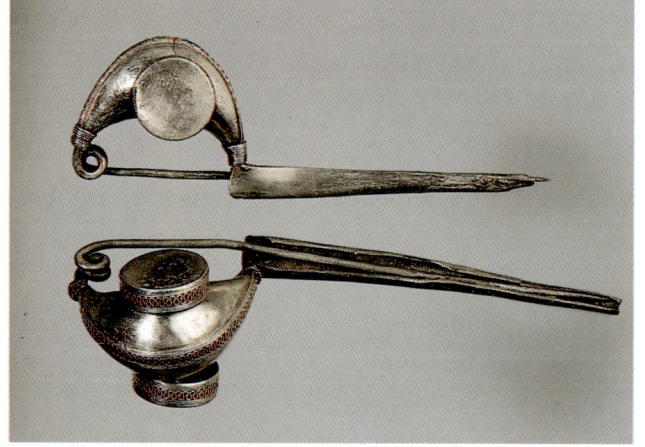

40

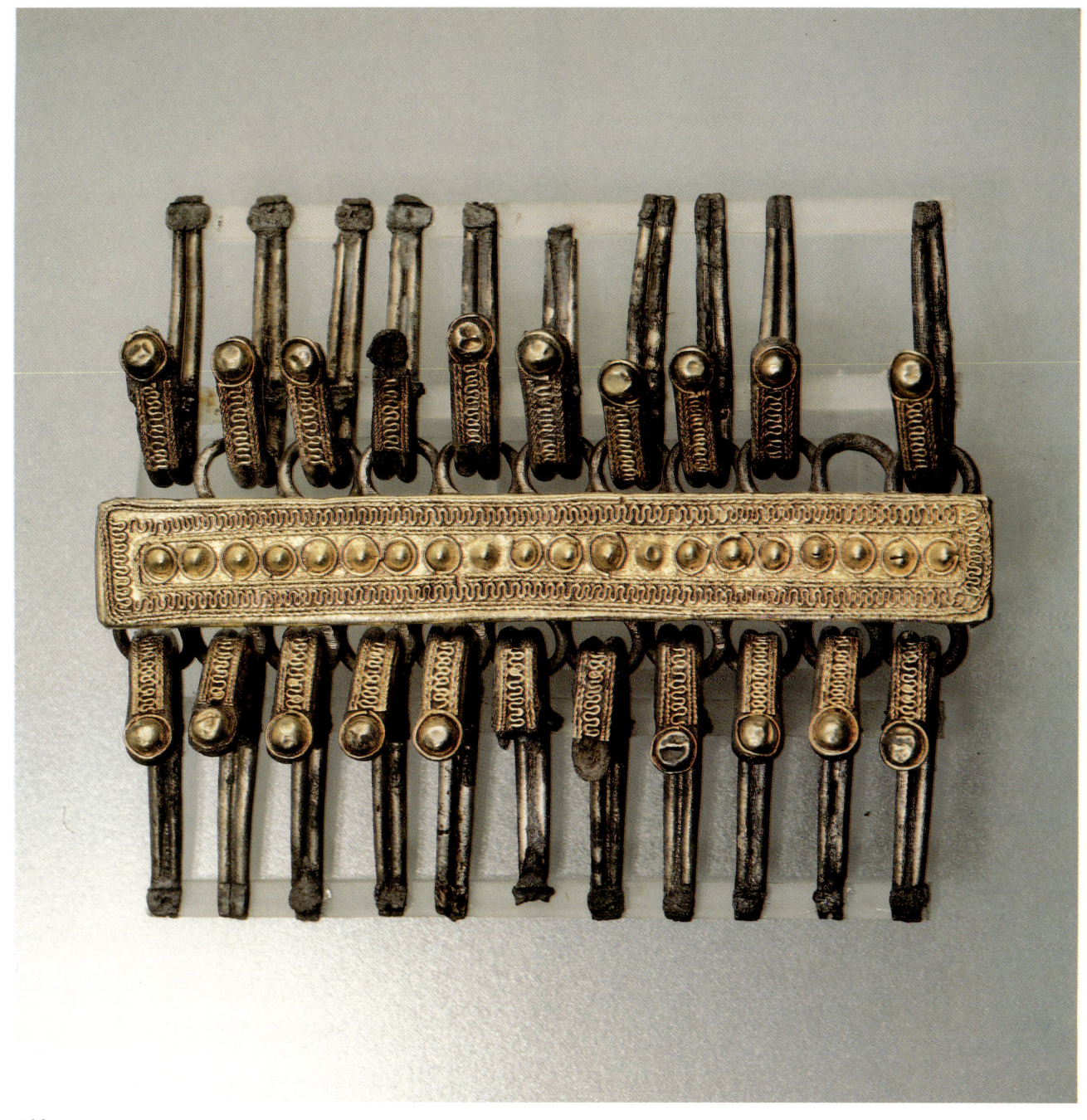

Abb. 30

Abb. 25–30 Grabfund aus Etrurien. Abb. 25/26 Kammschließe (Kat. 154); Abb. 27 Dragofibel (Kat. 155); Abb. 28 Anhänger (Kat. 152); Abb. 29 Zwei Sanguisuga-Fibeln (Kat. 156.157); Abb. 30 Gürtel- oder Gewandschließe. (Kat. 153)

ten sie vornehmlich der Anschauung. Jedenfalls aber repräsentieren schon die ältesten Stücke vom Boden Mittelitaliens, und damit auch die erste importierte phönizische Schale aus Vetulonia, eine tradierte Wertvorstellung. Von kostbarer und aufwendiger Herstellungstechnik, stellten die Metallschalen in jener frühen Zeit außer dem Gabenwert des Geschenks fast einen prämonetären Standardwert dar. Die Schalenfunde in Etrurien sind – in Verfolgung dieser Beobachtung – vor kurzem als Niederschlag eines externen ebenso wie internen »Chieftain's Trade« interpretiert worden. In diesem System eines Gütertausches benutzte der Stammesfürst also »exotische« Gefäße gewissermaßen als Zahlungsmittel, um sich Standesgenossen oder Gefolgsleute, auf deren Unterstützung er angewiesen war, geneigt zu machen. Aber über die Bedeutung als Status-Symbol hinaus, das den, der es besaß, in den Kreis der Mächtigen rückte, blieb eine jede Schale auch Trinkgeschirr, diente der Kommunikation: der Menschen untereinander und zwischen Menschen und Göttern. Diese auch von den Etruskern übernommene Funktion läßt sich klar aus dem Bild-Repertoire der phönizischen Schalen ablesen.

Unter die in der phönizischen Welt wohlbekannten und offensichtlich geschätzten Ritualgefäße fallen auch die birnenförmigen Kannen mit Palmettenhenkel aus Edelmetall oder Bronze (Abb. 31.32). Sie gehören zur Grundausstattung der Fürstengräber Etruriens. In der Heimat der Phönizier müssen sie bei den Bestattungsriten eine ganz bestimmte Funktion gehabt haben, die wir bislang nicht kennen. In der Tat würde man gern wissen, was diese Kannen dann in der etruskischen Welt so beliebt gemacht hat, daß sie sogar in der lokalen Impasto- und Bucchero-Produktion der schlichteren Töpferware nachgeahmt worden sind.

Zu einer ganz anderen Gruppe, die möglicherweise aber auch eine rituelle Funktion gehabt hat, sind die Straußeneier zu rechnen. Bemalte Straußeneier, eine vertraute Grabbeigabe im westphönizischen Raum, sind auch in Etrurien in Gräbern gefunden worden, hier aber auch solche mit eingeschnitzter Dekoration, was Kenntnisse in der Elfenbeinschnitzerei voraussetzte. Die Eier als solche wurden selbstverständlich importiert, aber im Hinblick auf ihre Dekoration bleibt es schwer zu entscheiden, ob sie von lokalen oder eingewanderten Kunsthandwerkern verziert worden sind. Gelegentlich sind die für den Mittelmeerraum exotischen Straußeneier auch für die Herstellung von

birnenförmigen Kannen des phönizischen Typus verwendet worden. Bei einem solchen Fundstück aus Pitino bei San Severino in der Provinz Marche – die noch unter etruskischem Kultureinfluß steht – ist das Straußenei als Kannenkörper mit einem Hals aus Goldblech zusammenmontiert, während Mündung und Henkel aus Elfenbein bestehen.

Aus den zahlreichen in Etrurien gefundenen Elfenbeinfragmenten läßt sich schließlich eine weitere wichtige Gruppe von Ausstattungsgegenständen erschließen: die der Prunk-Möbel. Viele der bekannten Fragmente gehörten einst zur Verkleidung oder Dekoration von Stühlen, Fußschemeln, Tischen, Betten und Truhen, also schönsten Möbelstücken, wie wir sie aus den Homerischen Epen oder vom Alten Testament kennen (vgl. Amos VI. 4: »Schlaft auf euren elfenbeinenen Lagern«). Von den Möbeln aus Holz, bislang vornehmlich aus der schriftlichen Überlieferung bekannt, läßt sich durch die außergewöhnlichen Funde aus Verucchio bei Bologna heute eine Vorstellung gewinnen.

Die neueren Untersuchungen der Elfenbeinschnitzereien aus Etrurien haben deutlich gemacht, daß keineswegs alle importiert waren. Wir haben Fragmente sowohl eindeutig phönizischen oder nordsyrischen Ursprungs als auch aus phönizischen Werkstätten auf etruskischem Boden. Elfenbeinschnitzer waren allerdings nicht die einzigen Einwanderer; es ist evident, daß sich auch phönizische Goldschmiede in Etrurien angesiedelt haben. Das plötzliche Auftauchen neuer orientalischer Techniken, wie z. B. der Granulation, sowie von nordsyrischen und phönizischen Motiven beweist diesen Vorgang.

In Etrurien sind sowohl phönizischer Goldschmuck als auch Nachahmungen desselben gefunden worden (Abb. 25–30); die Goldschmiede richteten sich in ihrer Schmuckproduktion bereits nach dem Geschmack der einheimischen Käufer, wie die Grabbeigaben in der Tomba Bernardini belegen. Die Funde machen unmißverständlich deutlich, daß Elfenbeinschnitzerei und Goldschmiedekunst in Etrurien ohne eingewanderte kundige Handwerker aus der Levante nicht denkbar sind. Dies steht im Gegensatz zur Bronzeverarbeitung, die bereits auf eine längere einheimische Tradition zurückblicken konnte.

Die Elfenbeinarbeiten des 7. Jhs. v. Chr. zeigen auch dann, wenn sie in lokalen Werkstätten entstanden sind, weiterhin die Bildmotive und Dekorationselemente aus

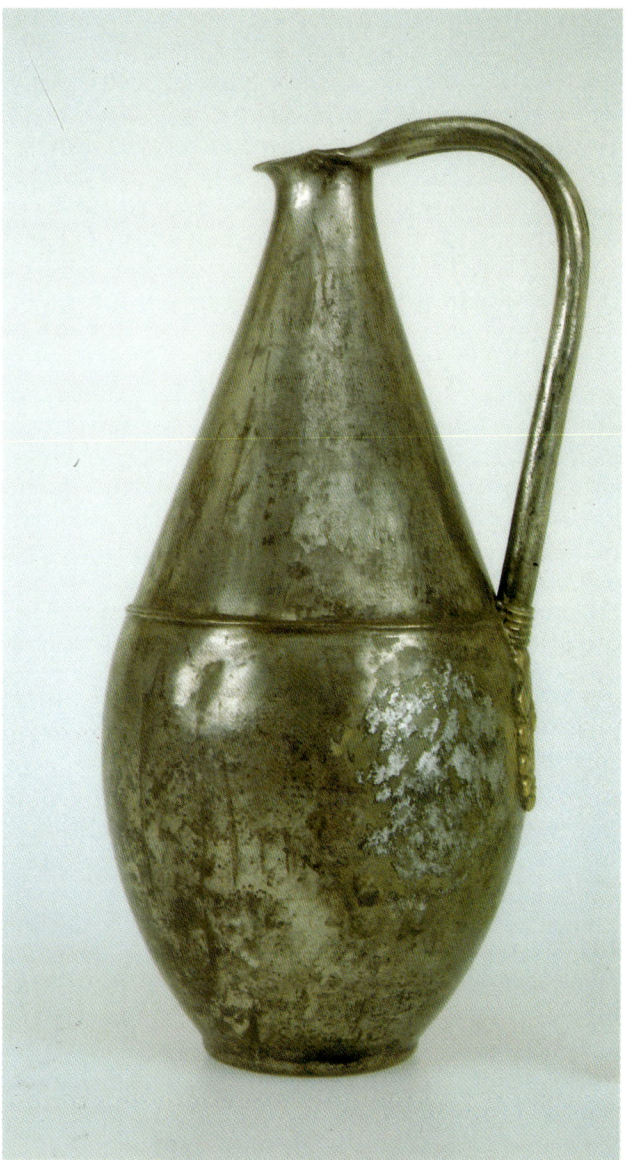

Abb. 31.32   Silberkanne mit vergoldeter Henkelpalmette, aus Pontecagnano.   (Kat. 108)

dem Vorderen Orient, bilden also eine homogene Gruppe. Die Goldschmiede hingegen befreien sich schon bald vom strengen Kanon orientalischer Traditionen. So bietet bereits der Goldschmuck aus der Tomba Bernardini den Beweis für eine technisch perfekte Verschmelzung von orientalischer und einheimischer Bilderwelt und Formensprache.

Auch wenn wir zu den »Ritualgeräten« im Bestattungskult nur Vermutungen aufstellen können, erlauben doch andere Grabbeigaben wie das Bankettgeschirr konkretere Aussagen. Neben importierten Stücken finden wir in denselben Gräbern auch lokale Imitationen, und offenbar ist solches Geschirr auch bei Festgelagen, eben nicht nur beim Totenmahl, benutzt worden. In der am Tiber in Latium gelegenen Siedlung Ficana sind in einem Gebäude, das wir als das Haus des »Fürsten« von Ficana bezeichnen können, bedeutende Reste eines Bankett-Services gefunden worden. In diesem vorwiegend aus Impasto Rosso gearbeiteten Service fallen vier große Ständer (sog. Holmoi, vgl. Kat. 129) mit dazugehörenden Greifenkesseln auf, die mit den nordsyrischen Bronzeständern und Kesseln aus den Fürstengräbern von Palestrina verglichen werden können. Diese Holmoi wurden ebenso wie andere dort gefundene Gefäße zum Mischen von Wein und Wasser verwendet.

Zum Service gehören mehr als dreißig Trinkkelche, aus denen sich einer allerdings deutlich hervorhebt: Es handelt sich um eine Kotyle, die außen mit einer eingeritzten phönizischen Palmettenranke und innen mit zwei großen phönizischen Palmetten in Relief dekoriert ist. Die Dekoration und die gedrehten Henkel zeigen, daß es sich bei diesem Trinkbecher um die Keramik-Imitation eines Metallgefäßes handelt, entsprechend den Kotylen aus Edelmetall in den großen Fürstengräbern von Praeneste oder Pontecagnano. Haben wir hier das Zeugnis einer hierarchischen Gliederung mit Betonung der Rangunterschiede vor uns? Bekamen bestimmte Leute besseren Wein als die übrigen, tranken bestimmte Leute aus besonderen Gefäßen? – Zum Bankett-Service von Ficana gehört auch eine große Zahl von Tellern, Platten und Schalen mit Deckel; sie zeigen, daß beim Bankett nicht nur getrunken wurde. Weniger zahlreiche Reste eines solchen Services kamen auch in Rom bei älteren Ausgrabungen in einem ähnlichen Haus am Forum Romanum zutage. Diese Funde, zusammen mit denen von Murlo bei Siena im Herzen Etruriens, bestätigen, daß das Bankett Bestandteil der neuen aristokratischen Lebensform war, die sich in der orientalisierenden Periode in Mittelitalien einbürgerte. Nicht nur Trinkschalen, Mischgefäße und Weinamphoren wurden dazu aus dem Orient importiert; es ist darüber hinaus auffällig, daß auch die Eßgewohnheiten sich änderten. Jetzt wurden Teller benutzt, und in ihrer Impasto-Rosso-Keramik sind diese Teller maßgenaue Kopien der roten phönizischen Teller. Und auch das Impasto Rosso selbst gehört zu den Neuerungen und ist vielleicht eine Imitation der so charakteristischen phönizischen Roten Ware.

Mächtige und wohl auch Besitzende zeigten sich stets begierig, Fremdes und Neues – wenn es ihre Position verbessern oder zumindest stärken konnte – zu übernehmen. So auch das Bankett als Ausdrucksform eines hohen Lebensstandards: Es befriedigte das Geltungsbedürfnis des Gastgebers, erweiterte seine Macht, hob sein Ansehen. Wir sehen diese etruskische Elite, wie sie sich in den Abbildungen selbst darstellt – versehen mit den herrscherlichen Würdezeichen des Orients: Thron, Zepter, Fächer, Sonnenschirm, Wagen etc., um hier ein Beispiel vom Beginn des 6. Jhs. v. Chr. zu nennen –, auf den Terrakottafriesen im großen Palast von Murlo, der sich im übrigen auch in Bauplan und -stil an Architekturformen des Vorderen Orients, genauer gesagt Nordsyriens, anlehnt.

Die Berührung mit den Phöniziern brachte den Etruskern ein hohes Maß an Anregung, und das nicht nur in bezug auf bis dahin unbekanntes Kunsthandwerk mit entsprechenden Techniken und Motiven, sondern auch die Auseinandersetzung mit neuen Ideen und die Übernahme fremder Lebensformen. Gleichwohl ist es – ganz im Gegensatz zu den übrigen Gebieten des westlichen Mittelmeerraums – weder Phöniziern noch Griechen gelungen, in Etrurien selbständige Niederlassungen oder gar Kolonien zu gründen. Offenbar bedurfte es nur eines gewissen Anstoßes, um in der sog. orientalisierenden Phase jenen Prozeß der Urbanisierung auszulösen, der die Etrusker über Generationen hin zum nahezu unabhängigen und gleichberechtigten Vertragspartner levantinischer Kaufleute machte.

Abb. 33 *Die Insel Mogador vor der marokkanischen Atlantikküste.*

Die phönizischen Niederlassungen im Mittelmeerraum

Hans Georg Niemeyer

DIE ANFÄNGE

Die ältesten Niederlassungen der Phönizier an den Küsten des Mittelmeers lagen, so will es die antike Überlieferung, im äußersten Westen. »80 Jahre nach dem Fall von Troja ... gründete die Flotte von Tyros, damals die mächtigste auf den Meeren, im hintersten Winkel Hispaniens, im allerfernsten Landstrich unseres Erdenrundes, auf einer vom Ozean umschlossenen, durch einen schmalen Isthmus vom Festland getrennten Insel, die Stadt Gades«, lautet die Nachricht in der im Jahre 30 n. Chr. fertiggestellten *Historia Romana* des Velleius Paterculus (I 2,3). »Von denselben«, so fährt dieser fort, »wurde nach wenigen Jahren Utika gegründet.« Geht man von dem zu der Zeit des römi-

schen Geschichtsschreibers allgemein angenommenen Datum für die Zerstörung von Troja aus, nämlich nach heutiger Zeitrechnung 1184/83 v. Chr., so ergibt das für Gades, das heutige Cádiz, ein Gründungsdatum 1104/03 v. Chr. Damit paßt gut zusammen, daß nach Plinius d. Ä. die Stadt Utika im Jahre 1101 v. Chr. gegründet wurde (Nat. Hist. XVI 216). Derselbe zeitliche Ansatz findet sich auch bei einem späteren Autor, dem wir die Schrift »Über merkwürdige Nachrichten« verdanken (Pseudo-Aristoteles, De mirab. ausc. 134). Er schöpfte aus derselben Quelle. Bei Plinius d. Ä. finden wir dann auch für die Gründung von Lixus einen Anhaltspunkt: Der dortige Herakles-Tempel war »angeblich etwas älter als der von Gades« (Nat. Hist. XIX 63).

45

Abb. 34 Lixus, phönizische Niederlassung an der marokkanischen Atlantikküste. Im Hintergrund die moderne Stadt El-Araisch.

Die moderne Spatenforschung hat in keinem der drei genannten Fälle die überlieferten Daten bestätigt. Vielmehr können wir von dauerhaften phönizischen Niederlassungen an den westlichen Mittelmeerküsten erst vom 8. Jh. v. Chr. an sprechen. Allenfalls einzelne bescheidene Handelsposten mögen schon im 9. Jh. v. Chr. gegründet worden sein.

Trotzdem sind die genannten Nachrichten der antiken Historiker (und weitere, hier nicht berücksichtigte) nicht völlig aus der Luft gegriffen. Schon in der Kupferzeit, im 3. Jt. v. Chr. müssen Kontakte zwischen der Iberischen Halbinsel und dem östlichen Mittelmeerraum bestanden haben; im 2. Jt. v. Chr. lassen sie sich vor allem für die sog. Argar-Kultur im Südosten

Spaniens nachweisen. Sie sind Teil eines mehr oder weniger lockeren Netzes von lebhaften Ost-West-Beziehungen, die vor allem dem Metall- bzw. Erzhandel galten. Nach der Insel Zypern, die dem in der Bronzezeit so wichtigen Kupfer ihren Namen gegeben hat, scheint in zweiter Linie Sardinien für jenen Handel von Bedeutung gewesen zu sein: von hier stammen einige jener charakteristischen »Zungenbarren« (»oxhideingots«) aus Kupfer (vgl. Kat. 16), die wie Leitfossilien die Route über Kreta bis vor die Levanteküste markieren. Allem Anschein nach hat die Ägäis in der letzten Hälfte des zweiten vorchristlichen Jahrtausends in diesem Zusammenhang einen sehr aktiven Part gespielt: Die unübersehbare Präsenz mykenischer Keramik auf

Abb. 35   Die Sierra Tejada. Der Gebirgszug der betischen Kordillere begrenzt das schmale Hinterland der Niederlassung Toscanos.

der Apennin-Halbinsel und Sizilien sowie vor allem auf Sardinien bezeugt, daß man in dieser Zeit die Seewege zwischen Griechenland und dem tyrrhenischen Meer zu meistern wußte. Seit nun vor wenigen Jahren spätmykenische Keramik auch in Montoro im oberen Guadalquivir-Tal gefunden worden ist, sind die alten Vermutungen, daß die Iberische Halbinsel in diese »Mykenische Koiné« wenigstens am Rande mit einbezogen war, nunmehr durchaus begründet. Offensichtlich waren die Fernhandelswege des 2. Jts. v. Chr. in den sog. Dunklen Jahrhunderten, die sich zwischen Bronze- und Eisenzeit schieben, nie ganz in Vergessenheit geraten: Die archäologische Bodenforschung hat in den vergangenen 30 Jahren genügend

Hinweise dafür ermitteln können, daß sogar um die Jahrtausendwende, wenn auch gewiß in größeren Abständen, Schiffe das Mittelmeer durchquerten und ausgewählte Güter hinüber und herüber transportierten. Dies steht in Einklang mit biblischen Nachrichten (1. Buch Könige, 10:22), nach denen Salomon gemeinsam mit Hiram, dem Stadtkönig von Tyros, alle drei Jahre Expeditionen nach Tartessos ausrichtete, die u. a. Gold, Silber und Elfenbein in die heimischen Städte brachten. Nach der üblichen Chronologie muß dies im 10. Jh. v. Chr. gewesen sein, d. h. ungefähr zu derselben Zeit, in der die klassisch-antike Überlieferung die frühesten phönizischen Niederlassungen im Westen ansetzt. Und wenn es in dieser Frühzeit auch

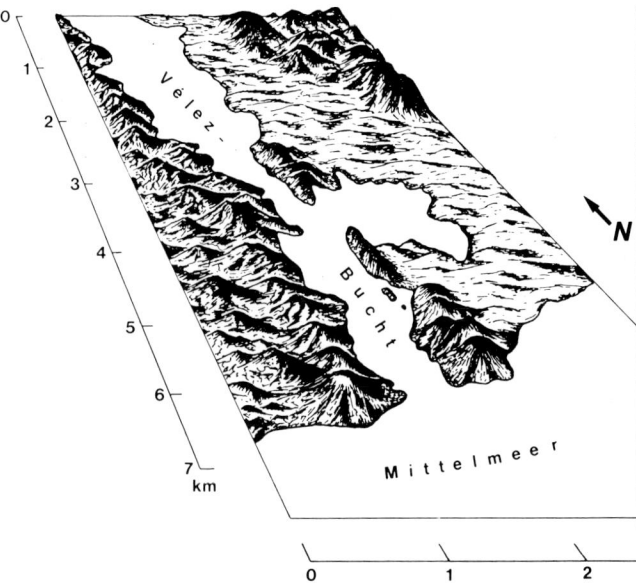

Abb. 36   Der »Fjord« des Río de Vélez bei Torre del Mar (Prov. Málaga); Rekonstruktion des vorgeschichtlichen Zustandes (nach H. D. Schulz et al., 1988).

nicht zur Gründung fester Niederlassungen kam, so sind doch möglicherweise erste Handelskontakte geknüpft und Vereinbarungen getroffen worden, die für die Zukunft die Entwicklung bestimmten. Dabei gilt es festzuhalten, daß es nunmehr sicherlich die Phönizier waren, die die Pioniere des Fernhandels stellten und nicht länger mehr die mykenischen Griechen, die wohl in erster Linie die Verantwortung für die bronzezeitlichen Kontakte trugen. Auch im zentralen Mittelmeergebiet, d. h. auf der Apennin-Halbinsel, dürften sie eine nicht unwichtige Rolle gespielt haben und, chronologisch gesehen, vielleicht früher als die Griechen, deren erneutes Ausgreifen nach Westen ebenfalls schon vor der Epoche der großen Koloniegründungen am Ende des 8. Jhs. v. Chr. spürbar wird. Die Wissenschaft hält für diese Erscheinung den Begriff der »Präkolonisation« bereit, womit eine Phase gemeint ist, in der Exploration, Handelsaustausch und nur gelegentliche Wiederkehr an denselben Ort das Geschehen bestimmen, nicht aber die Inbesitznahme auf Dauer von fremdem bzw. neuem Territorium.

DIE NIEDERLASSUNGEN AM ATLANTIK

Die westlichsten Niederlassungen der Phönizier liegen, und dies ist sicherlich kein Zufall, sondern hängt mit deren spezifischen Handelsinteressen zusammen, jenseits der mit Segel- und Ruderschiffen nicht eben leicht zu durchquerenden Straße von Gibraltar am Atlantik: *Lixus*, in strategisch hervorragender Position an der Mündung des Loukkos gelegen, kennen wir bisher nur in seiner späthellenistisch-römischen Gestalt. Keramik aus archaischer Zeit (7.–6. Jh. v. Chr.) ist in tieferen Schichten sowohl auf der Akropolis als auch an deren Südhang gefunden worden, der ursprüngliche Siedlungskern bleibt aber noch zu suchen. Er wird am Fuß des Stadthügels Tchemmich vermutet.

Noch weiter südlich vor der marokkanischen Atlantikküste, gleichsam am äußersten Rande der antiken Welt, liegt nahe dem heutigen Essaouira die kleine Insel Mogador (Abb. 33). Hier befand sich offensichtlich eine Art »Vorposten« auf der phönizischen Handelsroute nach Schwarzafrika, wie die auf dem vegetationsarmen Felseneiland erhaltenen spärlichen Reste nahelegen. Sie sind durch Fragmente griechischer Handelsamphoren in das 7. Jh. v. Chr. datiert.

Gades, das moderne Cádiz (der phönizische Name, »Gadir«, bezeichnete eine ummauerte Stadt), war nach der antiken Überlieferung neben Karthago wohl die bedeutendste Niederlassung der Phönizier im Westen. Dies mag daher rühren, daß sie dem nach den archäologischen Zeugnissen nahe der Mündung des Guadalquivir zu lokalisierenden Machtzentrum von Tartessos unmittelbar benachbart war. Die Ortswahl, auf einer dem Festland vorgelagerten Insel, signalisiert einen gewissen Respekt gegenüber den tartessischen Königen, zu denen man im übrigen gleichberechtigte und freundschaftliche Beziehungen gepflegt haben dürfte.

Vor allem die Autorität des gaditaner Melkart-Tempels war es, die die Einhaltung entsprechender Vereinbarungen und Verträge garantierte; denn das antike Gadir hat vor allem wegen seines ehrwürdigen Melkart-Tempels und weniger wegen seiner Häfen oder seiner städtischen Siedlungsstruktur Berühmtheit erlangt. Der politisch-religiöse Stellenwert dieses bis in die römische Kaiserzeit hinein bedeutenden Heiligtums ist von allen antiken Autoren nur mit größtem Respekt erwähnt worden; in ihm manifestierten sich für alle sichtbar Geltungsmacht und Durchsetzungsvermögen der Mutterstadt Tyros.

Abb. 37   Das von der modernen Erosion aufgefüllte Tal des Río de Vélez im Vergleich zum ursprünglichen Zustand (vgl. Abb. 36); Aufnahme 1984.

Im Gegensatz dazu sind die erhaltenen archäologischen Zeugnisse ausgesprochen dürftig, was zum einen durch die mehr oder weniger vollständige moderne Überbauung bedingt ist, zum anderen daran liegt, daß der nördliche, vermutlich älteste Teil der phönizischen Stadt von der Brandung des Atlantiks vollkommen zerstört worden ist. Immerhin kennen wir eine archaische Nekropole des 6. Jhs. v. Chr., die erst 1987 entdeckt wurde, sowie die punischen Nekropolen des 6.–3. Jhs. v. Chr. Von hier stammen zwei im fernen phönizischen Westen einzigartige und zu Recht berühmte anthropoide Marmor-Sarkophage. Das in der Antike weithin bekannte Heiligtum des Melkart (bei den lateinischen Autoren »Heracles Gaditanus«) ist nur noch an spärlichen Resten unter der Wasseroberfläche nachzuweisen sowie anhand einiger bronzener Votivstatuetten, die vor nicht allzu langer Zeit aus dem Meer geborgen wurden. Was die ältesten Funde aus Gades betrifft, so muß hier eindeutig festgestellt werden, daß sie vor 770/760 v. Chr. bislang weder die Anwesenheit phönizischer Kaufleute noch gar die Existenz einer dauerhaften phönizischen Niederlassung (etwa im Sinne einer Kolonie) bezeugen können. Auch auf dem Festland an der Mündung des Río Guadalete legten die Phönizier (sehr wahrscheinlich) einen Hafen an, als Enklave am Rande der einheimisch-tartessischen Siedlung von Torre de Doña Blanca (bei Puerto de Santa Maria).

Die wirtschaftliche Bedeutung der Niederlassung von Gadir beruhte ohne Frage auf dem Silber-Handel. Dies

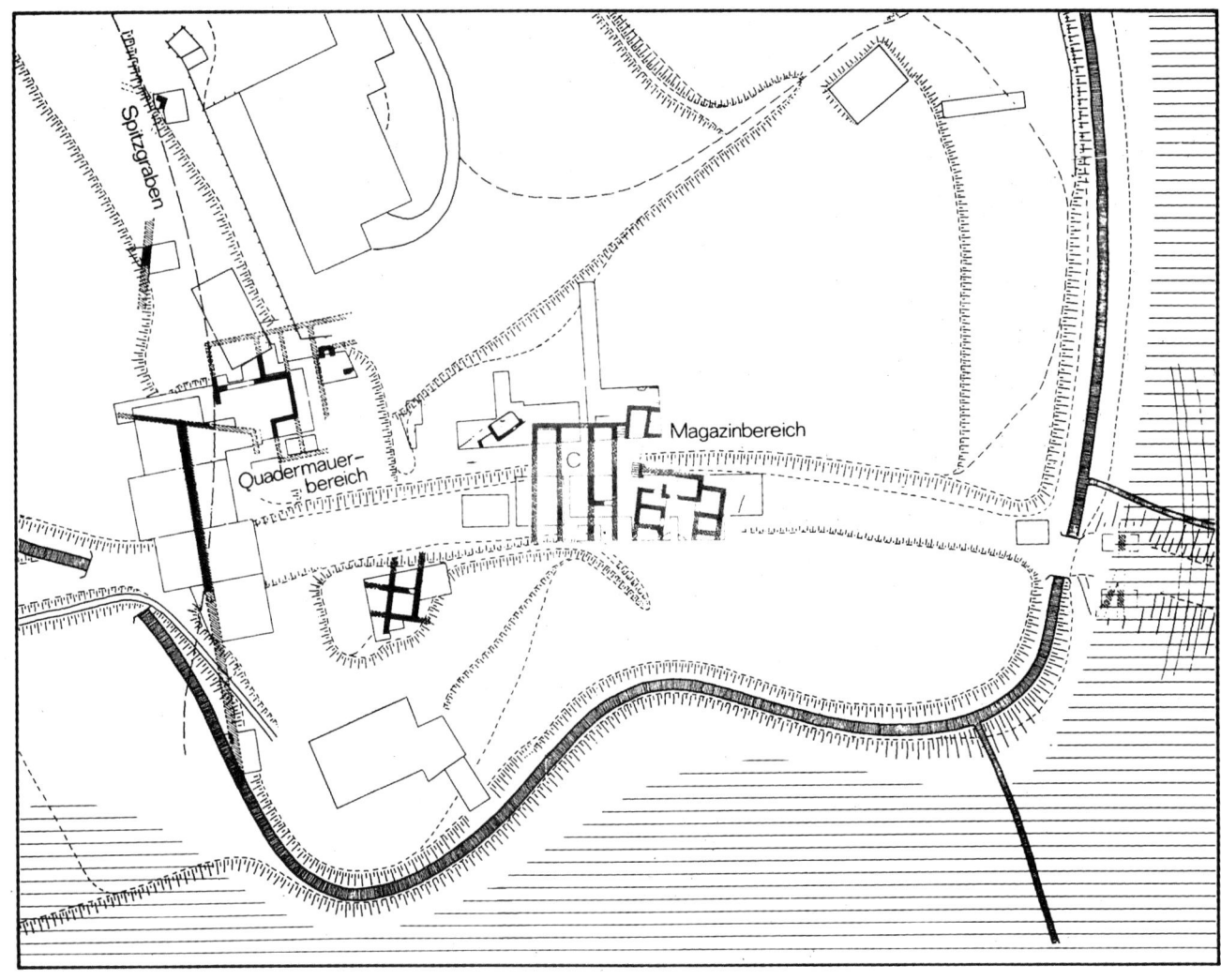

Abb. 38 Toscanos, Plan des Siedlungskerns. – Aufgabe der älteren Bebauung im »Magazinbereich«, Errichtung von Quaderarchitektur über dem zugeworfenen älteren Spitzgraben.

beweisen zur Genüge die Schlackenberge in den Minensiedlungen von Cerro Salomón im Río-Tinto-Gebiet und bei San Bartolomé de Almonte, schließlich die zahlreichen Silberschmelzöfen, die in Huelva entdeckt worden sind. So dürfte Gadir bald erheblichen politischen und ökonomischen Einfluß ausgeübt haben, der demjenigen Karthagos zunächst wohl auch kaum nachstand. Schließlich hatte Gadir mit der Kontrolle über die Meerenge von Gibraltar auch den Handel u. a. mit dem westeuropäischen Zinn und mit dem afrikanischen Elfenbein in der Hand.

DIE NIEDERLASSUNGEN AN DEN SPANISCHEN MITTELMEERKÜSTEN

An der Südküste Iberiens war die Situation eine andere: Die einheimische Bevölkerung lebte verstreut in der von engen Tälern zerklüfteten Gebirgslandschaft, war politisch kaum organisiert und bot den Ankömmlingen aus dem Orient ein leichtes Spiel. So werden wir Zeuge einer fast kolonialen Expansion der Phönizier, die sich in den Jahrzehnten nach 770 v. Chr. von der Bucht von Algeciras im Westen bis nach Adra

Abb. 39   Das Flußtal des Vélez und die Küste bei Torre del Mar (Prov. Málaga). Das Gehöft im Vordergrund markiert die Siedlungs-lage der phönizischen Niederlassung Toscanos (Aufnahme 1961).

(Prov. Almería) im Osten nahezu alle brauchbaren Hafenbuchten und die über das Küstengebirge der betischen Kordillere in die andalusischen Hochebenen führenden Zugänge zu sichern wußten.

Die westlichste phönizische Niederlassung vor den Säulen des Herakles wurde auf dem *Cerro del Prado* in der Mündung des Río Guadarranque nachgewiesen. Der Ausdehnung und Bedeutung nach vielleicht eher zweitrangig, hat sie nur etwa vom 7. bis zum Beginn dcs 5. Jhs. v. Chr. bestanden.

Eine bis heute faktisch ungebrochene städtische Tradition begann dagegen mit der Gründung der vom 8. Jh. bis etwa 550 v. Chr. besiedelten Niederlassung auf dem *Cerro del Villar* an der Mündung des Río Guadalhorce, der Vorläuferin des wenige Kilometer entfernten *Malaka* (Málaga). Die jüngsten Ausgrabungen haben gezeigt, daß unter den einzelnen Niederlassungen offensichtlich eine gewisse Arbeitsteilung im Sinne einer Spezialisierung stattfand. Die beherrschende Rolle auf dem Cerro del Villar spielten Verarbeitung und Verschiffung landwirtschaftlicher Produkte, die wohl in erster Linie auf den von den Phöniziern gerode-

ten Böden des breiträumigeren Umlandes gewonnen wurden. Außerdem führt von hier ein alter Weg in die fruchtbare Vega von Antequera (und von dort in die Provinzen Sevilla und Córdoba), der von den beiden genannten Plätzen aus leicht kontrolliert werden konnte.

Toscanos, 30 Kilometer weiter östlich bei Torre del Mar am Westufer der heute nahezu vollständig verlandeten Mündung des Río de Vélez (Abb. 37–40), ist unter den phönizischen Niederlassungen im Westen eine der am besten dokumentierten und lohnt eine ausführlichere Betrachtung. Die im Laufe des 3. Viertels des 8. Jhs. v. Chr. angelegte phönizische Siedlung war gut 150 Jahre von Bestand. In dem von der Grabung erfaßten Teil des Kernareals finden wir während der ersten beiden Phasen der sich rasch verdichtenden Bebauung mehrräumige Wohnhäuser. In der anschließenden dritten Phase, um die Wende zum 7. Jh. v. Chr., wird auf einer bis dahin freigelassenen Fläche eines jener Stapelhäuser (»C«) errichtet, von denen jede phönizische Faktorei am Mittelmeer mehrere besessen haben muß. Zur fjordartigen Bucht des Río de Vélez

Abb. 40   Toscanos, Konstruktionen mit Bossenquadern.

ist eine befestigte Kaianlage nachgewiesen. Im Westen war die Siedlung durch ein von Norden nach Süden geführtes Verteidigungssystem begrenzt.

Erst geraume Zeit später, um die Wende vom 7. zum 6. Jh. v. Chr., erfährt das Siedlungszentrum (Abb. 38) eine Neuorganisation, von der auch die westliche Befestigung erfaßt wird. Darüber entsteht nun eine bedeutende Quader-Architektur, die freilich durch die Wiederbenutzung und Umgestaltung in der frühen römischen Kaiserzeit einschneidend gelitten hat (Abb. 40). Wichtiges Indiz für die geschichtliche Zuordnung dieser Konstruktion ist die eigentümliche

Bossierung der Quaderstirnen, die ihre Entsprechung in der von phönizischen Traditionen beeinflußten Monumentalarchitektur der israelischen Königszeit findet. Wohl schon einige Zeit vorher hatte die Niederlassung die westlich und nördlich angrenzenden Hänge des küstennahen Hügellandes okkupiert. Ein Ofen am Hang des Cerro del Peñón (wohl ein Eisenschmiedeofen), Schlacken, Schmelzrückstände und Blasebalgdüsen zeigen, daß die Eisenverarbeitung im 7. Jh. v. Chr., übrigens die älteste bisher bezeugte auf der Iberischen Halbinsel, für die Siedlung von Bedeutung gewesen sein muß. Außerdem ist die Fabrikation von

Abb. 41 Trayamar, Kammergrab 1. – Zustand am Ende der Ausgrabung.

Purpur nachgewiesen. Osteoarchäologische Beobachtungen (z. B. zunehmende Größe der Rinder, professionelle Schlachtmarken) sprechen für die Existenz weiterer Gewerbe, insbesondere für die Aufzucht und die Verarbeitung von Schlachtvieh sowie die Verteilung des Fleisches.

Die Zahl der Bewohner kann dagegen nur unter Vorbehalt geschätzt werden: Das von der jüngeren Mauer umschlossene Areal bedeckte zwar eine Fläche zwischen 12 und 15 ha. Doch wenn man davon ausgeht, daß die Hänge vornehmlich von gewerblichen Einrichtungen genutzt wurden – nur im Kernbereich ist bisher

eine dichte Besiedlung festgestellt –, so dürften zwischen 1000 und 2000 Bewohner wohl ungefähr das Richtige treffen. Das aber ist eine Einwohnerzahl, die die unterste Grenze dessen kennzeichnet, was man – auch in der Antike – noch als Stadt bezeichnet.

Fragen wir nach den allgemeinen Lebensverhältnissen:
– Es handelt sich um eine geschlossene Siedlung mit einem kompakten Kern,
– eine zentrale Administration ist anzunehmen,
– Arbeitsteilung (zwischen sehr differenzierten Gewerken) und, damit verbunden, soziale Differenzierung sind nachgewiesen.

Abb. 42 Weiblicher Kopf, mit Bemalungsspuren, von Ibiza. (Kat. 250)

diese, die in den wenigen aufwendiger ausgestatteten Gräbern (Abb. 41) bestattet wurden?

Die Niederlassung auf dem *Morro de Mezquitilla* liegt nur 7 km weiter östlich von Toscanos über der Mündung des Río Algarrobo auf einer heute bis 27 m ü. M. ansteigenden flachen Hügelkuppe und bot offenbar einer etwas großräumigeren Siedlungsanlage Platz: Das größte unter den drei bisher aufgedeckten Häusern des 8. Jhs. v. Chr. erstreckt sich mit mehreren Zimmern über 17 m Länge. Schon um 700 v. Chr. wurden über den Lehmziegelbauten der ersten Besiedlungsphase – und nach einem neuen Kataster (!) – solidere Häuser in der sog. Pisé-Technik (Stampflehm mit Strohzuschlag) auf Feldsteinsockeln errichtet. Anders als in Toscanos war dieser Hügel schon in der Kupferzeit im 3. Jt. v. Chr. besiedelt, anders als dort und auf dem Cerro del Villar bei Málaga schließt sich hier an die dritte Siedlungsphase des 6./5. Jhs. v. Chr. noch eine vierte des 4./3. Jhs. v. Chr. an, die der punisch-karthagischen Vorherrschaft zugerechnet werden kann. Von den Nekropolen dieser Siedlung, von denen es wie bei Toscanos mehrere gegeben haben muß, kennen wir nur die vier z. T. reich ausgestatteten Kammergräber von Trayamar aus der 2. Hälfte des 7. Jhs. v. Chr. (vgl. Kat. 185–194).

Wiederum nur wenige Kilometer weiter östlich findet sich schließlich an dem Platz *Chorreras* eine dritte, weniger günstig gelegene Niederlassung, die nach der Gründung um die Mitte des 8. Jhs. v. Chr. schon etwa 100 Jahre später wieder aufgegeben wurde.

Almuñécar, das antike Sexi, liegt wiederum in einer rezenten Schwemmlandebene, die wir uns in der Antike als zumindest weitgehend offene Bucht vorstellen müssen. Die Siedlung befand sich nach Ausweis kleinräumiger Grabungen im Bereich der neuzeitlichen Stadt auf einer schmalen Landzunge mit einem steilen Kap am äußeren Ende. Die Nekropolen umgeben wie ein Theaterrund die »Bühne« der Siedlung: am westlichen Ende der Bucht wurden auf dem Hang des Cerro de San Cristóbal Gräber des 8./7. Jhs. v. Chr. gefunden; etwa im Scheitel des Halbrundes, heute inmitten der modernen Überbauung, das im wesentlichen spätere, in seinen Anfängen aber wohl bis in das 7. Jh. v. Chr. hinaufreichende Gräberfeld von Puente de Noy, am östlichen Ende der Bucht schließlich die durch verstreute Goldfunde des 7./5. Jhs. v. Chr. nachgewiesenen Gräber von Velilla (vgl. Kat. 208).

In dem hier umrissenen chronologischen Rahmen der

Offen bleibt die Frage nach der Bevölkerungsstruktur: Haben wir es wirklich mit einem vollständigen »Bevölkerungs-Inventar« im Sinne einer »antiken Stadt« bzw. »Polis« zu tun? Gab es wirklich eine, wenn auch zahlenmäßig geringe Oberschicht, aus der die Führungskräfte rekrutiert wurden? Wurden diese vielleicht von den Kaufherren und Handelsfürsten der phönizischen Mutterstädte in der Levante gestellt, die hier für eine Reihe von Jahren ihren Geschäften nachgingen? Sind es

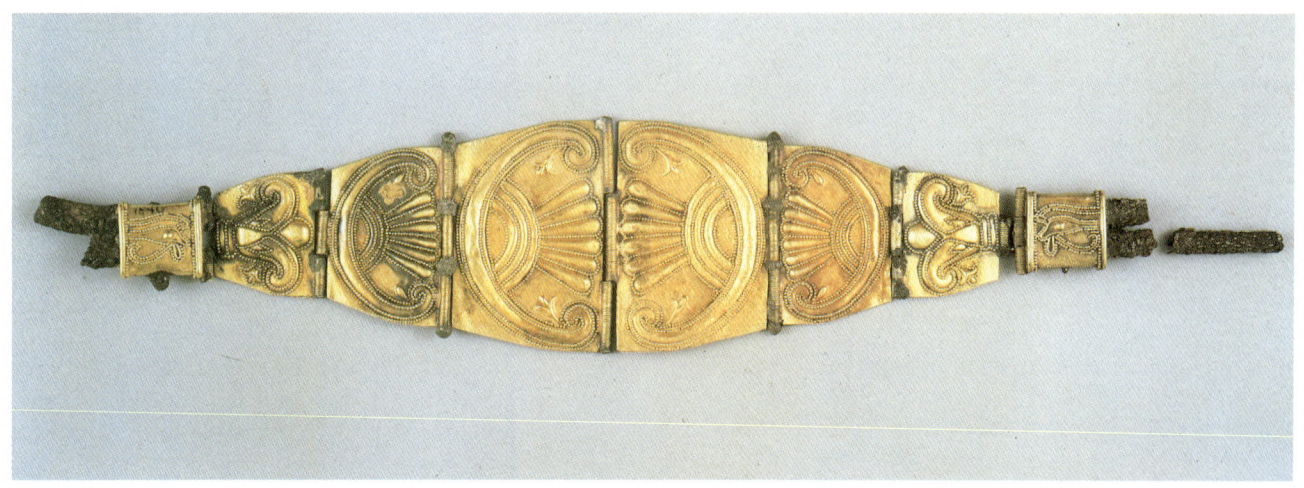

Abb. 43   Goldenes Diadem aus Tharros (Sardinien), Grab 8.   (Kat. 73)

ersten wirklichen Niederlassungen der Phönizier an der südlichen Mittelmeerküste Iberiens ist die Nekropole vom Cerro de San Cristóbal besonders aufschlußreich. Die mit ägyptischen Königskartuschen des 9. und 8. Jhs. v. Chr. versehenen Alabasterurnen aus den Gräbern 1, 16, 17 und 20 dienten hier offensichtlich in zweiter Verwendung als Leichenbrandbehälter (weitere Alabasterurnen stammen aus den Gräbern 2, 3, 10–15, 19 A, 19 B). Der sicherste chronologische Anhaltspunkt aber sind zwei protokorinthische Kotylen aus dem Schachtgrab 19, die um die Wende vom 8. zum 7. Jh. bzw. in das erste Viertel des 7. Jhs. v. Chr. datiert werden müssen.

Nach dem gegenwärtigen Forschungsstand befand sich die nächste Niederlassung in Richtung Osten erst in der Nähe des heutigen *Adra* (Abdera) und kann wohl mit dem aus der antiken Literatur bekannten Abdera gleichgesetzt werden.

Erst aus dem 6. Jh. v. Chr. datiert die schon gegen Ende des vorigen Jahrhunderts ausgegrabene Nekropole von *Villaricos* (Baria) an der Mündung des Almanzora (Prov. Almería), deren Charakter sich nach den Funden zu urteilen von demjenigen der westphönizischen Faktoreien an der Südküste als eher karthagisch-punisch abhebt (vgl. Kat. 217–232).

Diese Beobachtung läßt sich im übrigen auch in der Nekropole vom Puig des Molins auf *Ibiza* (Ebusus) machen (Kat. 233–257). Das nach den ältesten phönizischen Fundstücken um die Mitte des 7. Jhs. v. Chr.

gegründete Ebusus ist – nach den neuesten Grabungsergebnissen – aber nicht, wie die historische Überlieferung es will, von Karthago, sondern von der Meerenge her, vielleicht von Gadir aus, vermutlich als Versorgungshafen auf der großen Ost-West-Route angelegt worden.

Der Aufstieg der Insel begann mit der Ankunft der Griechen im Golfe du Lion (um 600 v. Chr. Gründung von Marseille/Massilia und Ampurias/Emporion!) und dem vielleicht durch den Fall von Tyros 573 v. Chr. ausgelösten Niedergang der phönizischen Niederlassungen in Andalusien. Von nun an bestanden engste Beziehungen zu Sardinien und Sizilien, später wohl auch zu Karthago.

DIE PHÖNIZISCHEN NIEDERLASSUNGEN AUF SARDINIEN, SIZILIEN UND MALTA

Die Erinnerung an die spätbronzezeitlichen Beziehungen Sardiniens zu Zypern und zur Levante mag zu Beginn der phönizischen Expansion noch lebendig gewesen sein. Man hat sogar vermutet, daß diese Verbindung, über das schon früh in den phönizischen Siedlungsraum integrierte südliche Zypern, nie ganz abgerissen ist. In einer Zeit, in der sich die Metallurgie so rapide entwickelte, muß Sardinien für einen auf Erze ausgerichteten Fernhandel außerordentlich attraktiv gewesen sein. Die unübersehbare Präsenz der

Phönizier im erzreichen Südwesten Sardiniens spricht da eine deutliche Sprache, und man möchte, wie es jüngst Maria Eugenia Aubet getan hat, in der Auswahl der Siedlungsplätze für die frühesten Niederlassungen auf der Insel eine sorgfältige Strategie erkennen. Das Muster hierfür ist das übliche: das vom Festland abgesetzte Kap, wie im Falle von Tharros und Nora, oder eine vorgelagerte kleine Insel wie Sulcis. Weniger charakteristisch ist die Lage von Bithia und Cagliari (Karalis) an der Südküste.

Tharros, wohl noch im 8. Jh. v. Chr. gegründet, liegt in strategisch hervorragender Position auf der wie ein Riegel dem Golf von Oristano vorgelagerten Landzunge mit dem Kap von San Marco und hat sich unter der späteren karthagischen Herrschaft fraglos zu einer kleinen Stadt entwickelt. Der archaische Siedlungskern dagegen ist hinsichtlich seines Umfanges und seiner genauen Lage noch nicht genügend erforscht: Er befand sich gewiß auf der vom offenen Meer geschützten Ostseite der Torre San Giovanni. Vom frühen Wohlstand der Niederlassung zeugen die reichen Grabinventare (Kat. 73–82; Abb. 43).

Auch *Nora* liegt in vergleichbarer Weise auf einem vorspringenden Kap. Der römisch-kaiserzeitliche Küstenort (mit eigenem Theater!) ist einigermaßen gut erforscht. Von der phönizischen Niederlassung jedoch wüßten wir so gut wie nichts, wäre nicht hier im Jahre 1773 eine berühmte archaisch-phönizische Inschrift gefunden worden. Sie berichtet von der Errichtung eines Tempels für den Gott Pmy (Pumay) und gehört zu den am häufigsten diskutierten Denkmälern der phönizischen West-Expansion. Die Datierung ist nach wie vor umstritten, Semitisten sprechen vom 9., wenn nicht vom 10. Jh. v. Chr. Immerhin stimmt es nachdenklich, daß der späte Autor Pausanias (2. Jh. n. Chr.) der Meinung war, Nora sei die älteste Stadt Sardiniens (X 17, 5).

Nur *Sulcis* (Sant' Antioco) scheint in seiner Entwicklung den üblichen Rahmen des phönizischen Niederlassungsmusters gesprengt zu haben. An der Ostküste einer kleinen, Sardiniens Südwestecke vorgelagerten Insel wurde es vielleicht noch vor der Mitte des 8. Jhs. v. Chr. gegründet (erst seit neuerer Zeit verbindet ein künstlicher Damm die beiden Inseln). Schon etwa ein Jahrhundert später griff die Siedlung auf das »Festland« über. Offenbar um ein größeres, zur »Stadt« gehörendes Territorium gegenüber der einheimischen Bevölkerung zu schützen, wurde dort eine Reihe von befestigten Plätzen angelegt, von denen Monte Sirai und Pani Loriga durch neuere Forschungen gut bekannt sind. Die antike Siedlung von Sulcis ist teilweise von der modernen Stadt überdeckt. Grabfunde und vor allem die Ausgrabungen im Kinderfriedhof, dem Tophet, haben das hohe Alter dieser Niederlassung bewiesen.

Mit den drei skizzierten Orten ist jedoch die Zahl der frühen Niederlassungen im »phönizischen Dreieck«, der südwestlichen Hälfte Sardiniens, noch keineswegs erschöpft. Wenigstens Karalis, das heutige Cagliari, und Bosa, nördlich des Golfes von Oristano gelegen, müssen hier noch genannt werden, um die beiden anderen »Spitzen« dieses Dreiecks zu kennzeichnen, dessen Fläche durchaus nicht zufällig mit dem erzreichen Bergland des Iglesiente identisch ist.

Auf die in der zweiten Hälfte des 8. Jhs. v. Chr. gegründete phönizische Niederlassung von *Motye* (Mozia) trifft zu, was Thukydides in einer bekannten Passage seines Geschichtswerkes über die Phönizier im Westen sagt: »Es wohnten auch Phönizier rings um ganz Sizilien auf Vorgebirgen, die sie befestigt hatten, und auf vorgelagerten Inselchen, wegen des Handels mit den Sikelern« (Thuk. VI 2,6). Motye liegt tatsächlich im äußersten Westen Siziliens auf einer flachen, 40 ha großen Insel in der weiten Lagune von Marsala. Angesichts der massiven griechischen Kolonisation im Osten der Insel, so wird von Thukydides weiter berichtet, hätten sich die Phönizier nämlich in den Westen zurückgezogen.

Auch an anderen Plätzen auf Sizilien, wie Panormus (Palermo) und Soloeis (Solunto), lagen phönizische Niederlassungen, doch wissen wir über deren frühe Phase so gut wie nichts. Das nie modern überbaute Motye hingegen gehört zu den auch für die archaische Zeit am besten erforschten und dokumentierten phönizischen Niederlassungen im gesamten Mittelmeergebiet.

So kennen wir nicht nur einen Teil der archaischen Nekropole, in der bereits vom Ende des 8. Jhs. v. Chr. an bestattet worden ist, und den gegen Ende des 7. Jhs. v. Chr. angelegten Tophet, sondern auch wichtige Einrichtungen auf dem Siedlungsgelände selbst: eine vermutlich noch in das 7. Jh. v. Chr. hinaufreichende Färberei sowie die zu einem Teil wohl schon zu Anfang des 6. Jhs. v. Chr. errichteten Verteidigungsanlagen, schließlich ein Heiligtum(?) aus der Mitte des 7. Jhs. v. Chr. in den Schichten unter dem »Cappiddazzu«

Abb. 44 *Karthago, Blick von Osten über den Golf von Tunis.*

genannten Gebäude. – Gleichwohl, die urbanistischen Strukturen der eigentlichen Siedlung sind erst wenig deutlich geworden.

Malta (Melite) und *Gozo* (Gaulos) im östlichen Eingang der Straße von Tunis sind von der antiken literarischen Überlieferung zwar als Sitz phönizischer Niederlassungen bezeugt, haben aber, nach den Funden zu urteilen, keine besondere Bedeutung erlangt. Dies mag damit zusammenhängen, daß die Inselgruppe nicht unmittelbar am Seeweg nach Westen lag. Dieser dürfte vielmehr dichter unter der Küste Siziliens verlaufen sein. Bisher kennen wir keine frühe phönizische Siedlung, und auch wenn man den religionshistorisch aufregenden Befund eines phönizischen Heiligtums in dem kupferzeitlichen Tempel von Tas-Silg in die Betrachtung einbezieht, läßt sich dem noch keine Bestätigung der antiken Schriftquellen entnehmen. Immerhin sind einige frühe Grabinventare geborgen worden, wie z. B. dasjenige von Mtarfa, das durch eine dazugehörige protokorinthische Kotyle an den Anfang des 7. Jhs. oder vielleicht gerade noch an die Wende vom 8. zum 7. Jh. v. Chr. datiert wird. Einige

wenige weitere Grabinventare lassen sich hier anschließen. Sie sind in ihrer Zusammensetzung durchaus typisch: Neben den nahezu kanonischen Kannen und anderen Gefäßtypen der phönizischen Roten Ware (»red slip«) sind immer wieder ausgewählte griechische Importstücke, in erster Linie Trinkgefäße, darin vertreten.

KARTHAGO UND DAS MEDITERRANE NORDAFRIKA

Utika, der Überlieferung nach eine der ältesten phönizischen Niederlassungen am Mittelmeer überhaupt, lag ursprünglich in einer für die Bedürfnisse des maritimen Fernhandels geradezu idealen Position: an einer weiten, nach Nordosten offenen Bucht auf einer Landzunge, die von hervorragenden Schiffsländen flankiert war. Wie an vielen der hier genannten Küstenplätze hat eine massive Erosion im Binnenland, die zur Verlandung der Mündung des Bagradas (des heutigen Oued Medjerda) führte, die antike Landschaftsformation vollständig verändert. Über die Lage der ältesten Siedlung, teilweise wohl unter dem Schwemmland oder unter der spätrepublikanischen und kaiserzeitlichen Überbauung verborgen, bestehen daher nur mehr oder weniger plausible Vermutungen. Immerhin findet sich unter den freigelegten Gräbern zumindest eines, das, obschon völlig ausgeraubt, aus typologischen Gründen noch in das 8./7. Jh. v. Chr. datiert wird.

Karthago, die bedeutendste phönizische Niederlassung am Mittelmeer, ist von Anbeginn an ganz anders und verdient deshalb auch hier eine ausführlichere Darstellung (Abb. 44–47).

Die punische Stadt ist am Ende des 3. Krieges gegen Rom (149–146 v. Chr.) besonders gründlich zerstört worden; nach der Neugründung der Colonia Concordia Julia Carthago durch Augustus im Jahre 29 v. Chr. wurden nochmals Planierungs- und Erdarbeiten durchgeführt, die das inzwischen rund vier Generationen brachliegende Gelände grundlegend veränderten. Und auch die römische Stadt wurde schließlich nach dem Tode des Hl. Ludwig und dem Abzug der Kreuzfahrer im Jahre 1270 durch den Hafsidenfürsten El Moustancir so planmäßig zerstört, daß buchstäblich kein Stein auf dem anderen blieb. Es hielt sich zwar die Erinnerung an die glanzvolle Metropole eines mächtigen Handelsvolkes – der thematische Niederschlag in der europäischen Literatur, Musik und bildenden Kunst legt davon beredtes Zeugnis ab –, konkrete Kenntnisse aber blieben über Jahrhunderte ebenso verschüttet wie die Stadt selbst.

Erst im Verlauf der 1974 begonnenen internationalen UNESCO-Kampagne »Rettet Karthago« sind dann, was die vorrömische Stadt angeht, vor allem größere Areale mit Wohnhäusern aus dem 5. und 2. Jh. v. Chr. freigelegt worden.

Im Gegensatz dazu waren die zahlreichen und weitläufigen Friedhöfe der Stadt schon verhältnismäßig lange bekannt. Die ältesten liegen auf dem Byrsa-Hügel und bilden, topographisch gesehen, den im Südwesten gelegenen Anfang des großen Gräberfeldes von Karthago, das sich schon in der Frühzeit des 7. Jhs. v. Chr. in einem flachen Bogen vom Byrsa-Hügel über den Junon-Hügel, weiter über die Gemarkungen Douimès und Dermech bis zur Gemarkung Ard et Touibi und damit fast bis an die in der römischen Kaiserzeit errichteten Antoninus-Thermen hinzog.

1983 schließlich stieß man – auf halbem Wege zwischen Küstenlinie und Byrsa-Hügel – erstmals zu archaischen Siedlungsschichten im Stadtgebiet vor. Die dort von 1986 bis 1988 durchgeführten Grabungskampagnen haben schon für die früheste Zeit der phönizischen Gründung eine städtisch verdichtete Besiedlung deutlich werden lassen, wie sie aus den Stadtstaaten des phönizischen Mutterlandes durchaus vertraut ist.

Das Spektrum der Keramikfunde aus den archaischen Schichten (Sondervitrine) entspricht in Zusammensetzung und Typologie dem, was wir auch von anderen phönizischen Niederlassungen des 8.–6. Jhs. v. Chr. an den Mittelmeerküsten kennen. Für die Chronologie jedoch blieben die Scherben von aus Griechenland importierten Gefäßen immer noch das sicherste »Leitfossil«. In diesem Zusammenhang sind hier vor allem mehrere Fragmente von subgeometrisch-protokorinthischen Kotylen hilfreich. Sie stammen aus der obersten, jüngsten archaischen Schicht, die demzufolge an das Ende des 8. oder eher schon in das 1. Viertel des 7. Jhs. v. Chr. datiert werden muß.

Zu einem frappierenden Schluß gelangt man, wenn die noch vorläufigen Ergebnisse der Grabungen im größeren Zusammenhang betrachtet werden: Die Grabungsstelle liegt ca. 290 m von der für das 8. Jh. v. Chr. rekonstruierbaren Küstenlinie entfernt. Etwa 350 m weiter in Richtung Nordosten sowie bis etwa 450 m südlich des Decumanus Maximus sind bei Tiefgrabungen ebenfalls archaische Siedlungsschichten angetroffen worden, insgesamt also in einer Länge von mindestens 800 m parallel zur Küste. Und was die Ausdehnung in Richtung auf den Byrsa-Hügel bzw. in das Land hinein anbetrifft, so ist auf die Gräberfelder der archaischen Zeit zu verweisen, die nach üblichem Brauch »extra muros« gelegen haben müssen.

Aus den genannten Daten läßt sich ein bebautes Stadtareal von mindestens 25 ha erschließen (Abb. 46), was etwa das 7fache der Fläche ist, die das spätgeometrische Smyrna einnahm, das zu den wenigen historisch bedeutenden, gleichzeitigen Griechenstädten zu zählen ist. Schon ein solcher Vergleich aber macht deutlich, daß Karthago unter den frühen mediterranen Städten einen besonderen Rang eingenommen haben muß, einen Rang, der sich im übrigen auch noch mit anderen Argumenten untermauern läßt.

Kaum zufällig ist Karthago der einzige Ort unter den zahlreichen phönizischen Niederlassungen im west-

Abb. 45   Groteske Terrakotta-Maske aus Karthago.   (Kat. 171)

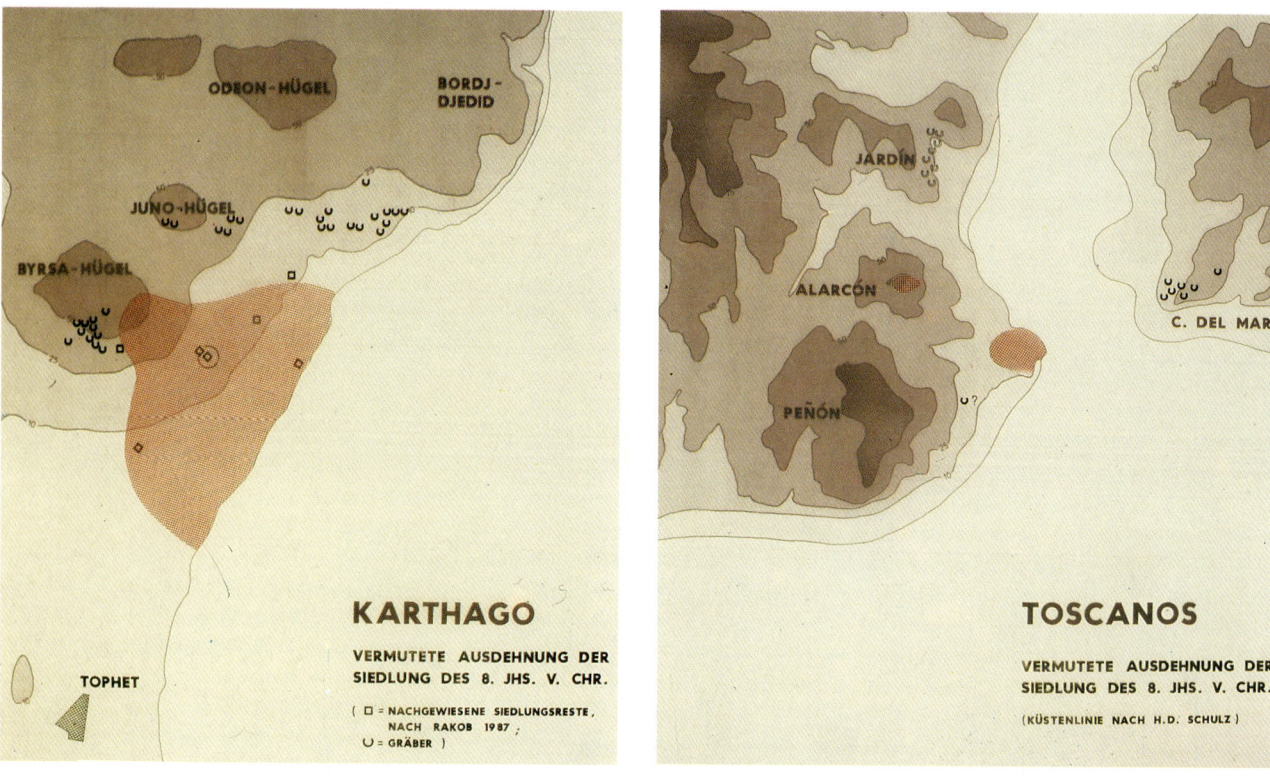

KARTHAGO

VERMUTETE AUSDEHNUNG DER
SIEDLUNG DES 8. JHS. V. CHR.

(□ = NACHGEWIESENE SIEDLUNGSRESTE,
NACH RAKOB 1987 ;
∪ = GRÄBER)

ODEON-HÜGEL

BORDJ-
DJEDID

JUNO-HÜGEL

BYRSA-HÜGEL

TOPHET

TOSCANOS

VERMUTETE AUSDEHNUNG DER
SIEDLUNG DES 8. JHS. V. CHR.

(KÜSTENLINIE NACH H.D. SCHULZ)

JARDÍN

ALARCÓN

C. DEL MAR

PEÑÓN

Abb. 46 Karthago und Toscanos (Prov. Málaga): Die vermutete Ausdehnung der archaischen Siedlungen im Vergleich.

lichen Mittelmeerraum, zu dem eine ausführliche Gründungslegende überliefert ist. Aus ihr erfahren wir auch etwas über die soziale Gliederung der ersten Siedler von Karthago, die anders als wohl in fast allen übrigen phönizischen Niederlassungen im fernen Westen als eine vielschichtige und vollständig strukturierte Bevölkerung anzusehen ist, das heißt: Wir haben es hier nicht allein mit Handelsagenten, Lagerverwaltern, Kauffahrern, Matrosen, Soldaten und Sklaven zu tun, sondern zugleich auch mit einer adeligen Oberschicht. Und nur eine solche, politisch bewußte und in Regierungsgeschäften nicht unerfahrene Aristokratie konnte eine entsprechende staatsbildende Dynamik entfalten, die dann die weitere historische Entwicklung der Stadt Karthago vorantreiben sollte. Schon sehr bald dürfte beispielsweise die fruchtbare Halbinsel des Kap Bon in ihren Machtbereich gekommen sein, wie die Grabungen von *Kerkouane* gezeigt haben. Allein Karthago, so hat es den Anschein, besaß die demographische

Sprengkraft, um in der spätarchaischen und der klassischen Epoche der antiken Mittelmeerwelt einen der frühen Territorialstaaten auszubilden, wie ihn z. B. Syrakus und, später, Rom hervorgebracht haben.
Bereits im 7. Jh. v. Chr. lassen sich westlich von Karthago an der Küste des heutigen Algerien Siedlungen nachweisen, von denen einige vielleicht noch der phönizischen Expansion zuzurechnen, andere möglicherweise auch nur stark davon beeinflußte einheimische Orte gewesen sind: *Tipasa, Les Andalouses, Mersa Madakh* und *Rachgoun* gehören in diese Gruppe. Für die der Mündung des Wadi Tafna vorgelagerte Insel Rachgoun, auf der eine Nekropole des 7.–5. Jhs. v. Chr. teilweise ausgegraben wurde, hat man eine Funktion als Stützpunkt der karthagischen Kriegsflotte vermutet. Hier wie an anderen algerischen Grabungsplätzen der vorrömischen Zeit steht die Forschung noch ganz am Anfang. Dies gilt auch für die östlich an Karthago anschließenden Küsten Tunesiens

60

Abb. 47   Der Byrsa-Hügel von Karthago, Blick aus dem spätpunischen Kriegshafen.

und Libyens, an denen z. B. die später bedeutenden Städte Hadrumetum, Sabratha und Leptis Magna karthagisch-punischen Ursprung erkennen lassen.

ZYPERN

Von Zypern und seiner Bedeutung in der frühen Eisenzeit ist hier bislang wenig die Rede gewesen. Die Insel, seit spätestens dem 2. Jt. v. Chr. einer der wichtigsten Umschlagplätze für Wirtschafts- und Kulturgüter zwischen der Levanteküste, dem südöstlichen Anatolien und der Ägäis, verfügte zugleich über bedeutende Kupfererz-Vorkommen, die der einheimischen Kultur bereits in der Bronzezeit zu einer außerordentlichen wirtschaftlichen Blüte verholfen hatten. Um die Mitte des 9. Jhs. v. Chr., vielleicht schon früher, wurden im Süden und Osten der Insel phönizische Niederlassungen gegründet, von denen *Kition* (das heutige Larnaka

an der Südküste der Insel), das mit einem in der schriftlichen Überlieferung Alt-Vorderasiens genannten Ort Qarthadascht (phön. = Neue Stadt) gleichgesetzt worden ist, wohl einen besonderen Rang einnahm. Salamis dagegen, an der Ostküste in der Nähe des heutigen Ammochostos gelegen, war in der frühen und mittleren Eisenzeit eine zyprische Metropole. Von der zugehörigen Königs-Nekropole sind einige Gräber ausgegraben worden, die zu den reichsten gehören, die überhaupt in der antiken Welt gefunden worden sind. In den Grabinventaren fanden sich mancherlei phönizische Kostbarkeiten, von denen vor allen anderen ein Thronsessel und ein Bett aus Holz mit kostbar geschnitzter Elfenbeinverkleidung zu nennen sind.

Die so fundreiche Insel am Kreuzweg von Orient und Okzident ist in unserer Ausstellung, die der geschichtlichen Bedeutung der Phönizier für die klassische Antike gewidmet ist, bewußt nur mit einem verhältnismäßig schmalen Ausschnitt vertreten, ebenso wie das

Abb. 48 Zwei spätmykenische Amphoriskoi, von Zypern. (Kat. 9.10)

phönizische Mutterland selbst. Dies war um so mehr geboten, als es darum ging, die spezifisch mediterrane Zielrichtung der phönizischen Expansion in der frühen Eisenzeit deutlich zu machen und damit auf die Auswirkungen zu verweisen, die sich hier alsbald abzeichnen sollten.

DIE ALLGEMEINEN MERKMALE

Sieht man die phönizischen Niederlassungen an den Küsten des Mittelmeers und darüber hinaus an der Atlantikküste im Zusammenhang, so ist auffallend, wie die Auswahl der Siedlungsplätze nach nur wenigen Kriterien, vor allem nach charakteristischen topographischen Gegebenheiten erfolgte:
– Die Nähe zu deutlichen Landmarken als Navigationshilfe (Kaps, küstennahe Berge usw.),

– eine natürlich begrenzte, nicht zu große Siedlungsfläche,
– eine leichte Verteidigungsfähigkeit, wie z.B. von einer vorgelagerten Insel oder einer ins Meer vorgeschobenen Landzunge aus,
– offene Zugänge in das nähere und fernere Hinterland,
– die Nähe zu wichtigen Rohstoffquellen bzw. Erzlagerstätten,
– eine günstige Hafensituation mit von möglichst vielen Windrichtungen geschützten Schiffsländen und Reeden

waren ohne Frage Kriterien, die die Wahl begünstigten, und das letztgenannte wird oftmals den Ausschlag gegeben haben. »Drei sichere Häfen gibt es am Mittelmeer, Juni, Juli und Karthago«, so soll der Fürst und Admiral der venezianischen Galeeren Andrea Doria (1468–1560) gesagt haben. Ein kompetenteres Urteil

Abb. 49   Phönizische Kannen der »Black-on-Red Ware«, von Zypern.   (Kat. 70–72)

ist kaum denkbar, zumal wenn man berücksichtigt, daß die allgemeinen Bedingungen der Seefahrt zu jener Zeit im wesentlichen noch dieselben waren wie schon gut 2000 Jahre zuvor!

In ihrer akzentuierten Randlage und der Hinwendung zu den maritimen Fernverkehrswegen reproduzierten die westmediterranen phönizischen Niederlassungen im übrigen auch die geographischen Gegebenheiten der ostphönizischen Heimatstädte, unter denen Tyros wegen seiner herausragenden Insellage unmittelbar vor der Küste an erster Stelle zu nennen ist. Selbstverständlich haben wir es in den Mutterstädten mit größeren Stadtarealen – z. B. Tyros mit rund 70 ha – zu tun. Im übrigen aber weist auch die ökologische und geographische Großlage hüben wie drüben auffällige Parallelen auf: So etwa entspricht dem schmalen Küstensaum unter den Westhängen des Libanon das nur wenige Kilometer tiefe Hügelland zwischen der betischen Kordillere und der Mittelmeerküste Andalusiens. Es ist ein Siedlungsgebiet, das weder zahlreiche noch große Landlose bereithält, von vornherein also nicht zu einer agrarisch orientierten Landnahme einlädt und jedenfalls zunächst auch nicht entsprechend genutzt worden ist (Abb. 50). Ausnahmen wie Karthago – hier waren andere politische Voraussetzungen gegeben – und vielleicht Tharros bestätigen nur diese Regel.

Abb. 50   Der Zaffaraya-Paß, in ca. 25 km (Luftlinie) Entfernung von der phönizischen Niederlassung Toscanos, öffnet den Weg in das tartessische Hinterland.

Betrachten wir schließlich die vornehmlich aus den archäologischen Zeugnissen erschlossenen ungefähren Gründungsdaten der aufgezählten Niederlassungen, so stellt sich heraus, daß wir es – mit wenigen charakteristischen Ausnahmen – mit einem verhältnismäßig einheitlichen geschichtlichen Horizont zu tun haben. Er löst die im ersten Abschnitt dieses Beitrages skizzierte, nunmehr als »Phase I« zu erkennende Frühphase der ersten Fernhandelsbeziehungen ab. Die etwa um 775 v. Chr. beginnende »Phase II« des Niederlassungshorizontes erreicht in den Jahrzehnten um 700 v. Chr. ihren Höhepunkt und endet etwa um die Mitte des folgenden Jahrhunderts.

Innerhalb des größeren mediterranen Rahmens wird klar, daß die phönizischen Faktoreien im mittleren und westlichen Mittelmeerraum mehr oder weniger zeitgleich mit den griechischen Kolonien im Westen entstanden sind. Weiter, läßt man die besonderen Voraus-

setzungen für die Gründung von Karthago einmal beiseite, wird offensichtlich, daß die phönizischen Niederlassungen des späten 8. und des 7. Jhs. v. Chr. am Mittelmeer vor allem einer friedlichen Konsolidierung und Sicherung jener frühen Handelsbeziehungen dienen sollten.

Als Zentren einer auf Eroberung und Landnahme gerichteten Bewegung, wie sie für die griechische Kolonisation charakteristisch ist, waren die phönizischen Niederlassungen im Mittelmeerraum – wiederum mit der Ausnahme von Karthago und vielleicht noch dem einen oder anderen Platz – nicht ausgelegt. So gewannen sie, wenn überhaupt, wohl erst später städtischen Charakter. In erster Linie auf einen prosperierenden Fernhandel ausgerichtet, folgten die phönizischen Niederlassungen einem eigenen Siedlungsmodell, das dem Hauptanliegen der Kaufleute und Seefahrer Rechnung trug.

Abb. 51 Der Felsen von Gibraltar, eine der »Säulen des Herakles«, Ansicht von Westen über die Bucht von Algeciras.

Die Phönizier, Tartessos und das frühe Iberien

Maria Eugenia Aubet Semmler

Im äußersten Westen des Mittelmeerraumes gab es für die Phönizier des Orients nur ein Land, in dem dauerhaftes Überleben, ja Expansion und Wirtschaftswachstum realisiert werden konnten: Andalusien, ein Land mit reichen Gold-, Silber- und Kupfervorkommen. Die einheimische Bevölkerung war in ihrer gesellschaftlichen Organisation weit genug entwickelt, um stabile Verhältnisse zu garantieren, eine unerläßliche Voraussetzung für jedes größere unternehmerische Engagement und die dafür notwendigen Absprachen und Verträge.

Weiterhin trafen im Süden Spaniens Bedingungen zusammen, die einen gewinnbringenden Fernhandel begünstigten: zum einen der Reichtum und die Vielfalt der im unteren Guadalquivir-Becken, d. h. in Tartessos konzentrierten Erzlagerstätten in Verbindung mit der hier blühenden Landwirtschaft; zum anderen die Tatsache, daß der Küstenstreifen Andalusiens am Mittelmeer und der Südosten der Halbinsel in jener Zeit praktisch unbewohnt waren und damit zur Besiedelung geradezu einluden. Nicht ohne Grund also ließen sich die Phönizier hier nieder und behaupteten zweiein-

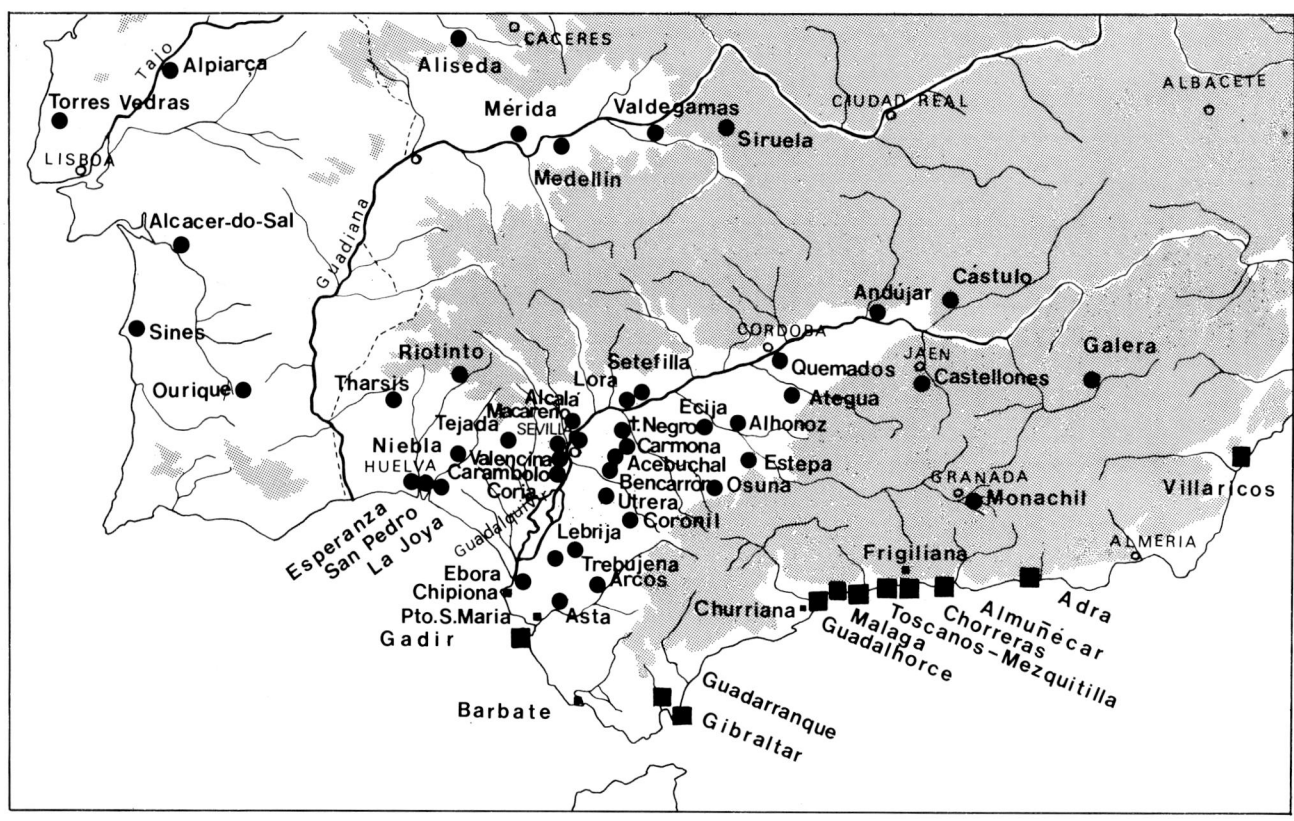

Abb. 52 Phönizische Kolonien (■) und tartessische Siedlungen und Fundplätze der orientalisierenden Epoche (●) im Süden der Iberischen Halbinsel.

halb Jahrhunderte lang erfolgreich ihre Position. Tartessos blieb weiterhin Zwischenstation auf dem Fernhandelsweg, und zwar nicht nur auf der Route zur marokkanischen Atlantikküste – wo Gold und Elfenbein lockten –, sondern auch auf dem Weg zu den Zinnvorkommen im Nordwesten Spaniens, wohin die Tartessier der antiken schriftlichen Überlieferung nach seit alters einen lebhaften Schiffsverkehr unterhielten. Im Tal des Guadalquivir ließen sich durch intensivere Bodennutzung, wie z. B. durch die Feldbewässerung und durch die Umwandlung der unteren Berghänge in Weideland, reiche landwirtschaftliche Erträge erzielen. Der Fluß selbst diente als wichtiger Verbindungsweg in das obere Guadalquivir-Becken, wo die einheimische Bevölkerung im Gebiet von Linares und Castulo ergiebige Erzlagerstätten kontrollierte, die noch heute gewinnbringend ausgebeutet werden.

Eine Ergänzung hierzu bildete der östliche, zum Mittelmeer hin orientierte Teil Andalusiens. Der nur schwach besiedelte Küstenstreifen öffnete über seine zahlreichen, die Landschaft gliedernden Flußtäler den Zugang zu den Hochebenen der heutigen Provinzen Granada und Almería. Zugleich gestatteten die Auen am Unterlauf der Flüsse die Entwicklung von intensiver Landwirtschaft und Viehzucht. Schließlich boten die oft fjordartig zurückgezogenen Flußmündungen den Ankömmlingen eine Fülle von geeigneten Hafenplätzen mit z. T. hervorragenden Schiffsländen an. Diese Bedingungen waren so günstig, daß sich der hier bestehende Mangel an Erzvorkommen für das Volk der Seefahrer und Händler wohl kaum nachteilig ausgewirkt haben kann.

Anders als in den mediterranen Küstenlandschaften Hispaniens dürfte sich die einheimische Bevölkerung

Abb. 53 Phönizisch-tartessischer Ohranhänger aus Andalusien. (Kat. 203)

im Umkreis von Tartessos, d. h. im Gebiet der heutigen Provinzen Cádiz, Sevilla, Huelva und Córdoba, mindestens seit dem 9. Jh. v. Chr. bereits auf einem verhältnismäßig hohen Niveau sozialer Differenzierung und Organisation befunden haben. Zu dieser Zeit liegen ihre Siedlungen schon an strategisch dominierenden Plätzen, die eine wirksame Kontrolle des Territoriums, seiner Straßen und seiner wirtschaftlichen Ressourcen gestatteten. Ihre Bevölkerung, hierarchisch strukturiert, befand sich in der Entwicklung zur Adelsgesellschaft. Für die Phönizier stand mit der neuen Macht- und Führungselite ein verläßlicher Vertragspartner bereit, dessen Autorität den Aufbau von dauerhaften Handelsbeziehungen garantierte. Nur mit solcher Hilfe waren auch die Arbeitskräfte zu mobilisieren, die in den Bergwerken, den Häfen und auf den Feldern gebraucht wurden.

Vom 8. Jh. v. Chr. an läßt sich in Tartessos ein grundlegender Wandel beobachten, in dessen Verlauf sowohl die wichtigeren, im Handel engagierten städtischen Siedlungen sich verändern als auch die soziokulturelle Struktur der einheimischen Bevölkerung. Der Aufstieg der aristokratischen Elite und der zunehmend städtische Charakter der phönizischen wie der tartessischen Zentren sind markante Kennzeichen. Der Prozeß der Integration bzw. Akkulturation bestimmt diese Periode in der Geschichte von Tartessos, die die »orientalisierende« genannt wird und etwa von 700 bis 550 v. Chr. währt. Die Aristokratie, im Besitz eines Landes mit außerordentlichem Wirtschaftspotential, wußte die durch die Gründung von Gadir (das heutige Cádiz) hervorgerufene Konjunktur wohl zu nutzen, und im 7. und 6. Jh. v. Chr. war das Gebiet um den Unterlauf des Guadalquivir nicht nur die am dichtesten besiedelte Region der gesamten Iberischen Halbinsel (Abb. 52), sondern es wurden in ihm auch die größten Überschüsse erwirtschaftet.

Die politischen Verhältnisse im östlichen Mittelmeerraum begünstigten diesen Prozeß wirtschaftlichen Wachstums, der im Umfeld von noch nach prähistorischen Kulturmustern lebenden Gesellschaften zu einem intensiven Umlauf von Prestigegütern und schließlich zur Entwicklung höherer politischer Organisationsformen führte.

Auf der einen Seite stand die starke Nachfrage nach Silber, Kupfer, Gold, Eisen und Produkten der Landwirtschaft durch die Stadtstaaten der Levante, auf der anderen, der tartessischen Seite waren die nach damaligen Maßstäben unerschöpflichen Erzlagerstätten und eine fruchtbare Landwirtschaft in ein und derselben Region, eben der des unteren Guadalquivir, vereint. Diese Konstellation ließ Tartessos zum Hauptziel der Schiffahrts- und Handelsgenossenschaften der Länder des Orients werden. In diesem ausgedehnten Zusammenhang ökonomischer Interessen und merkantiler Fernverbindungen spielten vor allem die Phönizier die Rolle der Vermittler; sie öffneten der herrschenden Elite den Zugang zu den fortgeschrittenen und »zivilisierten« Gesellschaften des Orients, in denen der Markt von zentralistisch organisierten bzw. staatlichen Körperschaften beherrscht wurde.

Die archäologische Überlieferung macht deutlich, daß Tartessos, bzw. seine Führungsschicht, die regionalen Fürsten und »Reguli«, in der Blütezeit des 7. und 6. Jhs. v. Chr. tatsächlich auf dem Wege einer kulturellen Integration in die orientalischen Hochkulturen war. Mit dem Ziel, den Gewinn aus dem Handel mit den orientalischen Niederlassungen und ihren fernen Auftraggebern für sich selbst fruchtbar zu machen, übernahmen diese aus dem Orient das Modell zentraler Institutionen der Macht. Noch der griechische Geschichtsschreiber Herodot weiß in seiner Schilderung der Verhältnisse in Tartessos von der monarchischen Struktur der Gesellschaft zu berichten: Allein der König war Verhandlungspartner für Neusiedler oder Handelsagenten.

Zu den wichtigsten Ergebnissen archäologischer Feldforschung gehört die Tatsache, daß schon zum Zeitpunkt der Ankunft der Phönizier in der Bucht von Cádiz die tartessischen Siedlungen in strategisch günstiger Position die hauptsächlichen Verbindungswege über Land, die wichtigen Viehtriften, die Minengebiete und die reichen Ackerbaugebiete am Unterlauf des Guadalquivir beherrschten. Sie konzentrierten sich im Guadalquivir-Tal (Colina de los Quemados in der Provinz Córdoba, Carmona, Carambolo bei Sevilla, Setefilla), an der Küste (Huelva, Evora, Arcos de la Frontera und Mesas de Asta in der Provinz Cádiz) und auf das Gebiet der Kupfer- und Silber-Minen (Huelva und San Bartholomé de Almonte, Río-Tinto, Aznalcóllar usw.), wobei zwei Siedlungsschwerpunkte besonders auffallen, nämlich einer um Huelva, der andere im Umkreis von Sevilla. Offensichtlich gehorchte die Auswahl der Siedlungsplätze einer koordinierenden Strategie zur optimalen Kontrolle und Nutzung der natürlichen Reichtümer.

Alle diese Plätze blieben ohne Unterbrechung bis in die iberische und römische Zeit besiedelt. Die späteren historischen Städte West-Andalusiens wie Huelva (Onuba), Niebla, Carmona (Carmo), Ecija (Astigi), Estepa (Astapa), Osuna, Sevilla (Hispalis) und Córdoba (Corduba), Montoro (Abb. 54), Lora del Río, Marchena, Utrera, Lebrija oder Arcos de la Frontera wurden schon im 9./8. Jh. v. Chr. gegründet! Verteidigungsanlagen und -mauern sind nicht bekannt, auch fehlen für das 8. Jh. v. Chr. jegliche Hinweise auf interne kriegerische Auseinandersetzungen, aber auch auf die Existenz überregionaler Machtkonzentrationen.

Die Untersuchung der tartessischen Keramik und ihrer geographischen Verbreitung hat Mechanismen und Reichweite des tartessischen Handels in der Epoche unmittelbar vor Ankunft der Phönizier deutlich werden lassen. Das Auftreten dieser Keramik außerhalb

Abb. 54 Der Stadtberg von Montoro im oberen Andalusien, von einer Guadalquivir-Schlinge umgeben.

des unteren Guadalquivir-Tales spricht für durchaus regelmäßige Handelskontakte zwischen Tartessos, Extremadura, der Meseta und der Vega von Granada. Die Verbreitung der Feinkeramik, z. B. vom sogenannten Typus Carambolo, vermittelt wichtige Aufschlüsse über Handelswege und Aktionsradien, läßt darüber hinaus diejenigen Regionen erkennen, die für die Herren im unteren Guadalquivir-Tal besonders wichtig waren, und belegt, daß entsprechende institutionelle und administrative Voraussetzungen bereits existierten, mit denen allein Entwicklung und Fortbestand solcher Handelsaktivitäten zu garantieren waren.

Im 8. Jh. v. Chr. wurden dann neue Quellen des Reichtums erschlossen, vor allem die Silbervorkommen im hügeligen Hinterland von Huelva. Der außerordentliche Aufschwung der tartessischen Metallurgie von diesem Zeitpunkt an läßt sich, archäologisch, am Auftreten von Öfen, Schmelztiegeln und Kupfer- bzw. Silberschlacken innerhalb der tartessischen Siedlungen von Huelva, San Bartolomé de Almonte oder am Cerro Salomón im Río-Tinto-Gebiet ablesen. Es besteht weiter kein Zweifel daran, daß die Ankunft der Phönizier in der Bucht von Cádiz der auslösende Faktor für die rasante Entwicklung in Bergbau und Verhüttung war.

Die charakteristischen Züge der Blütezeit von Tartessos zwischen 700 und 550 v. Chr. sind heute verhältnismäßig gut zu erkennen. Die Siedlungen, die zunächst

Abb. 55   Carmona (Prov. Sevilla); Ansicht des Stadtberges, von Osten.

aus locker im Gelände verstreuten und bescheidenen Strohhütten bestanden, entwickelten sich vom 8. Jh. v. Chr. an zu großen Agglomerationen von regelmäßiger urbanistischer Struktur mit rechtwinkligen großen Wohnhäusern, die nun in Stein errichtet und im Innern aufwendig ausgestattet werden. Besonders auffällig ist die wachsende Bevölkerungsdichte – untrügliches Kennzeichen für Reichtum und ausgewogene ökonomische Verhältnisse. Die geschätzte durchschnittliche Entfernung zwischen einer Siedlung und der nächsten betrug nicht mehr als 8–10 km.

Gleichwohl, alle archäologischen Beobachtungen zur sozialen und politischen Organisation von Tartessos, die bisher von den großen Siedlungsplätzen im Tal des Guadalquivir zusammengetragen werden konnten, weisen darauf hin, daß Tartessos echte städtische Siedlungsformen nach dem Muster der Polis, des griechischen Stadt-Staates, nicht entwickelt hat. Die städtische Lebensform bleibt der tartessischen Welt anscheinend noch fremd, ebenso wie man es offensichtlich nicht verstand, überregionale politische Organisationsformen aufzubauen. Die »Stadt« sollte erst sehr viel später nach Andalusien gelangen.

Die einzelnen tartessischen Ortschaften gruppierten sich um größere und bedeutendere Zentren, die ihrerseits vermutlich Sitz der regionalen Kleinkönige oder Stammesfürsten waren; und wie z. B. Carambolo,

Huelva, Cerro Macareno oder selbst Sevilla Wirtschaft und Handel kontrollierten: So beherrschte die Siedlung von El Carambolo die Landwirtschaft in der Campiña von Sevilla sowie die natürliche Handelsstraße des Guadalquivir, d. h. den Hauptverbindungsweg im gesamten Südwesten von Spanien – und offensichtlich mit großem Gewinn.

Carmona, in strategisch herausragender Lage nordöstlich von Sevilla im Tal des Guadalquivir gelegen, (Abb. 55), muß vom 8. bis zum 6. Jh. v. Chr. ein weiteres bedeutendes Zentrum von Tartessos gewesen sein und eine Reihe von nachgeordneten Siedlungen in seinem Territorium beherrscht haben. Die archäologischen Zeugnisse stammen zur Hauptsache aus Gräberfeldern, wie z. B. denen von Cruz del Negro oder Acebuchal; sie sprechen für die Annahme, daß die Reaktion auf die neuen ökonomischen und territorialen Anforderungen des Handels mit den phönizischen Faktoreien, bedingt durch die hierarchischen Beziehungen zwischen den einzelnen Zentren, zu einer Veränderung von deren jeweiliger Organisationsstruktur führte. Die Entstehung und Entwicklung von einigen wenigen Zentren wurde dadurch geradezu favorisiert und verlief auf Kosten anderer Plätze, die, u. a. wegen ihrer geographischen Lage zu den Mittelpunktsiedlungen, eine nur zweitrangige Rolle spielten.

Im Rahmen einer Gesamtstrategie nahm Setefilla ober-

Abb. 56   Setefilla (Prov. Sevilla), Fürstengrab-Tumulus A, während der Ausgrabung.

halb von Lora del Río in der Provinz Sevilla eine Sonderstellung ein. Von diesem Platz aus, auf einem in das Guadalquivir-Tal vorgeschobenen Hügelsporn gelegen, waren die bedeutenden, noch heute genutzten Viehtriften, die die Sierra Morena in Richtung auf Extremadura oder auf das zentrale Hochland der Meseta durchqueren, gut zu kontrollieren. Die Bedeutung der Viehzucht in diesen und in vergleichbaren Siedlungen wird nach der Analyse der Tierknochenreste aus Setefilla hinreichend deutlich, ebenso die rasche Entwicklung der Hochwild-Jagd, die von den Tartessiern zur Bereicherung des eigenen Speiseplans offensichtlich gepflegt wurde. Und wenn dort in jener Zeit Hirsche gejagt wurden, muß es auch Wälder gegeben haben, die heute verschwunden sind. – Die großen Fürstengräber am Fuß des Siedlungshügels von Setefilla (Abb. 56), steinerne Grabkammern, von einem Tumulus bedeckt, sind einmal mehr Beweis für die Anhäufung wirtschaftlicher Überschüsse in den Händen weniger, wie es für eine hierarchisch strukturierte Gesellschaft charakteristisch ist. In Setefilla demonstrierten die Lokalkönige (Reguli) Rang und Status durch die repräsentative Sepulkral-Architektur sowie durch ein ausgefeiltes Begräbnisritual, ganz im Gegensatz zur übrigen Bevölkerung, deren unscheinbare Brandgräber um das Körpergrab des Fürsten gruppiert sind.

Ein anderes tartessisches Siedlungszentrum, Huelva, war von Anfang an auf die Ausbeutung und Kommerzialisierung der reichen Kupfer- und Silberminen im Río-Tinto-Gebiet und in Aznalcóllar, etwas weiter im Hinterland gelegen, ausgerichtet. Die reichen archäologischen Funde von diesem Platz zeigen, daß über die Häfen von Huelva und Tejada la Vieja (und vielleicht noch über weitere, heute verlandete Hafenplätze) außerordentlich große Mengen Silber nach Griechenland und Phönizien verschifft wurden. Dies läßt sich nicht nur an den in der Stadt selbst gefundenen Schmelzöfen ablesen, die vorwiegend in der Hafenstraße (Calle del Puerto) und an den Hängen der Stadthügel (Cabezo de San Pedro und Cabezo de la Esperanza) gelegen sind. Eine ebenso deutliche Sprache sprechen die Minensiedlungen entlang den Pyrit-Adern des Río-Tinto-Gebietes, wo zwischen 700 und 600 v. Chr. wahre Schlackenberge als Endprodukt der Silbergewinnung angehäuft wurden.

Den ungewöhnlichen Reichtum und die daraus erwachsene Machtfülle, die der lokalen Elite aus dem Rohstoffhandel zuflossen, belegen aufs augenfälligste die tartessischen Gräber in Huelva, vor allem die in der Nekropole auf dem Cabezo de la Joya. Diese Gräber, in denen Bronzewagen in natürlicher Größe, Goldschmuck, Alabastergefäße, Geschirr aus Bronze und Silber und Luxusartikel aus dem Orient, aus Italien

Abb. 57   Ronda la Vieja, das antike Acinipo (Prov. Málaga); Blick nach N in das tartessische Bergland.

und Griechenland als Beigaben niedergelegt wurden, vermitteln ein lebendiges Bild von Rang und Autorität der Reguli, die noch im Tod ihren Geltungsanspruch zu behaupten wußten, indem sie ihre Gräber mit demselben Luxus wie orientalische Kleinkönige ausstatten ließen.

Es waren eben diese kostbaren Grabbeigaben, die als Geschenk oder Gegengeschenk dienten und den phönizischen Handelsherren die Möglichkeit gaben, zu den »Chefs« oder Fürsten des Hinterlandes, den Reguli von Mesas de Asta, Carmona, Carambolo, Huelva oder Setefilla, enge Beziehungen anzuknüpfen und dauerhaft zu festigen (Kat. 200. 205. 207). Als Gegengabe standen Dienstleistungen, landwirtschaftliche

Produkte und Rohstoffe in der Tauschbilanz. Die tartessischen Grabinventare lassen den intensiven Umlauf dieser Prestigegüter im 7. Jh. v. Chr. erahnen. Allerdings ist festzuhalten, daß die genannten Luxusgüter in einer Art von »soziologischer Exklusivität« ausschließlich auf die Fürstengräber beschränkt sind. Damit wird deutlich, wie weitgehend diese führende Schicht der tartessischen Gesellschaft sich in Ideologie und Lebensstil der in den Faktoreien niedergelassenen, fortschrittlichen phönizischen Fremdlinge hineinzufinden wußte. Tatsächlich unterscheiden sich einige der tartessischen Königsgräber in Bauweise, Begräbnisritual und Beigaben kaum von den phönizischen Gräbern der Küstenzone. Die Übereinstimmung zwischen den Geschäftspartnern, die auf dem Boden materiellen Zugewinns auch eine ideelle war, schloß Feindseligkeiten aus: zu groß waren die Vorteile, die sich aus einem friedlichen Miteinander und dem damit einhergehenden Ideenaustausch für beide Seiten ergaben.

Angesichts der ökonomischen Dynamik dieser phönizisch-tartessischen Handelsbeziehungen ist es kaum verständlich, warum Tartessos in der Zeit zwischen 550 und 500 v. Chr. seine Bedeutung verliert und verfällt. Die Hypothese einer wachsenden Feindseligkeit zwischen Tartessiern und Phöniziern findet durch archäologische Grabungsergebnisse jedenfalls keinen Rückhalt. Auch das Auftreten der Griechen bzw. Phokäer als Handelsmacht am Anfang des 6. Jhs. v. Chr. scheint nicht zu einem Interessenkonflikt geführt zu haben; denn der phönizische Fernhandel wurde durch das Eindringen griechischer Produkte, beispielsweise in Huelva, offenbar nicht unterbrochen. Vielleicht müssen wir innere, auf Tartessos beschränkte soziale Unruhen annehmen oder auch die sinkende Nachfrage nach Silber auf den orientalischen Absatzmärkten, schließlich die politischen Umwälzungen in der Levante zu Beginn des 6. Jhs. v. Chr.: Diese drei Faktoren zusammengenommen könnten die legendäre Krise von Tartessos, das Ende seiner Hegemonie und den Abbruch des phönizischen Fernhandels in Andalusien ausgelöst haben.

Die archäologischen Zeugnisse sprechen vor allem für einen grundsätzlichen Wandel in den sozialen Strukturen während der zweiten Hälfte des 6. Jhs. v. Chr. Die Fürstenbestattungen von orientalischem Zuschnitt hören auf, und der Untergang der hierarchischen Ordnungssysteme in der tartessischen Gesellschaft machen ebenso wie die Abnahme des archaisch-phönizischen Fernhandels wahrscheinlich, daß der Übergang des tartessischen zum iberischen bzw. turdetanischen Kulturhorizont im unteren Andalusien sich um den Preis einer Entwertung des Bodens und auf Kosten der lokalen Elite vollzog, die den Aufstieg zu Reichtum und Macht allein den Gewinnen verdankt hatte, die der phönizische Fernhandel mit sich brachte.

Zeitlich fallen diese einschneidenden Veränderungen im tartessischen Hinterland zusammen mit der Auflassung einiger phönizischer Niederlassungen an der Mittelmeerküste, wie derjenigen auf dem Cerro del Villar an der Mündung des Guadalhorce, und von Toscanos am Río de Vélez. Die ungefähr zur gleichen Zeit vollzogene Gründung neuer phönizisch-punischer Städte wie Malaka (Málaga), die sich vom 6. bis zum 3. Jh. v. Chr. zu bedeutenden Hafenzentren innerhalb der Einfluß-Sphäre von Karthago entwickeln sollten, ist ein sicherer Hinweis auf die neuen Machtverhältnisse, die im westlichen und zentralen Mittelmeerraum das Ende der »orientalisierenden« Epoche markieren.

Die phönizische Kunst

Eric Gubel

Noch bis vor wenigen Jahrzehnten galt die phönizische Kunst als ein buntes Durcheinander unterschiedlicher Stile und Motive, allesamt dem bildnerischen Formenrepertoire benachbarter Kulturen entnommen. So bezeichnete denn der belgische Ingenieur Louis Siret, der zu Anfang unseres Jahrhunderts in der Provinz Almeria in Südostspanien Spuren phönizischer Handelsniederlassungen entdeckt hatte, die Kultur der Phönizier lapidar als »Parasitenkultur«. Damit übertraf er sogar das Urteil des französischen Kunsthistorikers Georges Perrot, der im Vorwort des 1885 erschienenen dritten Bandes der gemeinsam mit C. Chipiez herausgegebenen »Geschichte der Kunst im Altertum« (Histoire de l'art dans antiquité) das folgende Verdikt formuliert hatte: »Die einzige Originalität der phönizischen Kunst besteht in der Tatsache, keinerlei Originalität zu besitzen.« Genauso hatte man im übrigen auch die in der antiken schriftlichen Überlieferung erhaltenen Nachrichten über eine noch weit vor der griechischen Kolonisation des 8. und 7. Jhs. v. Chr. liegende phönizische Expansion in den fernen Westen in das Reich der Fiktion verwiesen.

Seither haben archäologische Ausgrabungen hinreichend deutlich gemacht, daß ein frühes Handelsnetz der phönizischen Küstenstädte sich über das gesamte Mittelmeergebiet und bis zu den atlantischen Küsten von Portugal und Marokko erstreckte, wodurch nicht nur die reale Existenz dieses »vorhanseatischen« Handelsimperiums aus dem Reich der Mythen und Legenden hervorgeholt wurde. Darüber hinaus erfuhr auch die bis dahin abschätzige Charakterisierung der phönizischen Kunst als »eklektisch« eine grundlegende Veränderung. Manches Werk, das gestern noch als inspirationslose Kopie, ja als »Kitsch« gegolten hatte,

wurde nun mit anderen Augen betrachtet. Ägyptische, orientalische, zyprische und später auch griechische Einflüsse, die die phönizischen Kunstwerke bald mehr, bald weniger nachhaltig prägten, wurden dann auch als Niederschlag dessen erkannt, was dieses Volk nur durch seine Handelsbeziehungen in der Begegnung mit anderen Völkern und Kulturen erfahren haben konnte. Die in ihrer regionalen Differenzierung zunehmend deutlich sich abzeichnende Kunstauffassung und -tradition der einzelnen phönizischen Stadtstaaten fand so durchaus eine Bereicherung. Dieses Problem des »Regionalismus« in der phönizischen Kunst wird noch klarer erkennbar werden, wenn im Libanon wieder ungehindert ausgegraben werden kann.

Die nachfolgende Übersicht versucht, das Spektrum der phönizischen Kunstgattungen zu erfassen und unter Verzicht auf Vollständigkeit deren besonders charakteristischen Züge herauszustellen.

ARCHITEKTUR

Assyrische Palastreliefs und die bekannten Friese der Bronzetore von Balawat vermitteln ein anschauliches Bild vom Weichbild der bedeutenderen phönizischen Städte. So sehen wir Tyros auf den Klippen seiner Stadtinsel als Festung mit hohen Mauern dargestellt, die aber noch von den Dachterrassen seiner mehrstöckigen Wohnhäuser überragt werden. Wir wissen aus den Beschreibungen der klassischen Autoren, daß diese typisch städtische Bautradition in den Pflanzstädten des Westens ihre Fortsetzung fand und daß auch in Karthago die dicht zusammengedrängten Häuserblocks sich hoch über die Stadtmauern erhoben. Türöffnungen und Fensterlaibungen mit doppelt oder dreifach zurückspringendem Rahmen sind ein Kennzeichen sowohl der sakralen als auch der profanen Baukunst auf dem phönizischen Festland, sie finden sich

Abb. 58   Terrakotta-Statuette eines Reiters, aus Byblos.
(Kat. 53)

75

Abb. 59 Das Brunnenheiligtum von Amrit (Libanon).

bindung mit ägyptischen Vorbildern, in den zypro-phönizischen »Hathorkapitellen« weiterlebt.

In Phönizien selbst sind nur wenige Denkmäler der Sakral- oder Profan-Architektur erhalten und kein einziges nennenswertes Bauwerk aus der Blütezeit der eigentlichen phönizischen Kultur. Das große Brunnenheiligtum von Amrit (Abb. 59), mit einem Naos (Tempelchen) inmitten eines rechteckigen künstlichen Teiches, zeigt einen deutlichen Einschlag achämenidischer Architektur, und auch die benachbarten Turmgräber stammen aus der Periode der persischen Herrschaft. Dasselbe gilt für die Überreste einer kleinen Festung in Byblos (5. Jh. v. Chr.), für den Tempelkomplex von Bostan ech-Cheikh bei Sidon und das unter dem Namen »Kabr Hiram« (Grab des Hiram) bekannte kastenförmige Grabmonument in der Nähe von Tyros.

Ergänzen lassen sich unsere Vorstellungen von phönizischer Architektur durch neue Funde auf Zypern. Hier wurden in den letzten beiden Jahrzehnten sowohl die Tempelanlagen in Kition (Larnaka) ausgegraben als auch die monumentalen Gräber von Salamis im Osten der Insel (sowie einige weitere, über die Insel verstreute Gräber), deren dekorative Ausstattung eindeutige Bezüge zur Kunst des phönizischen Mutterlandes aufweist. Schließlich ist daran zu erinnern, daß auf Sardinien (Monte Sirai, Tharros), Sizilien (Motye) sowie an den Küsten Nordafrikas und Südspaniens bedeutende Reste freigelegt worden sind, die im Analogieschluß Einblicke in Stadtplanung und Zivilarchitektur der Phönizier gewähren.

genauso in den monumentalen phönizischen Gräbern auf Zypern. Ein ebenfalls typisches Merkmal sind die Fensterbalustraden, die von kleinen Säulen mit dreifachem Kelchblatt-Kapitell getragen werden. Diese Säulenform, die uns auch aus der Elfenbeinschnitzerei (Abb. 60), von zahlreichen Bronzegeräten und in der Glyptik bekannt ist, darf geradezu als charakteristische Eigenheit phönizischer Baukunst angesprochen werden. Ebenso gilt dies für die gerundeten Leistenprofile und, in der Sakral-Architektur, für die Uraeusfriese unter dem Architrav mit der geflügelten Sonnenscheibe, der sich auf ägyptische Vorbilder zurückführen läßt. Säulen mit Kapitellen, in denen eine nackte, die Brüste haltende Frau (Astarte) dargestellt ist, sind wiederum ein genuin-phönizisches Motiv, das, in Ver-

DIE PLASTIK

Ebenso wie die Baukunst war auch die Großplastik als privilegierte Ausdrucksform der Exekutiv-Gewalt vorbehalten. In ihr waren die programmatischen Aussagen der ägyptischen Pharaonen maßgebend, die von den phönizischen Königshäusern gern zum Vorbild genommen wurden. Die nicht näher benennbaren großen Kalkstein-Torsos aus Tyros, Sarepta und Amrit, die in das 8. bis 6. Jh. v. Chr. datiert werden können, dürften Götter oder deren irdische Vertreter darstellen. Chendjit-Schürzen und usekh-Brustschmuck sind ein untrügliches Zeichen für ägyptischen Einfluß; sie kehren ebenso auf den Stelen von Byblos wie auf solchen von der syrischen Küste wieder und werden bis in helle-

Abb. 60   Elfenbeinrelief mit dem Motiv der »Frau im Fenster« über einer Fensterbalustrade, aus Arslan-Tash.   (Kat. 29)

nistische Zeit abgebildet (Umm el-Amed). Die ältesten Grabstelen, in der Gestalt von Naiskoi (Kultnischen) mit ägyptisierenden Reliefs und der Darstellung eines von Sphingen flankierten Thrones in der Nische, dürften noch aus vorpersischer Zeit stammen. Die Stelen der Perserzeit und die außerordentlich zahlreichen Grabsteine aus den phönizischen Niederlassungen im Mittelmeerraum (Nordafrika, Sardinien und Sizilien) greifen auf diese Vorbilder zurück, sind jedoch zumeist auf die zweidimensionale Darstellung von Tempelgiebeln, Gottheiten, Kultobjekten und Anbetern beschränkt. Von Sardinien und Sizilien kennen wir auch

einige wenige rundplastische monumentale Skulpturen.

Die lange persische Herrschaft (539–332 v. Chr.) hat in der phönizischen Kunst ihre unverkennbaren Spuren hinterlassen. Eine Löwenstatue und die vielfach abgebildete Grabstele des Yehawmilk aus Byblos sowie die Kapitelle mit Stierprotomen aus Arwad und Sidon machen dies zur Genüge deutlich. Im Großreich der Achämeniden stand darüber hinaus auch den griechischen Künstlern aus dem ionischen Westkleinasien der Weg nach Phönizien offen. Offenbar haben sie ihn vielfach genutzt. Sie waren es, die auf so meisterhafte

Abb. 61   Terrakotta-Statuette einer Musikantin, aus Zypern.
(Kat. 63)

Weise orientalische und ägyptische Elemente in der Kunst der phönizischen anthropoiden Sarkophage zu verschmelzen wußten.

Die spätphönizische Bildhauerkunst kennen wir am besten von den Stelen aus dem Tempelkomplex von Umm el-Amed (4. bis 3. Jh. v. Chr.). Hierher gehören auch einige Sphinx-Throne, die bis nach Lixus an der marokkanischen Atlantikküste Verbreitung fanden.

KERAMIK

Der weitaus überwiegende Teil der phönizischen Töpferware diente rein praktischem Zweck: z. B. dem des Transportes. Dennoch läßt sich diese nicht ausschließlich als Gebrauchskeramik »abstempeln«. Mag das noch auf die Erzeugnisse der bichromen Phase (1200–850 v. Chr.) in höherem Grade zutreffen, so kennen wir aus der darauffolgenden »red slip«-Periode (850–550 v. Chr.) äußerst gepflegte Tonware von delikater Formgebung und mit einer oft glasharten Engobe überzogen. Außer den phönizischen Amphoren, die sich vom »Canaanite Jar«-Typus ableiten, bilden gerade die Gefäße der »red slip«-Produktion jene »Leitfossilien«, die frühe phönizische Expansion in den äußersten Westen des Mittelmeerraumes, ja darüber hinaus bis zu den Küsten des Atlantiks belegen. Typisch phönizische Gefäßformen, wie z. B. die kleinen Kannen mit pilzförmiger oder Kleeblatt-Mündung, überleben auch in der »orientalisierenden« Phase der punischen Keramik, die alsbald eine eigene Formensprache mit einer Reihe von besonderen Dialekten, d. h. regional bestimmten Typen und Untertypen entwickeln sollte.

Unter den Kannen, Oinochoen und Schalen aus Ton finden sich in der Zeit vom späten 8. bis zum 6. Jh. v. Chr. auch solche, die zweifellos Metallgefäße nachahmen, wie wir sie aus Nimrud, Zypern, Ägypten, Etrurien, Karthago, Spanien und Portugal kennen.

Des weiteren läßt sich aus der Typologie der Keramik ein Zusammenhang mit ägyptischen Alabastergefäßen des 3. Zwischenreiches ableiten, die in den entlegensten Winkeln des phönizischen Marktes gefunden wurden bis hin zum Roten Meer. Schließlich soll auch der enge Kontakt zu Zypern im frühen 1. Jt. v. Chr. nicht unerwähnt bleiben. Von dort angeregt, entstanden die Gefäße in Tierform (askoi), deren Repertoire im Laufe der Entwicklung auch durch menschliche Gestalten erweitert wurde und die sich bis in punische Zeit großer Beliebtheit erfreuten (Kat. 158.248).

Abb. 62 Bronze-
statuette der Astarte.
(Kat. 1)

TERRAKOTTEN

Zu Beginn des 1. Jts. v. Chr. hält man sich in der Koroplastik vorwiegend an zwei alte überlieferte Techniken: Man modelliert frei, z. B. Figuren, Genreszenen und kleine Schreine, und benutzt Modeln, aus denen Astartefiguren gewonnen werden, deren Rückseite kaum oder gar nicht bearbeitet ist. Bei der Herstellung von Masken wird anfangs auch nach beiden Techniken verfahren.

Die beiden Hauptmotive Astarte und Schreine (od. Tempelgiebel) wurden oft miteinander kombiniert und hatten eine lange Lebensdauer. Sie finden sich noch in der Perserzeit, hier vorwiegend als Flachrelief auf Plaketten. Im 8. bis 6. Jh. v. Chr. entstehen in Südphönizien und auf Zypern rundplastische Muttergottheiten und Weih-Figuren, deren glockenförmige Körper auf der Scheibe gedreht sind (Abb. 61). Dies ist zugleich die Blütezeit des »Dea Tyria Gravida«-Typs: eine schwangere Göttin – zuweilen mit einem Kind an der Brust. Hergestellt mit Hilfe einfacher oder doppelter Modeln, fand er bis nach Karthago Verbreitung. Nur wenig später wurde das Repertoire um einige neue Figurentypen erweitert: Hinzu kommen ein bärtiger (Fruchtbarkeits-?)Gott, der kindliche Gott Ptah-Patechos sowie eine Reihe großformatiger Terrakotten, die die »Dea Gravida«, einen kriegerischen Baal (Reshef?) und Oranten darstellen. Ihr Format und bestimmte stilistische Merkmale weisen auf Tyros als Produktionsstätte und belegen darüber hinaus einen starken zyprischen Einfluß. Im 5. und 4. Jh. v. Chr. werden in Tyros Statuetten, die weibliche und männliche Oranten darstellen, geradezu in Massenproduktion hergestellt. Jetzt ist griechischer Stil prägend, und die Terrakotten zeigen in manchen Zügen eine deutliche Verwandtschaft zu vergleichbaren Stücken aus dem weiter nördlich gelegenen Sidon.

Erstaunlich ist, daß nur wenige Terrakottentypen aus dem Repertoire des phönizischen Mutterlandes in die Werkstätten der Pflanzstädte Eingang fanden. Vielmehr läßt sich im punischen Einflußgebiet bereits sehr früh eine besondere Vorliebe für Motive und Formen aus Rhodos und Sizilien feststellen. Eine ganze Reihe von Stücken aus der Nekropole auf dem Puig des Molins von Ibiza betont schließlich mit Nachdruck die Dominanz lokaler Interpretationen in der Terrakottakunst.

BRONZE

Im 2. Jt. v. Chr. zeichnet sich die paläophönizische Bronzekunst vor allem durch die Produktion kleiner Statuetten aus; ihnen liegt der sogenannte »reshef«-Typ zugrunde, ein Gott, den Speer wurfbereit erhoben, in der anderen Hand ein (Fenster-)Beil (engl.: »Smiting God«). Byblos und später auch Ugarit sind die hauptsächlichen Fundorte. Von denselben Plätzen stammen auch Kleinbronzen, die eine andere Göttergestalt in größerer Variation darstellen. Beide Typen hielten sich über lange Zeit bis in das frühe 1. Jt. v. Chr. hinein. Bei den an zweiter Stelle genannten Statuetten handelt es sich um thronende, gelegentlich vergoldete, oft von ägyptisierenden Attributen begleitete Gottheiten.

Rundplastisch modellierte figürliche Darstellungen, vornehmlich weiblicher Gottheiten (Abb. 62), nahmen in der Bronzekunst der ersten beiden eisenzeitlichen Jahrhunderte eine hervorragende Stellung ein. Ein und dieselbe Gottheit wird bald in kämpferischer Haltung, bald in segnender Gebärde dargestellt. Ebenso charakteristisch für diese Zeit sind die Thymiaterien (Räuchergeräte) und die teilweise sehr aufwendig verzierten Dreifuß- und Wagen-Untersätze für Lampen oder für Trank-, Brand- und Weihrauchopferschalen bzw. Kessel. Die in der Dekoration verwendeten Motive, Karyatiden und eine üppige florale Ornamentik, sollten dabei die Vorstellung des »Heiligen Baumes« vermitteln. Wahre Meisterstücke sind die vom 10. bis zum 7. Jh. v. Chr. entstandenen, reich dekorierten Schalen aus Bronze oder auch aus Edelmetall – erst kürzlich wurde ein weiteres solches Exemplar in Nimrud im Grab einer Königin gefunden. Ihre Produktion verlagert sich gegen Ende des 8. Jhs. v. Chr. offenbar nach Zypern und später teilweise vielleicht sogar nach Etrurien, wie man aufgrund stilistischer Eigentümlichkeiten einiger der dort gefundenen Schalen angenommen hat. Im phönizischen Mutterland werden sie von dieser Zeit an nicht mehr hergestellt. Anregung und Einfluß, die von diesen Toreuten-Werkstätten ausgingen, waren jedoch so stark, daß sie sich nicht nur in den semitischen Nachbarkulturen ausbreiteten, sondern bis in weitentfernte Gebiete, ja bis Luristan (Nordwest-Persien) spürbar sind (vgl. Abb. 63).

Abb. 63 Bronzeschale im phönizischen Stil, aus Kleinasien. (Kat. 41)

Abb. 64   Phönizische Bronzeschale, vergoldet; aus Nimrud.   (Kat. 24)

Es scheint, daß mit der Ankunft der Perser – Phönizien wird als 5. Satrapie deren Großreich eingegliedert – die Toreuten ihre künstlerischen Neigungen aufgeben. Die Werkstätten konzentrieren sich nun auf die Herstellung profaner Gebrauchsgegenstände. Eine seltene Ausnahme bildet die Münzprägung in den Küstenstädten, die durch Themenauswahl und Gestaltung zum wichtigsten Propagandamittel Phöniziens werden sollte. Ein Sonderfall sind auch Grabbeigaben, wie die goldenen Totenmasken. Allerdings ist deren genaue zeitliche Einordnung einstweilen noch nicht sicher.

ELFENBEIN

Das 8. Jh. v. Chr. ist nach R.D. Barnett die Goldene Epoche der Elfenbeinkunst in Phönizien, das in diesem Jahrhundert alte, lange vernachlässigte bronzezeitliche Traditionen wiederentdeckte. Die meisten der uns heute bekannten phönizischen Elfenbeinschnitzereien stammen aus assyrischen Palästen, wo eine Fülle prunkvollen Gerätes und Möbelschmuckes zutage kam (Abb. 65). Diese sowohl technisch als auch künstlerisch hervorragenden Erzeugnisse eines hochentwickelten Kunsthandwerks vermitteln nicht nur eine Vorstellung davon, mit welcher Pracht die phönizischen Paläste, Tempel und möglicherweise auch die reichen Kaufmannshäuser ausgestattet waren, vielmehr bilden sie gleichsam eine wahre Fundgrube zur Bereicherung unserer Kenntnisse über die zu jener Zeit in der Levante gültigen religiösen und kosmologischen Vorstellungen. Die Elfenbeinfriese, zuweilen im narrativen Kontext, die zum Schmucke von Thronsesseln, Schemeln, Kästen, Schatullen etc. dienten, lassen vermuten, daß auf ihnen die gleichen mythologischen Szenen dargestellt waren wie auf den heute leider verschwundenen Wandreliefs in Palästen und Tempeln. – Die thematische Verwandtschaft zu den levantinischen Siegeln des 2. Jts. v. Chr. belegt die oben bereits erwähnte lange Tradition der Elfenbeinkunst, die Verarbeitung von Anregungen aus dem Repertoire der zeitgenössischen Glyptik und Toreutik deren Lebendigkeit.

SCHMUCK

Die Kunst der Juweliere ist eng mit der der Toreuten verbunden; denn die Vergoldung z.B. von Statuetten und Schalen oblag den Goldschmieden.

Abb. 65 *Elfenbeinrelief mit Darstellung der Geburt des Horus, aus Nimrud.* (Kat. 27)

Phönizischer Schmuck wurde offenbar im gesamten Mittelmeergebiet hochgeschätzt, vor allem Ohrringe – einfache in Sichel- oder Bootform, häufig reich mit Granulationen versehen, oder aufwendigere mit mehreren Pendants z.B. in Form von Horusfalken und granulierten Kästchen, letztere bislang vorwiegend in Tharros (Sardinien) gefunden. Ebenso aus Sardinien, aber auch aus Malta und Karthago stammen goldene Armbänder und silberne Diademe, die entsprechend

Abb. 66   Drei phönizische Glasgefäße.   (Kat. 101–103)

orientalischen Vorbildern mit Palmetten und vierflüge-ligen Skarabäen geschmückt sind (vgl. Abb. 43). Alle phönizischen Siegel wurden in künstlerische Ring-fassungen gebettet, so daß sie an einer 8-förmigen Schlinge auch um den Hals getragen werden konnten. Kettenelemente und Anhänger zeigen, ebenso wie einige Ohrringe, gelegentlich auch gehämmerten, gra-vierten oder intarsierten Bildschmuck mit symboli-schen und astralen Motiven, wie z.B. das Tanitzei-chen und Sonnenscheiben mit oder ohne Mondsichel (Abb. 67). Diese kleinen Schmuckstücke konnten kom-biniert mit ägyptischen oder ägyptisierenden Amu-letten aus Edelmetall, Halbedelsteinen, Fayence oder

Steatit zu Halsketten zusammengefügt sein: ein Hin-weis auf die enge Verbindung von Schmuck mit magi-schen Vorstellungen. Überdeutlich wird dieser Zusam-menhang durch die ebenfalls als Amulett zu tragenden kleinen goldenen Kapseln, die winzige Papyri mit Beschwörungen enthielten und deren Deckelchen zudem Tiere aus der ägyptischen Mythologie als Pro-tome trugen.

Abb. 67   Phönizisches Goldmedaillon, aus Grab 4 der Nekro-pole von Trayamar.   (Kat. 185)

SIEGEL

Die Bilderwelt der Siegel aus dem 10. bis 4. Jh. v. Chr. vermittelt zweifelsfrei den umfassendsten und tiefsten Einblick in Denkmuster, Kunstauffassung und religiöse Vorstellungen im alten Phönizien. Sie streckt ihre Wurzeln weit in das 2. Jt. v. Chr. und trägt den »Stempel« einer noch bronzezeitlich bestimmten Gesellschaft. So entwickelte die Glyptik starke regionale Besonderheiten, für die beispielhaft hier die altsyrischen Rollsiegel und die Hyksosskarabäen genannt sein sollen. Gegenüber »Modeströmungen« nicht unempfindlich, mischen sich in ihr alte überkommene Motive und zeitgenössische Stile wie Kette und Schuß in einem Gewebe, d. h. nebeneinander haben wir Siegel im rein traditionellen Stil und solche, die in ein ägyptisierendes Gewand gekleidet sind. Die phönizischen Steinschneider bevorzugten eindeutig das Stempelsiegel in der Form des plastischen ägyptischen Skarabäus. Trotzdem verwendeten sie mit großer Vorliebe gerade die besonders harten Steine, wie Bergkristall, Achat, Amethyst neben dem weitverbreiteten Karneol und dem grünen Jaspis. Selbst die griechischen Glyptiker scheuten sich nicht, in den zypro-phönizischen Werkstätten ihre Fertigkeiten zu vervollkommnen.

Im Zuge der phönizischen Expansion kam es dann zu Werkstattgründungen in verschiedenen westlichen Niederlassungen. Berühmt wurde in diesem Zusammenhang Tharros auf Sardinien, wo auch griechische und etruskische Einflüsse gekonnt assimiliert wurden und das vom 6. bis zum 4. Jh. v. Chr. den gesamten punischen Markt mit Siegeln versorgte. Die Glyptik im phönizischen Mutterland unterlag zu derselben Zeit zunächst der Einflußnahme durch achämenidische Stilrichtungen, um dann in den Bannkreis der Hellenisierung zu geraten und dadurch ihre Eigenständigkeit endgültig einzubüßen. Eine wichtige einschränkende Bemerkung ist hier nachzutragen: Die kongeniale Verarbeitung ägyptischer Elemente in der vorausgehenden Periode (9. bis 6. Jh. v. Chr.) erschwert die Identifizierung autochthon phönizischer Motive ganz außerordentlich, was zugleich eine Erklärung dafür ist, warum so viele eigentlich phönizische Siegel als von ägyptischer Provenienz gelten. Einfacher ist die Zuordnung in den Kulturkreis der Levante, wenn es sich um spezifisch phönizische Bildinhalte handelt: die Varianten des Baal-Zyklus oder die Darstellung von Gottheiten, ob stehend oder auf einem (Sphingen-)Thron

sitzend, vor einem Thymiaterion. Phönizische Jagd- oder Tierkampfszenen heben sich dagegen durch ihre astrale Symbolik im Bildhintergrund deutlich von griechischen Parallelen ab.

GLAS

Ungeachtet der immer wieder zitierten Aussage des älteren Plinius, der die Erfindung des Glases (genauer gesagt: des geblasenen Glases) sidonischen Werkstätten zuschreibt, oder aber des Labels »phönizisches Glas«, das in so manchem Auktionskatalog den Preis für ein zerbrechliches römisches Erzeugnis in schwindelnde Höhe treibt, bleibt es äußerst schwierig, den phönizischen Anteil in der Entstehung und Entwicklung dieses Kunsthandwerkes genau einzuschätzen. Tatsache ist, daß manche Meisterstücke »ägyptischer« Glasbläser des 2. Jts. v. Chr. von gleichzeitigen Parallelen aus dem Libanon – zumindest was die Häufigkeit der Funde angeht – weit in den Schatten gestellt werden (Abb. 66).

Die mit Kobalt gefärbten Rollsiegel aus Glaspaste zweier Könige des 14. Jhs. v. Chr. aus dem Stadtstaat Sidon geben der Vermutung weiteren Anhalt, daß die Vorfahren der Phönizier möglicherweise ein Verfahren entwickelt hatten, so täuschende Imitationen jenes begehrten Steines herzustellen, daß sich ägyptische Herrscher veranlaßt sahen (nachzulesen in den berühmten Amarna-Briefen), von ihren orientalischen Vasallen »echten« Lapislazuli zu verlangen.

Bruchstücke sowohl einer Glasschale aus Nimrud als auch einer Glas-Cloisonné-Elfenbeinarbeit, sowie die allbekannte Vase aus Aliseda (Spanien), machen hinreichend deutlich, daß die Phönizier die Technik kaltgeschnittenen Glases im 8. Jh. v. Chr. vollkommen beherrschten. Die in Sandkerntechnik gefertigten Augenperlen wurden vom 6. Jh. v. Chr. an in Massenproduktion hergestellt und fanden ungeheure Verbreitung, durch Tauschhandel sogar bis diesseits der Alpen. Nah verwandt diesen Perlen, was den technischen Herstellungsprozeß angeht, sind Miniaturvasen verschiedener Form. Abschließend läßt sich sagen, daß auch in dieser wie in so mancher anderen Kunstgattung bei den Phöniziern der Eklektizismus zwar eine nicht zu übersehende Rolle spielte, doch ebenso das Spektrum der künstlerischen Ausdrucksmöglichkeiten erweiterte.

Das phönizische Alphabet und die frühen europäischen Schriften

Wolfgang Röllig

Griechischer Mythos und griechische Sage enthalten alte und allgemeingültige Wahrheit – oder in Sagenform gegossene Urüberlieferung. So auch die bei Herodot erhaltene Erzählung vom phönizischen Prinzen Kadmos, der seiner Schwester Europa folgt, die Zeus als Stier am Gestade von Tyros geraubt hat. Kadmos kann seine Schwester nicht in den Orient zurückholen. Er bringt aber ein wesentliches Kulturgut nach Griechenland – die Fähigkeit zu schreiben.

Die Erzählung enthält, wenn auch nicht sehr präzis, eine wesentliche Überlieferung: Die Fertigkeit zu schreiben kam aus dem Orient, speziell aus Phönizien, und sie kam gewissermaßen nebenbei. Nicht das Ziel, die Schrift zu verbreiten, leitete Kadmos. Er suchte vielmehr seine Schwester – und wurde sogar später in Griechenland seßhaft, auch hierin wohl ein historischer Kern.

Was aber wissen wir heute über Frühformen des Alphabets, unseres Alphabets? Und wie verlief der Weg, den es nach Griechenland genommen hat? Es gilt heute als erwiesen, daß die Fähigkeit, Wörter in Laute zu zerlegen und diese – und zwar zunächst nur die Konsonanten – zu schreiben, um die Mitte des 2. Jts. v. Chr. in Syrien-Palästina entwickelt worden ist. Das war sicher kein Zufall. Syrien-Palästina ist nämlich eine Landbrücke, auf der seit alters vielerlei semitische Völker wohnen, die aber stets auch als Durchgangszone für den Handel diente und die schnell unter den Einfluß der großen Stromoasen am Nil, d. h. Ägypten, und an Euphrat und Tigris, d. h. Mesopotamien, kam. In diesen beiden Hochkulturen hatte man um die Wende vom 4. zum 3. Jt. v. Chr. Schriftsysteme entwickelt, die zwar nicht einfach, die aber für die jeweiligen Bedürfnisse – Verherrlichung des Herrschers hier, Fixierung wirtschaftlicher Vorgänge da – recht gut geeignet waren. Beide Schriftsysteme waren zunächst Wortschriften. In der Keilschrift jedoch zerlegte man bald, spätestens bei der Übernahme der sumerischen Schrift durch die Akkader, den Wortkörper in Silben. Es handelte sich dann um eine recht komplizierte Wort-Silben-Schrift. Im Ägyptischen wurde es möglich, nach dem Wortkörper auch Endungen und andere Bildungselemente zu schreiben, die auf ihren Konsonantenbestand reduziert werden konnten. Infolgedessen wurde die babylonische Keilschrift universaler verwendbar, mit ihren abstrakten Zeichenformen und dem unumgänglichen Schreibmaterial Ton aber nicht leicht zu erlernen und zu benutzen. Bei der ägyptischen Schrift, vor allem dem Hieroglyphischen, besticht die bildhafte Form der Zeichen, dagegen war das Schriftsystem nicht leicht auf fremde Sprachen übertragbar.

Bereits im 3. Jt. v. Chr. werden beide Schriftsysteme in Palästina-Syrien verwendet. Für die Übernahme der Keilschrift hat uns vor 15 Jahren Ebla nahe Aleppo ein überraschendes Zeugnis mit seinen Archiven erbracht. Im Süden hat besonders Byblos seit alters enge Beziehungen mit Ägypten und folglich hieroglyphische Schreibtraditionen. Aber die Kanaanäer bleiben bei der Übernahme nicht stehen, sondern lassen sich offenbar von beiden Systemen anregen. So tauchen sporadisch seit dem 18. Jh. v. Chr. an einzelnen Orten Schriftdenkmäler auf, die entweder piktographische (wie z. B. in Lachisch) oder mehr abstrakte »hieroglyphische« Zeichen (etwa in Byblos) verwenden. Solche Zeugnisse »protokanaanäischer« Schrift bleiben noch recht vereinzelt. Sie haben sich offenbar nicht durchgesetzt, haben deshalb auch keine Nachfolger, keine Weiterentwicklung gefunden.

Etwa in der Mitte des 2. Jts. v. Chr. setzt jedoch eine Schrifttradition ein, die sich fortsetzen sollte. Sie weicht vom traditionellen System der Wort-Silben-Schrift dadurch ab, daß sie die Wörter noch stärker zerlegt, allein die Konsonanten bei der Schreibung berücksichtigt. Das, was hier geschaffen wird, ist also keine »Vollschrift«, wie wir sie gewöhnt sind, sondern

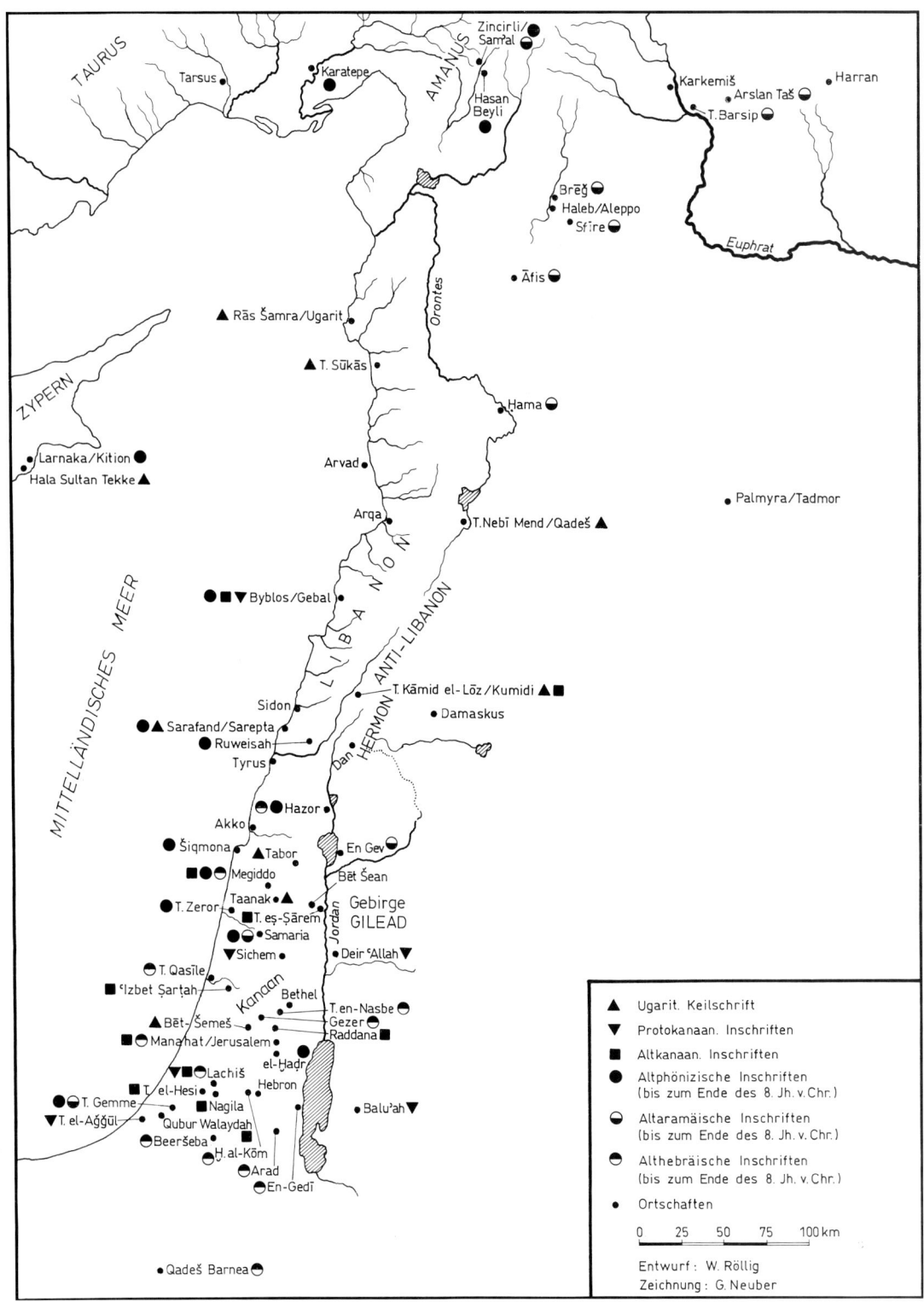

TAURUS

AMANUS

• Tarsus
• Karatepe
Zincirli/Sam'al •
• Karkemiš
• Harran
Hasan Beyli •
• Arslan Taš ◖
• T. Barsip ◖

Brēǧ ◖
Haleb/Aleppo ◖
Sfīre ◖
Euphrat

Āfis • ◖

▲ Rās Šamra/Ugarit •

Orontes

▲ T. Sūkās •

ZYPERN

Hama • ◖

• Larnaka/Kition ●
Hala Sultan Tekke ▲

Arvad •

• Palmyra/Tadmor

Arqa •
• T. Nebī Mend/Qadeš ▲

MITTELLÄNDISCHES MEER

LIBANON

ANTI-LIBANON

● ■ ▼ Byblos/Gebal •

HERMON

Sidon •
T. Kāmid el-Lōz/Kumidi ▲ ■
• Damaskus

● ▲ Sarafand/Sarepta
● Ruweisah
Tyrus •

Dan •

● ● Hazor

Akko •
● Šiqmona •
● ■ Megiddo
● T. Zeror
● ▲ Tabor
Taanak • ▲
■ T. eš-Šārem
● ● Samaria
▼ Sichem
● T. Qasīle
■ 'Izbet Šarṭah •
Bethel •
● ▲ Bēt-Šemeš
● Manaḥat/Jerusalem
■ Lachiš
● ● T. Gemme
▼ T. el-Aǧǧūl
Qubur Walaydah •
● Beerśeba
● Nagila
H. al-Kōm ◖
● Arad
● En-Gedī

En Gev ◖
Bēt Šean ◖

Gebirge
GILEAD

Jordan

Deir 'Allah ▼

Kanaan

T. en-Nasbe ◖
Gezer ◖
Raddana ■

el-Ḥadr •

• Balu'ah ▼

Hebron •

● Qadeš Barnea ◖

▲ Ugarit. Keilschrift

▼ Protokanaan. Inschriften

■ Altkanaan. Inschriften

● Altphönizische Inschriften
(bis zum Ende des 8. Jh. v. Chr.)

◖ Altaramäische Inschriften
(bis zum Ende des 8. Jh. v. Chr.)

◖ Althebräische Inschriften
(bis zum Ende des 8. Jh. v. Chr.)

• Ortschaften

0 25 50 75 100 km

Entwurf : W. Röllig
Zeichnung : G. Neuber

Abb. 68 Karte Palästina-Syriens mit Angabe der Fundorte mit ugaritischer Keilschrift, protokanaanäischer, altkanaanäischer und früher phönizischer und aramäischer Texte.

eine Schrift, die – in ägyptischer Tradition – auf die Vokale verzichtet. Die Form der Zeichen folgt dabei dem »akrophonischen« Prinzip, d. h. bei den meisten Zeichen entspricht die Form dem Anfangskonsonanten des Wortes, das mit ihm beginnt. So gleicht etwa das Zeichen für B einem Haus, das kanaanäisch *bet* heißt, das Zeichen D einem Türflügel, der *dalet* lautet usw. Da die Zeichennamen offenbar auch mnemotechnische Hilfen waren, konnten für einige Zeichen, etwa *heh* oder *peh,* auch schlichte Reimwörter eingesetzt werden.

Die Zahl der Denkmäler in dieser »altkanaanäischen« Schrift ist recht gering (Abb. 68). Das mag daran liegen, daß uns nur Bruchstücke aus Ton, Stein oder Metall erhalten sind, die sicher weithin benutzten Schreibmaterialien Papyrus, Holz und Pergament sich nicht erhalten haben. Wir können jedoch feststellen, daß sogar schon die Reihenfolge der Buchstaben, wie sie uns für das 1. Jt. v. Chr. z. B. durch einige »akrosticke« Psalmen des Alten Testaments überliefert ist, schon in dieser Zeit festgelegt wurde. Sie entspricht weitgehend der noch heute bei uns üblichen.

Wir wissen das aus Ugarit, einer Stadt an der nordsyrischen Küste, nahe dem heutigen Latakiye. Hier wurde bereits im 13. Jh. v. Chr. eine beträchtliche Zahl von Texten in einer eigenen Schrift niedergeschrieben und bei Ausgrabungen seit 1929 wiederentdeckt. Diese Schrift hat zwar äußerlich die Form einer Keilschrift und ist auf Tontafeln geschrieben. Ihrem System nach ist sie aber eine Konsonantenschrift mit lediglich 30 Zeichen. Die Schreiber haben sogar einige »Alphabete« mit der »Buchstabenfolge« aufgeschrieben, die der auch später verwendeten fast vollständig gleicht. Da manche der ugaritischen Keilschriftzeichen auch formal den Zeichen der altkanaanäischen Konsonantenschrift sehr ähnlich sehen, können wir folgern, daß diese damals bereits weiter verbreitet war, als es uns die noch spärlichen Funde erkennen lassen. Den Schreibern von Ugarit müssen bereits Texte in altkanaanäischer Schrift vorgelegen haben, der sie ihr nur äußerlich abweichendes Keilschriftalphabet nachformen konnten.

Kurz nach 1200 v. Chr. geht Ugarit in den politischen Wirren unter, die auch in Palästina beträchtliche Umwälzungen bewirken. Die altkanaanäische Schrift setzt sich aber fort, wie vor allem Funde aus dem südlichen Palästina beweisen. Noch ist die Schrift aber formal nicht so gefestigt, daß nicht in den Formen einzelner

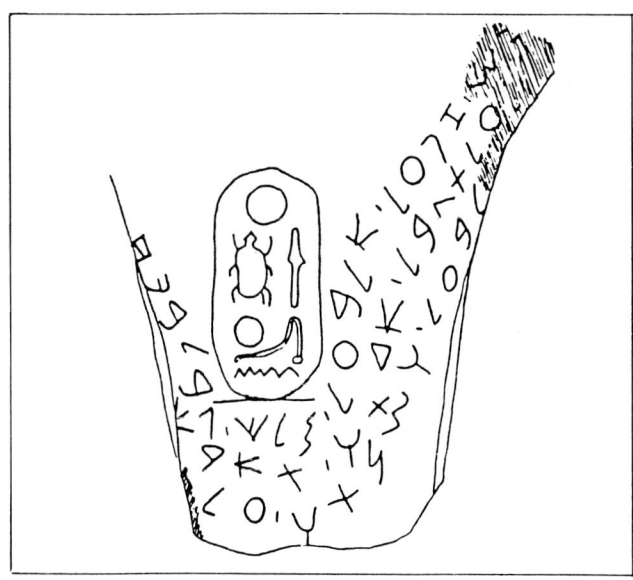

Abb. 69 Büste des Pharao Osorkon I. (ca. 912–874 v. Chr.) mit Inschrift des Königs Eliba'al als Beispiel der Konsonantenschrift von Byblos im ausgehenden 10. Jh. v. Chr. Der Text lautet: »(Votiv)bild, das Eliba'al, König von Byblos, herstellte, der Sohn des Jeh(imilk, Königs von Byblos, für die ›Her)rin von Byblos ‹, seine Gebieterin. Die ›Herrin von (Byblos)‹ möge (die Tage des Eli)ba'al und seine Jahre über (Byblos) lang machen.«

Buchstaben beträchtliche regionale Unterschiede möglich sind. Das ändert sich erst, als die phönizischen Küstenstädte, allen voran Byblos, politisch konsolidiert sind. Gerade in Byblos wird dann die Schrift erstmals auch auf offiziellen Dokumenten als Monumentalschrift verwendet. Das bekannteste Beispiel ist die lange Inschrift am Deckel des Sarkophags des Königs Ahirom, die um 1000 v. Chr. eingemeißelt wurde. Dem folgt eine beträchtliche Reihe offizieller Inschriften, die uns die formale Entwicklung und schließlich Normierung der Schriftzeichen überzeugend vor Augen führt (Abb. 69). Es waren also phönizische Städte, neben Byblos vor allem auch Tyros, die für die letzte formale Festlegung der Buchstaben verantwortlich waren. So ist denn Herodot völlig im Recht, wenn er von »phönizischen Buchstaben« spricht, die die Griechen übernommen hätten.

Ehe wir diesen Weg (Abb. 70) weiter verfolgen, soll noch einmal das Ursprungsland im Blick bleiben.

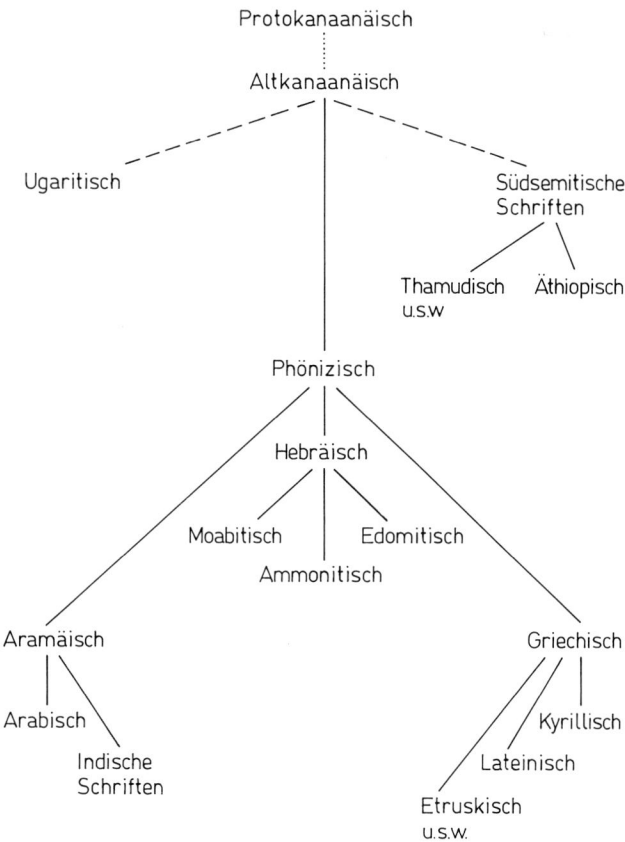

Protokanaanäisch

Altkanaanäisch

Ugaritisch   Südsemitische
                             Schriften

                    Thamudisch   Äthiopisch
                    u.s.w.

Phönizisch

Hebräisch

Moabitisch   Edomitisch

Ammonitisch

Aramäisch   Griechisch

Arabisch   Kyrillisch

Indische   Lateinisch
Schriften

Etruskisch
u.s.w.

Abb. 70 Schematische Darstellung der Abhängigkeiten zwischen den semitischen Alphabetschriften und den europäischen Schriften.

Obgleich wir feststellen können, daß schon im 11. und häufiger dann im 10. Jh. v. Chr. an verschiedenen Orten Syrien-Palästinas gleichartige Schriften Verwendung fanden, ist doch die Normierung, die vor allem im 9. Jh. v. Chr. erkennbar wird, ein auffälliges Phänomen. Es scheint so, als ob auch in diesen Kulturraum hinein von den phönizischen Städten her eine festgefügte Schreibertradition wirkte, die erst später eine regionale Differenzierung der Schriften zuließ. Jedenfalls ist im 9. Jh. v. Chr. sowohl in den phönizischen Städten selbst als auch in Nordsyrien, im Ostjordanland sowie in Palästina die »phönizische« Schrift verbreitet und vielfältig genutzt (Abb. 71). Schematisch läßt sich das Geschilderte so darstellen:
Der weitere Weg dieses »phönizischen« Alphabets nach Europa ist noch nicht in allen Schritten überschaubar. Es ist wohlbekannt, daß phönizische Händler und phönizische Handwerker schon im 10., verstärkt dann im 9. und 8. Jh. v. Chr. in den Mittelmeerraum ausschwärmten. Die phönizischen Städte hatten nur ein schmales, wenn auch fruchtbares Hinterland. Um ihren Lebensstandard halten zu können, mußten sie Rohstoffe und Halbfertigwaren importieren, fertige Produkte exportieren. Auch am Zwischenhandel ließ sich gut verdienen, besaßen doch die Küstenbewohner große nautische Fähigkeiten, die sich bekanntlich auch der König Salomo zunutze machte. Mit der Unterstützung durch Hiram, König von Tyros, segelten seine Leute ins sagenhafte Land Ophir, um von dort Gold zu holen, auch ins ferne Tarschisch, wo man Gold, Silber, Elfenbein, Affen und Pfauen einhandeln konnte. Auf diesen Wegen kam es natürlich auch zur Ausbreitung der Schrift. So ist es vielleicht kein Zufall, daß in Tell Qasile, wenig nördlich von Tel Aviv, eine Tonscherbe des ausgehenden 8. Jhs. v. Chr. mit hebräischer Beschriftung gefunden worden ist, die eine bestimmte Summe »Gold (aus) Ophir« nennt. Sie führt uns vor Augen, daß unsere Vermutung begründet ist, daß die Kaufleute diese praktische Schrift und billigen Schriftträger benutzten, um ihre Lieferungen zu beurkunden, um ihre Abrechnungen zu machen. Das dürfen wir natürlich bei den phönizischen Kaufleuten genauso voraussetzen, auch wenn leider bis heute kein Archiv eines solchen Mannes gefunden worden ist.
Statt dessen wurde eine Anzahl von Weihgegenständen mit Beschriftung entdeckt, daneben auch sehr kurze Gefäßaufschriften, die gewöhnlich den Empfänger oder den Eigentümer nennen, wobei die Namen für uns häufig mit Sicherheit dem phönizischen Namentyp zugeordnet werden können.
Die Schriftzeugnisse sind im Mittelmeerraum weit gestreut. Es verwundert nicht, daß hier an erster Stelle Zypern zu nennen ist, denn diese Insel liegt bei klarem Wetter in Sichtweite zur syrischen Küste und war wegen ihrer Kupferminen sicher schon sehr früh in den phönizischen Handel einbezogen. Zeitweilig gab es sogar eine ständige Ansiedlung mit einem Tempel der Astarte in Kition auf Zypern.
Sehr alte Inschriften – und zwar monumentale auf

Abb. 71 Schrifttabelle mit (vereinfachter) Wiedergabe der ugaritischen und phönizischen Schrift und einiger der davon abgeleiteten semitischen Schriften.

	Ugaritisch	Phönizisch	Aramäisch (Palmyra)	Syrisch (Estrangelo)	Arabisch
ʾa					
b					
g					
d					
h					
w					
z					
ḥ					
ḫ					
ṭ					
y					
k					
l					
m					
n					
s, ś					
ʿ					
p					
ṣ					
q					
r					
ṯ, š					
t					
ʾi					
ʾu					
ġ					
ḏ					
ẓ					

Schriften in Syrien

Abb. 72   Steinstele (105 x 57 cm) aus Nora auf Sardinien. Beispiel für die Verbreitung der phönizischen Schrift im Mittelmeerraum in der Mitte des 9. Jhs. v. Chr. Der Text läßt sich nicht sicher übersetzen.

gefäße, sind bis heute nicht gefunden worden, so daß Ursprung und Zweck dieser Inschriften umstritten sind. Immerhin legen sie Zeugnis davon ab, daß schon so früh weit im Westen Schrift verbreitet wurde, zur Nachahmung eingeladen war. Noch weiter westlich reichen Schriftzeugnisse aus Ibiza und aus Spanien, die aber erst im 8./7. Jh. v. Chr. einsetzen und meist nur aus wenigen Buchstaben bestehen. Auch hier können wir nur bedauern, daß die Archive, die es sicherlich gegeben hat, entweder verlorengegangen sind oder noch nicht entdeckt wurden. Darüber hinaus haben wir Schriftzeugnisse, meist allerdings jüngeren Datums, aus Nordafrika, aus Malta, Sizilien und Ischia, ja selbst aus Marseille und Carpentras in Südfrankreich. Sie alle wurden aber erst geschrieben, als es dort bereits Alphabetschrift griechischer Herkunft gab.

Weder auf Zypern noch in Sardinien, noch in Spanien führte das Bekanntwerden mit der phönizischen Schrift dazu, daß die nichtphönizischen Bewohner diese Schrift übernahmen oder weiterentwickelten. Das geschah nur an einer Stelle, nämlich in Griechenland. Dabei können wir leider nicht sagen, wann und wo die Anregung der Phönizier aufgenommen worden ist. Es muß in der Periode gewesen sein, die auch im Motivschatz frühgriechischer Kunstwerke, auf Elfenbeinarbeiten, Ton- und Metallgefäßen, in Schmuckstücken verschiedener Bestimmung, deutlich orientalische Elemente zeigt. Im 9. und 8. Jh. v. Chr. war der kulturelle Austausch mit dem Orient sehr lebhaft, wurden die dort über Jahrtausende hin tradierten Bildthemen – und wahrscheinlich ebenso die dahinter zu vermutenden mythischen Überlieferungen – auch für die Griechen bedeutsam. Es ist höchstwahrscheinlich, daß in diesem Zusammenhang auch die Kunst des Schreibens übernommen wurde.

Von wem die Griechen sie tatsächlich lernten, ist schwer zu sagen. Kaufleute oder Handwerker kommen dafür ebenso in Frage wie Priester oder professionelle Schreiber. Eine Überlieferung darüber haben wir nicht, Beweise für die eine oder andere Art der Aneignung fehlen. Es kann auch sein, daß man Weihinschriften imitierte, die sich auf Kunstwerken befanden, die bei besonderen Gelegenheiten in griechischen Tempeln niedergelegt wurden. Gerade kürzlich ist ein Stück mit einer Inschrift in phönizischer Schrift, aber aramäischer Sprache vom Ende des 9. Jhs. v. Chr. aus einem Apollotempel in Eretria auf Euböa bekannt geworden, das ein genaues Gegenstück im Heraion von Samos

Stein – sind aus Sardinien bekannt (Abb. 72). Sie datieren ins 10. und 9. Jh. v. Chr. und könnten, falls nur die Fundumstände besser bekannt wären, von einer Station auf dem Wege nach Spanien Zeugnis ablegen. Leider stehen diese Texte aber ziemlich isoliert. Irgendwelche andere zeitgleiche Hinterlassenschaften von Kaufleuten, und seien es nur die Scherben ihrer Ton-

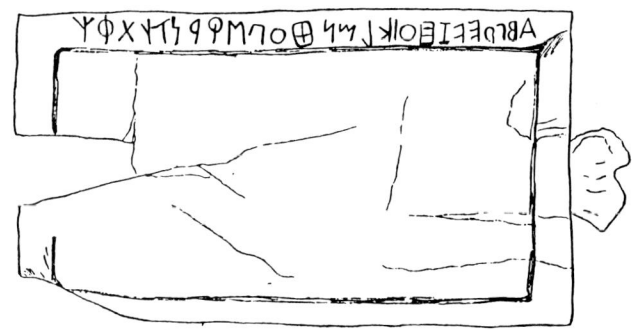

Abb. 73 Inschrift auf der Dipylon-Kanne aus Athen als Beispiel griechischer Vollschrift vom Ende des 8. Jhs. v. Chr. Zur Übersetzung s. im Text.

besitzt. Unter diesen Umständen ist es auffällig, daß es eine antike Tradition gibt, die uns darüber belehrt, daß die Schrift von Euböa aus nach Sizilien und damit auch Italien verbreitet worden sei. Hier, in unmittelbarer Nähe zu Attika, mag also tatsächlich ein Schwerpunkt bei der Adaption der Schrift gelegen haben.

Es ist allerdings auch möglich, daß die Griechen phönizische Schrifttradition in Kleinasien kennengelernt haben. Jedenfalls gibt es bis ins 8. Jh. v. Chr. eine Tradition von phönizischen Inschriften bis nach Kappadokien hin – durchaus neben der schon recht alten Schrift des dort gesprochenen Luwischen. Wie dem auch sei: Es ist in hohem Grade unwahrscheinlich, daß die Griechen die Alphabetschrift zu verschiedenen Zeiten und an verschiedenen Orten übernommen haben. Dafür ist sie im 7. Jh., als sie uns erstmals voll ausgebildet entgegentritt, im Typ, nicht in der äußeren Form, zu einheitlich.

Denn das macht das Besondere der griechischen Schrift aus: Sie übernimmt zwar die äußere Form der Zeichen, behält auch ihre Reihenfolge bei und sogar ihre Namen – übrigens in einer aramäischen Form. Aber die Schrift wird verändert. An die Stelle einer reinen Konsonantenschrift, die die phönizische war und blieb, tritt jetzt eine Vollschrift. Die Vokale, die in der phönizischen Schrift unberücksichtigt bleiben, werden jetzt geschrieben. Es gab in der phönizischen Sprache einige Laute, die das Griechische nicht kannte. Die Zeichen für diese Laute benutzt der »Schriftfinder« dazu, die fehlenden Vokalzeichen zu schaffen. Dieser so einfache wie effektive Schritt zu einer Vollschrift ist schon im ausgehenden 8. Jh. v. Chr. vollzogen, als die uns bekannte schriftliche Überlieferung des Griechischen einsetzt. Es ist übrigens überraschend festzustellen, daß die frühesten griechischen Texte nicht etwa Wirtschaftsurkunden sind, auch nicht Bau- oder Weihinschriften, sondern daß poetische Epigramme niedergeschrieben worden sind. Einer der ältesten Texte, auf einem Weihgefäß aus Athen, verrät uns: »Wer jetzt von den Tänzern am anmutigsten spielt, der soll dieses empfangen.« (Abb. 73)

Noch ein Wort zur Schriftrichtung: Wir sind gewohnt, von links nach rechts, d. h. rechtsläufig zu schreiben. Die semitischen Schriften verlaufen heute alle linksläufig. So verhielt es sich auch mit dem phönizischen Alphabet, das offenbar schon sehr früh diese Schriftrichtung wählte. Die griechischen Schreiber sind lange unentschlossen und schreiben häufig *boustrophedon*, »wie das Rind pflügt«, d. h., sie setzen in der ersten Zeile rechtsläufig ein, lassen die nächste Zeile linksläufig folgen und wechseln in der nächsten Zeile erneut. Die Buchstaben blicken dabei jeweils in die wechselnde Schriftrichtung. Als nun das griechische

Abb. 74 Schreibtafel aus Marsigliana d'Albegna mit an den Rand geschriebenem, linksläufigem frühetruskischem Alphabet (Ende 8. Jh. v. Chr.), das noch die griechische Zeichenfolge und Buchstabenzahl enthält.

Phönizisch		Archaisch Griechisch		Ostgriechisch Athen-Milet			Klassisch Griechisch				West-griech.	Ur-ital.	Etrus-kisch	Arch. Lat.	Klass. Lat.	
𐤀	ʾ	ΔΛ	a	ΔΛ	ΔΛ	a	A	α	Alpha	a	ΛΛ	A	A	ΛΛ	A	a
𐤁	b		b	B	B	b	B	β	Bēta	b	BB	B		BB	B	b
𐤂	g		g		Γ	g	Γ	γ	Gamma	g	C	<C	)[k]	)[k,g]	C[k]	g
𐤃	d	Δ	d	ΔD	Δ	d	Δ	δ	Delta	d	ΔD	D		D	D	d
𐤄	h	E	e	E	E	e	E	ε	Epsilon	ě	E	E	Ǝ	Ǝ	E	e
𐤅	w					v				v	FC	F		[f]	F[f]	v
𐤆	z		z	I	I	z	Z	ζ	Zēta	z.dz	I	I		I[z]	G[g]	z
𐤇	ḥ	BH	h,ē	B	BH	h(ē)	H	η	Eta	ē	BH	B	B	B	H	h
𐤈	ṭ	⊕⊗⊙	th	⊕	⊗⊕	th	Θ	ϑ	Thēta	th	⊕⊙	⊕⊙	⊗			th
𐤉	j		i			i	I	ι	Iōta	i						i
𐤊	k	KKK	k	K	KK	k	K	κ	Kappa	k	K	K	K	K	K	k
𐤋	l		l	LL		l	Λ	λ	Lambda	l	L	L	L	L	L	l
𐤌	m	M	m	M	M	m	M	μ	My	m	M	M	M	M	M	m
𐤍	n	N	n	N	N	n	N	ν	Ny	n	N	N	N	N	N	n
𐤎	s					ks	Ξ	ξ	Xi	ks		⊞				s
𐤏	ʻ	OC	o	O	O	o	O	o	Omikron	ŏ	O	OO		O	O	o
𐤐	p		p	Γ	Π	p	Π	π	Pi	p	Γ	P		P	P	
𐤑	ṣ	M	s			s						MM	M			ś
𐤒	q	ϕϕ	q	ϙ	ϙ	q					ϙ	ϙϙ	ϙ	ϙ	Q	q
𐤓	r	PPR	r	PR	PPD	r	P	ϱ	Rho	r	PPR	P	D	P	R	r
𐤔	š		s			s	Σ	σς	Sigma	s					S	s
𐤕	t	TY	t	T	T	t	T	τ	Tau	t	T	T	+	TT	T	t
𐤅	w	VYY	u	V	V	u,ü	Y	υ	Ypsilon	ü	YV	YY	V	V	V	u
		↓	ks	⊕ϕ	⊘	ph	Φ	φ	Phi	ph	X	+		X	X	ks
		X+		X+	X	kh	X	χ	Chi	kh	⊕ϕ	Φ	ϙ			ph
					YY	ps	Ψ	ψ	Psi	ps	YY	Y	↓			kh
		⊙O	ō		Ω	ō	Ω	ω	Omega	ō			88			f

94

Alphabet z. B. in Italien von den Etruskern und anderen Völkern, schließlich auch von den Römern übernommen wird, bleibt es zunächst bei dieser Schreibweise, die erst nach und nach von der rechtsläufigen definitiv verdrängt wird (Abb. 74). Zweifellos ist das griechische Alphabet die Urmutter fast aller in Europa gebräuchlichen Schriften, auch wenn diese sich in formaler Hinsicht allmählich stark vom ursprünglich recht steifen Prototyp unterscheiden. Andererseits ist das phönizische Alphabet, das schon im 9. Jh. v. Chr. von den Aramäern übernommen wird, im Orient zur Urmutter fast aller Schriften geworden. Dadurch, daß allmählich stark kursive Zeichenformen in Gebrauch kommen, verschiedentlich auch Buchstabenverbindungen (Ligaturen) üblich werden, entfernen sich auch hier die jüngeren Schriften rein äußerlich weit von ihrem Ursprung. Der Schrifttyp der Konsonanten-

schrift wird aber, mit wenigen Modifikationen, beibehalten, so daß durch Punkte und Striche, die zu den Konsonantenzeichen hinzugesetzt werden, gelegentlich eine zusätzliche »Vokalisation« erfolgt. Damit wird in gewissem Sinne eine Art »Vollschrift« erreicht. Da diese »Punktierungen« aber nie obligatorisch sind, bleibt doch die ursprüngliche Idee der phönizischen Schrift bis heute wirksam.

Unsere eigene Kultur ist seit vielen Jahrhunderten so stark von der Alphabetschrift geprägt, daß es unvorstellbar wäre, etwa die moderne Medienlandschaft ohne schriftliche Kommunikation zu steuern. Alles, was wir als Fortschritt bezeichnen, ist ohne Schrift nicht denkbar. So ist es ein bleibendes Verdienst der Phönizier, den Griechen das System der Buchstabenschrift übergeben zu haben, das diese genial vervollkommneten und weitergaben (Abb. 75).

◁ *Abb. 75 Schrifttabelle mit einem (vereinfachten) Vergleich der Formen des phönizischen Alphabets und der daraus abgeleiteten europäischen Schriften.*

Die Phönizier im Mittelmeerraum

Hans Georg Niemeyer

In zwei großen Schritten erschlossen sich die Phönizier die zu ihrer Zeit bekannte Welt, den Mittelmeerraum, als Rohstoffquelle und Absatzmarkt. Der erste Schritt der »Expansion«, nennen wir ihn hier »Phase I«, vom Ende der Bronzezeit bis in das frühe 8. Jh. v. Chr. reichend, war vieles zugleich: ein tastendes Wiederanknüpfen an eine zur Legende gewordene, fast vergessene Tradition, ein vorsichtiges Rekognoszieren, ein kühnes Vorstoßen in unbekanntes Terrain, ein ständiges Erweitern – in Kenntnis wie Aktion – des Horizonts. Im zweiten Schritt, in der »Phase II«, der Phase der phönizischen »Präsenz«, als Wege und Gefahren, Land und Leute, Mächte und Wünsche erkannt waren, als auch die Nordanrainer des östlichen Mittelmeerbeckens zu Expansion und Kolonisation schritten und zu Konkurrenten wurden, entstanden die phönizischen Niederlassungen, zwar nicht genau gleichzeitig, doch in Auswahl der Plätze und Anlage der Faktoreien nach einem vorgegebenen – und inzwischen auch für uns erkennbaren Modell (s. oben S. 62 f.).

Um den Beitrag der Phönizier zur Gestaltwerdung europäischer Kulturtradition näher in den Blick zu nehmen, ist es nötig, neben den historischen Prozessen auch Mittel, Wege und Ausmaß der Vermittlung in die Betrachtung einzubeziehen. Das Panorama, das sich uns darbietet, ist durchaus unterschiedlich. Außerdem können wir feststellen, daß je weiter wir von Osten nach Westen vorgehen, wir um so spärlicher greifbare Zeugnisse für diese geschichtlichen Vorgänge vorfinden.

In Griechenland und in der Ägäis begegnet uns an charakteristischen Fundorten eine verhältnismäßig große Zahl unzweifelhaft orientalischer Importstücke verschiedenster Herkunft, die es insgesamt wahrscheinlich macht, daß die Phönizier die Träger des vorauszusetzenden Handels sind. Diese These wird durch weitere direkte und indirekte Zeugnisse erhärtet, denen zufolge wir etwa seit dem 9. Jh. v. Chr. mit phönizischen Werkstätten und »Enoikismoi« rechnen können, z. B. in Kommos und bei Knossos auf Kreta.

Befragen wir aber diese frühesten Zeugnisse hinsichtlich ihrer Wirkung auf die griechische Kunstentwicklung, so müssen wir feststellen, daß in der fraglichen Zeit ein wie auch immer gearteter Einfluß – jedenfalls im archäologischen Material – bisher nicht zu erkennen ist. Eine Erklärung für diesen Sachverhalt kann nur in der besonderen Verwendung, in der »Funktion« der Importe gefunden werden, die sich nach deren Fundumständen ziemlich präzise erschließen läßt: Wir haben es hier mit den »Keimelia« (unseren heutigen »Zimelien«) der homerischen Fürsten zu tun, mit sehr persönlichen Schätzen, die als Prestigeobjekte für eine kleine Elite gleichsam zu einer Art Rangabzeichen wurden. Dem entspricht der Typenkatalog der Importe – prunkvolle Gefäße aus Edelmetall (Abb. 4.17), exotischer, delikat gearbeiteter Schmuck (Abb. 53), Luxusmobiliar und aus hochwertigem Werkstoff gefertigte Gerätschaften des häuslichen Gebrauchs sowie schließlich und nicht zuletzt kostbare Gewänder, von denen uns zwar kaum Reste erhalten sind, die aber sowohl in den griechischen als auch in den orientalischen Schriftquellen mit höchster Wertschätzung genannt werden. Und selbst wenn all diese Kostbarkeiten, ob nun in die Ägäis importiert oder ob dort in orientalischen Werkstätten gefertigt, auch durch Tausch oder Schenkung zu zirkulieren begannen, so blieb dieser Kreislauf doch auf die dünne Führungsschicht der agrarischen Gesellschaft Homerischer Zeit beschränkt. Die orientalischen Prestigeobjekte, beweglicher und hochgeschätzter Bestandteil des persönlichen Besitzes, gelangten nach dem Tode

Abb. 76 Cap Blanc bei Bizerta (Tunesien), Landmarke der antiken Seefahrt.

des Eigners in dessen Grab, mit anderen Worten: sie bewahrten ihre Exklusivität.

Die Gegengaben, die die Griechen anzubieten hatten, dürften dem Agrarbereich entnommen worden sein: landwirtschaftliche Produkte und wohl auch Landarbeiter, Hintersassen der Feudalherren, die, nach den Aussagen der frühen Epen, als Sklaven für die Phönizier begehrte Arbeitskräfte gewesen sein müssen. So mag es also mit den besonderen Lebensgewohnheiten und Verhaltensnormen der »Empfänger« unserer Importgüter zusammenhängen, wenn diesen ihre Wirkung auf das einheimische Kunsthandwerk zunächst versagt blieb.

Im 8. Jh. v. Chr. wird die Herrschaft der griechischen »Basiléfes« durch den Aufstieg der Polis nach und nach abgelöst. Erst in dieser Zeit kommt es zu einer zunächst allmählichen, dann aber immer stärkeren Übernahme orientalischer Motive und schließlich am Ende der spätgeometrischen Epoche zur Ausbildung des sog. orientalisierenden Stils in der griechischen Kunst. Daß die Importe nunmehr vornehmlich in die Heiligtümer geweiht werden, dürfte dabei eine wichtige Rolle gespielt haben.

Aber nicht nur die dinglichen Kulturgüter aus dem Osten sind es, die als Auslöser und Träger des orientalisierenden Horizontes in der Ägäis verantwortlich gemacht werden können. Auch religiöses Gedankengut gehört dazu, was sich in einigen Fällen auch an archäologischen Denkmälern belegen läßt (vgl. z. B. Kat. 97). Zudem aber befinden wir uns für den Ägäisraum in der glücklichen Situation, Vergleiche mit einer annähernd zeitgenössischen Literatur anstellen zu können: mit Homer und Hesiod. In diesem Zusammenhang lehrt schon eine kurze Betrachtung der Forschungsgeschichte, daß die so vertraute hellenozentrische Sichtweise einer unvoreingenommenen Einschätzung des Befundes eher im Wege gestanden hat. In der Tat läßt sich eine ganze Reihe von Erzählmotiven und -formen sowie auch von Mythen namhaft machen, die aus dem Orient mehr oder weniger unverändert in die frühgriechischen Epen Eingang gefunden haben. Das Motiv des Urias-Briefes in der Bellerophon-Sage ist nur ein, wenn auch vielleicht besonders bekanntes Beispiel. Was Hesiod angeht, so werden die Beziehungen seiner Kosmologie zu den Schöpfungsmythen des Nahen Ostens heute kaum mehr in Frage gestellt. Die Übernahme des phönizischen Alphabets durch die Griechen ist in einem eigenen Kapitel gewürdigt wor-

den. Die Bedeutung dieses Vorganges für die Überlieferung, ja Entstehung von Literatur ist offenkundig; für die Entwicklung von Dokumentation und Organisation des tätigen Handelns im Alltag aber darf sie kaum geringer eingeschätzt werden. Jedenfalls spricht alles dafür, daß das phönizische Alphabet zuerst in diesem Bereich rezipiert wurde. Und so ist es gewiß kein Zufall, daß noch ein weiteres wichtiges Mittel zur Erfassung und Beschreibung der dinglichen Welt in Griechenland von den Phöniziern übernommen wurde: das Maßsystem, vor allem die Hohlmaße (Abb. 77). Die feudale Agrargesellschaft der Homerischen Welt und der unmittelbar vorausgehenden Generationen, die sich nur durch Veräußerung landwirtschaftlicher Produkte in den Besitz der so hoch geschätzten »Keimelia« zu setzen wußte, konnte gar nicht anders, als die Maßeinheiten der Handelspartner zu übernehmen. Trotzdem aber mochte man sie nicht, diese kulturerfahrenen und lebenstüchtigen Geschäftsleute und unerschrockenen Pioniere des Fernhandels, jedenfalls nicht in jener adeligen Oberschicht, für die Homer seine Gesänge schuf. Allerdings haben die beweglicheren unter den Griechen, wie die euböischen Kaufleute des späten 9. und des 8. Jhs. v. Chr., offensichtlich in allem Frieden mit ihnen zusammengearbeitet, in der Levante nicht anders als im zentralen Mittelmeerraum. Die alte »fable convenue« von der erbitterten Konkurrenz zwischen Phöniziern und Griechen verliert somit, wenigstens für die Frühzeit, an Glaubwürdigkeit.

Altes Testament (u. Ägypten)	Griechenland	Metrisches Hohlmaß
1 log	1 Xestes	0,547 l
–	1 Choinix (2 X.)	1,094 l
1 qab (4 log)	2 Choinikes (4 X.)	2,188 l
–	1 Chus (6 X.)	c. 3,282 l
1 hin (3 qab)	2 Chus	c. 6,564 l
1 ephah (6 hin)	1 metretes (12 Chus) (= Amphora)	c. 39,384 l

Abb. 77 *Vereinfachte Übersicht über die Entsprechungen von alttestamentlichen bzw. ägyptischen, griechischen und metrischen Hohlmaßen.*

Abb. 78 Phönizische ritzverzierte Tridacna-Muschel, aus Vulci (Eturien). (Kat. 36)

Schließlich sei daran erinnert, daß auch für die Entwicklung der politischen und gesellschaftlichen Ordnung wichtige Impulse vom Osten ausgegangen sind. Die Phönizier könnten dabei beispielgebend oder als Vermittler gewirkt haben. Mit gutem Recht hat man darauf hingewiesen, daß die Vorbilder für das frühe Gesetz von Gortyn auf Kreta in den bekannten Gesetzeswerken des Alten Orients zu suchen sind.

Es ist mithin eine Vielfalt von direkten Importen und mittelbaren Impulsen, die wir in der frühgriechischen Zeit beobachten können. Der Zürcher Religions- und Literaturhistoriker Walter Burkert hat es im Hinblick auf die Literatur kürzlich so formuliert: »Die Geburt der griechischen Literatur in umfassendem Verständnis, d. h. als geschriebene Literatur, benötigte mehr als

eine Geburtshelferin. Und ohne Vorurteil sollten wir anerkennen, daß einige Impulse aus dem Osten kamen«. Ich meine, daß sich diese Antwort in ihrer so zurückhaltenden Wortwahl auch auf unser Problem übertragen läßt, wenn wir für Literatur die Begriffe Kultur bzw. Hochkultur einsetzen.

Wenden wir uns nun dem zweiten unter den Schauplätzen zu, auf denen es die Auswirkungen des phönizischen Einflusses zu untersuchen gilt, Italien und vor allem Etrurien. Nach den sporadisch bezeugten Orientkontakten in der »I. Phase« (10. und 9. Jh. v. Chr.), die kaum eine Wirkung hervorriefen, kam es in der zweiten Phase, vom 8. Jh. an, zu einer erstaunlich raschen Zunahme orientalischer Importe und damit zu einer grundsätzlichen Veränderung der Verhältnisse, vor allem im Kerngebiet der Entwicklung, das von Etrurien bis nach Campanien reicht. Allerdings lassen sich nun etwa gleichzeitig mit den »Orientalia« auch griechische Importe beobachten, die wenigstens teilweise schon in ihrer Heimat in »orientalisierendem« Sinne vorgeprägt sind. Das hat bekanntlich in der Vergangenheit dazu geführt, daß man für die orientalischen Einflüsse in Etrurien wohl auch allein die Griechen verantwortlich machen wollte. Besonders wichtig ist in diesem Zusammenhang die Tatsache, daß in Etrurien in der orientalisierenden Zeit auch Formen des phönizischen Gebrauchsgeschirrs in das keramische Typenrepertoire übernommen werden. So gehören z. B. zur sog. italogeometrischen Keramik aus der Tomba del Guerriero in Tarquinia große flache Teller mit abgesetztem waagerechtem Rand, die in ihrer charakteristischen Gestalt von der entsprechenden Form der phönizischen Roten Ware abgeleitet sein müssen (Kat. 192). Kaum zufällig lassen sich ihnen westeuböische Teller von Pithekoussai an die Seite stellen. Der enge Zusammenhang zwischen den Tellern in der einen wie der anderen Ware ist gerade in einer euböischen Niederlassung mit phönizischem Enoikismos besonders sinnfällig. Schließlich sind hier auch noch ebensolche Teller in der sicherlich italischen bzw. etruskischen Technik des »Impasto rosso« zu nennen (vgl. hierzu auch den Beitrag von A. Rathje, (S. 33 ff.).

Nun steht der Typus des Tellers keineswegs allein da. Die frühen birnenförmigen Kannen des Bucchero, der frühen etruskischen Keramik »par excellence«, leiten sich direkt von den auf Zypern, in Italien und auf der Iberischen Halbinsel vertretenen Metallkannen her (z. B. Kat. 108. 200). Hierbei handelt es sich um einen phönizischen Kannentypus, der sowohl im aufwendigen Metallgeschirr (Silber, Bronze) als auch in der schlichten Roten Ware als charakteristische Form auftritt.

Den wenigen genannten Beispielen weitere hinzuzufügen, dürfte keine allzu großen Schwierigkeiten bereiten. Wichtiger jedoch ist folgendes: der orientalische Einfluß auf die etruskische, in der »orientalisierenden Phase« zu rascher und hoher Blüte aufsteigende Kultur läßt sich nicht nur an den formalen Übernahmen bei der Gattung der schlichteren Geräte für den täglichen Gebrauch beobachten. Er macht sich ebenso im Grundsätzlichen bemerkbar, im kulturellen Muster, wozu etwa auch Waffenführung und Kriegstechnik

gehören. Besonders signifikant sind Bedeutung und Funktion des zweirädrigen Wagens in der frühen Eisenzeit Mittelitaliens, die auch dann zunächst noch fortbestehen, nachdem griechische Einflüsse die Oberhand gewonnen haben. Hierher gehört auch der Fund von Ficana bei Rom, wo in einem offenbar für Festmähler bestimmten Gebäudekomplex der Frühzeit ein mehr oder weniger vollständiges Bankettservice gefunden wurde. Er zeigt geradezu exemplarisch, daß das aristokratische Festmahl in der Lebensführung der etruskischen Elite einen ebenso festen Platz gefunden hatte wie die Jagd und der Kriegszug. Die ältesten Darstellungen solcher Liebes- bzw. Gastmähler aus Etrurien lehren uns im übrigen, daß die Teilnehmer, nicht anders als im Orient, dabei saßen.

Die etruskische Kultur ist keine orientalische Kultur geworden. Aber die katalysatorische, entscheidende Funktion der durch die Phönizier vermittelten Importe und Impulse für Selbstfindung und Selbstdarstellung der aufsteigenden etruskischen Aristokratie und damit für die Entstehung der von ihr getragenen etruskischen Kultur kann nicht in Frage gestellt werden.

Lenken wir nach dieser gedrängten Übersicht über die Verhältnisse im zentralen Mittelmeerraum den Blick schließlich auf die Iberische Halbinsel. Auch hier müssen wir einstweilen noch mit Einzelbeobachtungen vorliebnehmen (vgl. oben S. 62 f.). So gibt die schon angesprochene geringe Ausdehnung der phönizisch akkulturierten »Chora« im unmittelbaren Umkreis der Niederlassungen Anlaß zur Frage, ob auch deren Einfluß auf die Kulturen im Süden der Iberischen Halbinsel entsprechend beschränkt war. Als Antwort ist ein klares »Nein« am Platze. Die Siedlungsgrabung auf der Mesa de Setefilla über dem Nordufer des Guadalquivir hat gezeigt, daß als Ergebnis eines längeren, im späteren 2. Jt. v. Chr. beginnenden Übergangsprozesses bereits im 9. Jh. v. Chr. eine kulturelle und ökonomische Entwicklung einsetzt, in der die Metallurgie zunehmend an Bedeutung gewinnt und besonders qualitätvolle Keramik auftritt. Im orientalisierenden Horizont des 7./6. Jhs. v. Chr. tauchen mit der Drehscheibenware erste Importe aus den Faktoreien an der Küste auf, und die zu Macht und Reichtum aufgestiegenen Herren von Setefilla errichten dort jene imponierenden Tumulus-Gräber, wie wir sie auch von den Alcores bei Carmona kennen.

Am Fundplatz Setefilla bestand Siedlungskontinuität von der Bronzezeit an. Plätze, die wie der Cerro Maca-

Abb. 79   Zwei Scheibenanhänger aus Kamiros auf Rhodos.   (Kat. 91.92)

reno bei Sevilla dagegen erst in der Endbronzezeit des 9./8. Jhs. v. Chr. erstmals besiedelt wurden, belegen eindrücklich, daß mit der beginnenden Akkulturation und stärkeren sozialen Differenzierung eine demographische Entwicklung einhergeht, die zu größerer Besiedlungsdichte im Guadalquivir-Tal führte. In denselben historischen Kontext gehören auch die ritzverzierten Stelen aus dem Südwesten der iberischen Halbinsel. Hauptsächlich in der Region von Extremadura konzentriert und insofern nahezu deckungsgleich mit der Verbreitung bestimmter, als »tartessisch« erkannter Sprachzeugnisse, tragen sie häufig Darstellungen von Kriegern mit zweirädrigen Wagen. Es ist klar, daß wir es hier mit einem auf regionalen Bestattungsbräu-

chen beruhenden, isolierten Befund zu tun haben. Gleichwohl weisen einige der abgebildeten Waffen und Kosmetikartikel (z. B. Kämme) auf Verbindungen zum Orient in dieser noch »vor-orientalisierenden« Phase.

Aus dem sehr viel reichhaltigeren Befund der nächsten, orientalisierenden Phase wurde für die Ausstellung eine besonders charakteristische Klasse von Luxus- bzw. Prestigeobjekten ausgewählt: die birnenförmigen Kannen, die in Etrurien meist aus Silber, hier jedoch ausnahmslos aus Bronze gefertigt sind (Kat. 199. 200). Seit langem hat man beobachtet, daß dieser Typus auf der Iberischen Halbinsel eine gewisse »Provinzialisierung« bzw. »Barbarisierung« erfahren hatte, was sich vor allem an der bizarren Ausgestaltung von Mündung und Henkel ablesen läßt. Es wäre allerdings verfehlt, alles mit diesem Etikett versehen zu wollen. Herausragende Funde wie der Schatz von Aliseda sprechen dagegen.

Hier wie im übrigen Mittelmeergebiet müssen auch die technologischen Errungenschaften berücksichtigt werden, die von den orientalischen Niederlassungen an der Südküste aus ihren Weg ins Binnenland genommen haben, die Töpferscheibe und, allem Anschein nach, auch die Eisentechnologie. Von kaum geringerer Bedeutung aber waren die Innovationen in der Haustier-Haltung: Mit Sicherheit haben die Phönizier das Haushuhn mitgebracht, vielleicht den Haus-Esel. Auch die Einführung der Beleuchtung mit dem ruhigen Licht der Öl-Lampe, die schon der mykenischen Kultur der Bronzezeit bekannt war, die aber im Mittelmeerraum erstmals wieder im orientalisierenden Horizont auftritt, kann in ihrer Auswirkung auf die Lebensgewohnheiten der Menschen nicht hoch genug eingeschätzt werden.

*

Am Ziel des Weges, der uns durch das gesamte Mittelmeer, von der Ägäis über Italien bis an die Meerenge von Gibraltar, ja darüber hinaus an die Atlantikküste geführt hat, ist es gut, den Blick zurück auf den Ausgangspunkt zu lenken, nach den Verhältnissen und Entwicklungen im phönizischen Mutterland zu fragen.

Hier nun werden Aussagen orientalischer Schriftquellen wichtig. Chronologisch an erster Stelle steht der Bericht des Wen-Amun aus dem 11. Jh. v. Chr. Phönizien hatte offenbar bereits zu dieser Zeit seine große Bedeutung als Holzlieferant verloren. Der ägyptische Emissär, der für die Totenbarke des Pharao das Zedernholz einkaufen soll, sieht sich Stadtfürsten gegenüber, die sich schwertun, nach der hinhaltenden Erhöhung des Kaufpreises das Gewünschte auch herbeizuschaffen. Der Preis, den Salomon für die Hilfe beim Bau des Tempels in Jerusalem seinem Freunde Hiram von Tyros jährlich zu entrichten hatte, für das Zedern- und Zypressenholz, für die Spezial-Handwerker sowie schließlich für das notwendige Kapitel (120 Talente in Gold), war beträchtlich und bestand aus den in Phönizien offensichtlich dringend benötigten Agrar-Produkten (1. Kön. 5:16–32). Am Ende mußte der König von Jerusalem seinem tyrischen Nachbarn noch 20 Städte im Norden Galiläas draufzahlen (1. Kön. 9:10–14). Auch im Klagelied des Ezechiel hören wir, daß Libanon-Zedern nur noch für die Masten tyrischer Schiffe geschlagen werden durften. Und wenn der späte Servius-Kommentar zur Dido-Legende davon spricht, daß Tyros für den Getreide-Transport gar eine eigene Flotte unterhielt (Serv. ad Aen. 1, 362), so kann dies nur bedeuten, daß man, um die Nahrungsmittel-Versorgung sicherzustellen, eben mit den ländlichen Adeligen des protogeometrischen und geometrischen Griechenland, die solche Agrarprodukte in reichlichem Maße bereitstellen konnten, Handel trieb. Daß man schließlich für die Herstellung der von Homer gerühmten und von der mediterranen Aristokratie offensichtlich so hoch geschätzten Metallgefäße und -geräte Erze importieren mußte, ist ebenfalls durch biblische Quellen bezeugt (1. Kön. 10:22; Ez. 27:12 usw.).

Der Mangel Phöniziens an natürlichen Ressourcen machte eine Erschließung von Rohstoffquellen und Agrarmärkten im Westen zu einer dringenden Notwendigkeit. In der ersten Phase dieses geographisch so weit ausgreifenden und weltgeschichtlich so folgenreichen Prozesses, in der die Phönizier sich gleich zu Anfang Landbesitz und Macht auf der erzreichen Insel Zypern gesichert hatten, konnten Handelsposten und Werkstätten, die sog. »enoikismoi«, aber auch erste Niederlassungen wie diejenige von Kommos auf Kreta, natürlich nur dort entstehen, wo es bereits größere stadtähnliche Siedlungen gab und wo einigermaßen stabile Verhältnisse herrschten, d. h. eben vor allem in der Ägäis. Erst in der zweiten Phase wurden im Mittelmeerraum selbständige phönizische Niederlassungen gegründet, gleichzeitig mit den griechischen Kolonien. Aber, anders als diese, die nach ersten merkantilen Vorläufern (Euböer auf Ischia/Pithekoussai!) unter dem Druck der heimischen Überbevölkerung der Landnahme dienten, handelte es sich bei den phönizischen Faktoreien um ein ganz anderes, im Grunde noch bronzezeitliches Modell der Niederlassung, das sich am ehesten mit dem assyrischen »karum« vergleichen läßt.

Für eine kurze Zeit im 8. und 7. Jh. v. Chr. gewinnen phönizische Niederlassungen und phönizischer Handel im Mittelmeerraum epochale Bedeutung, wirken als Katalysatoren für den »orientalisierenden« Horizont, der seinerseits wiederum entsprechend seiner regionalen Gliederung verschieden geprägt wird.

Im Orient ist die archaische Welt durch den Wiederaufstieg der großen alten Territorialmächte bestimmt, die wie eh und je die politischen Rahmenbedingungen für die phönizischen Stadtstaaten abstecken. Auch in der Ägäis und in Italien entstehen politische Einheiten von städtischer Struktur, die sog. »poleis«, von denen sich einige, wie Athen oder Syrakus, nach raschem Aufstieg bald ebenfalls zu Territorialmächten entwickeln sollten. Unter den phönizischen Gründungen vermochte einzig und allein Karthago diesen historischen Prozeß mitzuvollziehen. Den kleinen Faktoreien an den Küsten des westlichen Mittelmeeres hingegen war, was ihre historische Bedeutung und Entwicklung betrifft, kein spektakuläres Schicksal beschieden. Darunter hat auch, so scheint es, ihre Rolle in der modernen Geschichtsforschung zu leiden gehabt. Dennoch sind es gerade diese, die unauffällig und anscheinend absichtslos dazu beitrugen, daß aus den Trümmern der »alten« Bronzezeit die »neue« Welt des Klassischen Altertums erstand.

Katalog 1–257

1

Statuette der Astarte   *(s. Farbabb. 62, S. 79)*

Vorderer Orient
2. Hälfte 8. Jh. v. Chr.
Bronze; H. 28,7 cm; gegossen; die separat gearbeiteten Waffen
sind verloren, ebenso die Einlagen der Augen; die Spitzen zweier
Stierhörner vom Kopfschmuck und die des Hörnerpaares an der
Sonnenscheibe sind abgebrochen
Genf, George Ortiz Collection

Die weibliche Figur ist im Typus der »Smiting Goddess«, der syrisch-palästinensischen Kämpfergöttin,
mit vorgestelltem linkem Bein und angehobenem rech-
tem, ursprünglich eine Lanze führendem Arm wiedergegeben. Auf dem Kopf trägt sie Stierhörner und die
Krone der ägyptischen Göttin Hathor, die von zwei
Hörnern gerahmte Sonnenscheibe. Ägyptisierend sind
auch die langgestreckten Körperproportionen, die
enge, bis zu den Knöcheln reichende Tunika und die
Frisur. Die feine Ausarbeitung der Gesichtsformen und
der einzelnen Haarsträhnen erinnert dagegen an phönizische Elfenbeinschnitzereien, insbesondere an das
Motiv der »Frau im Fenster« aus Nimrud, Arslan Tash,
Samaria und anderen Fundorten. Die Stierhörner des
Kopfschmucks gehen auf mesopotamischen Ursprung
zurück und weisen, als religiöses Symbol, auf den
göttlichen Status der Dargestellten. Die Krone aus
Sonnenscheibe und Hornpaar kennzeichnet sie als die
phönizische Astarte, die der ägyptischen Hathor
wesensverwandte und ikonographisch angeglichene
vorderasiatische Liebes- und Kriegsgöttin.

Falsone 1986, 53–76 Fig. 1 a–c; 2

2

2

Statuette

Byblos
2000–1750 v. Chr.
Bronze mit Spuren von Vergoldung; H. 9,7 cm
Brüssel, Musées Royaux d'Art et d'Histoire, Inv. 0.1794

Die auffallend langgestreckte männliche Figur von
ägyptisierendem Typus, mit hochgezogenen geraden
Schultern und steif am Körper herabhängenden Armen,
trägt einen kurzen Schurz und eine Kopfbedeckung,
die hohe konische, typisch phönizische »lubbade«.
Körperinskriptionen fehlen. Augen und Mund sind
schematisch durch waagerechte Einkerbungen angegeben, ein Keil bildet die Nase. Aus dem Tempelbezirk
von Byblos stammen – wie mit großer Wahrscheinlichkeit auch dieses Stück – ganze Serien solcher Bronze-
statuetten, von Besuchern als Weihgaben ins Heiligtum
gestiftet.

Seeden 1980, 77 Nr. 1386–1393 (Vergleichsstücke)
Brüssel 1986, 148 Nr. 103

Aus der insgesamt »bretthaften« und summarischen Gestalt heben sich der rundplastische Kopf mit der phönizischen Kappe und das männliche Glied durch überproportionale Größe hervor.

Brüssel 1986, 148 Nr. 104

4
Relieftäfelchen

Aleppo (Nordsyrien)
7.–6. Jh. v. Chr.
Terrakotta; H. 12 cm; aus der Model geformt
Sammlung Benrath

Die Darstellung der nackten, sich die Brüste haltenden Frau in Frontalansicht, bereits im 2. Jt. v. Chr. in Mesopotamien nachzuweisen, findet sich unter den phönizischen Terrakottareliefs besonders häufig. Aus

3
Statuette

Byblos
2000–1750 v. Chr.
Bronze mit Spuren von Vergoldung; H. 4,9 cm; ursprünglich in den Händen gehaltene Waffen verloren
Brüssel, Musées Royaux d'Art et d'Histoire, Inv. 0.1808

Auch diese Figur wurde im Tempelbezirk von Byblos gefunden. Ursprünglich mit Lanze und Beil bewaffnet, vertritt sie den Typus des sog. »Smiting God«, des syrisch-phönizischen Kämpfergottes, der durch die Phönizier im westlichen Mittelmeerraum verbreitet wurde.

wiederverwendbaren Formen gewonnen, wurden sie als Massenware produziert.

Die hier gezeigte Figur ist durch ein ovales, flächiges Gesicht, unterschiedlich hoch angesetzte Brüste, einen leicht gewölbten Bauch und ein hervorgehobenes großes Schamdreieck gekennzeichnet. Die Nacktheit und der Gestus des Brüstehaltens weisen sie als Abbild der phönizischen Liebes- und Fruchtbarkeitsgöttin Astarte aus. Reliefs dieser Art werden deshalb als Astarte-Täfelchen bezeichnet.

Riis 1948/49, 69ff.

5
Idol

Zypern
1500–1200 v. Chr.
Terrakotta; H. 14,65 cm; einer der Ohrringe verloren
Hannover, Kestner-Museum, Inv. 1913,136

Die brettartige nackte weibliche Figur mit weit ausladendem Becken und stark sich verjüngenden Beinen hält die kurzen Arme waagerecht vor die plastisch angesetzten Brüste. Sie trägt in den riesigen, zweifach durchlöcherten Ohren runde Ohrringe. Der kleine vogelartige Kopf mit vorspringender Nase und großen kreisrunden Augen sitzt auf einem langen, konisch zulaufenden Hals. Eine sonst sparsam über den ganzen Körper verteilte Ritzung betont das übergroß angegebene, auf Fruchtbarkeitssymbolik deutende Schamdreieck mit einer gerahmten, fischgrätenähnlichen Schraffur.
Dieser Figurentypus ist in Gräbern, seltener in Siedlungen Syriens und Zyperns nachgewiesen worden. Oftmals mit Kindern in den Armen dargestellt, wird er mit einer Muttergottheit vom Typ der assyrisch-babylonischen Ischtar oder der phönizischen Astarte in Verbindung gebracht.

Myres 1914, 335
Buchholz/Karageorghis 1971, 162
München 1985, 61 Nr. 24

6
Schmuckanhänger

Etrurien
7. Jh. v. Chr.
Gold; Br. 4 cm
Paris, Musée du Louvre, Inv. B J 954

Der Goldblechanhänger ist in repoussé-Technik gearbeitet und reich mit Granulation verziert. In streng symmetrischer Komposition gehen von einem Frauen-

6

Fruchtbarkeitsaspekt offenbar hier dargestellt werden sollte.

Das Schmuckstück gehört zu einer Gruppe von orientalisierend-etruskischen Goldblechen und Anhängern, auf denen das Motiv der Vegetationsgöttin vielfach variiert oder auch vereinfacht ist. Die Urfassung dieses sicherlich phönizischen Motivs wird in dem vermutlich orientalischen Importstück aus der Sammlung Campana im Louvre faßbar, das eine geflügelte Göttin zwischen zwei Hierodulen (Tempeldienerinnen) zeigt, deren Gestus des Brüstepressens auf Astarte weist.

Culican 1971, 1 ff.
Niemeyer 1984, 72 f.

7
Bronzeapplik

Tyros
14. Jh. v. Chr.
Bronze; H. 12,7 cm; Br. 15,3 cm; Beschädigungen an den beiden oberen und der unteren rechten Ecke sowie an der oberen Kante
Paris, Musée du Louvre, Inv. AO 15557

Kleine Löcher am Rand des trapezförmigen Bleches lassen seine ursprüngliche Anbringung auf einer festen Unterlage wie Holz oder Leder vermuten. Mit einer reichen Dekoration in repoussé-Technik war das Blech

kopf in der Mitte des oberen Randes seitlich umgebogene, kräftige Pflanzenstiele aus, die nach den Seiten hufeisenförmig umgebogen sind und große Palmetten an den Enden tragen. Auf diesen, in Höhe des weiblichen Kopfes, sind je vier Kreismotive – die beiden äußeren kleiner als die inneren – angebracht, deren granulierte Kreuze und Punkte sicherlich Blütenblätter andeuten. Eine große, von Rosetten flankierte Palmette in Form eines Kreissegments bildet den unteren Abschluß. An der Rückseite des weiblichen Kopfes ist ein Befestigungshaken aus einem U-förmig gebogenen kräftigen Runddraht angebracht. Die Ikonographie des weiblichen Kopfes mit in der Mitte gescheiteltem Haar, seitlich herabfallenden Locken und breitem mehrreihigem Perlenhalsschmuck weist auf die ägyptische Hathor, die Himmels-, Liebes- und Totengöttin und damit auf die ihr wesensverwandte phönizische Astarte, deren sich auf die Vegetation beziehender

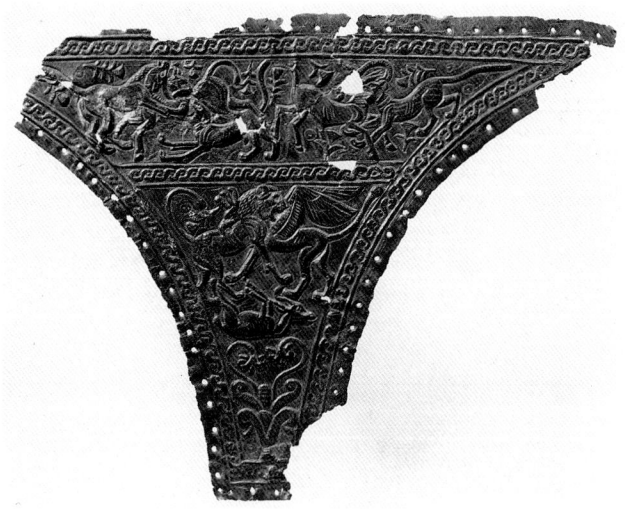

vielleicht schmückender Teil eines Harnischs, wie etwa die verzierten Pferdestirnplatten, oder aber Mittelteil eines Flabellums (Fächer). Die beiden Bildfelder mit Tierkampfgruppen sind durch Flechtbänder gerahmt. Im oberen, friesartigen erscheinen von rechts nach links ein Panther, der sich im Hals einer Antilope verbissen hat, und ein Löwe, der zusammen mit einem Hund (?) ein Rind angreift. Lotosblüten und Punktkreise füllen die Zwischenräume. Im unteren trapezförmigen Feld attackiert ein Löwe einen sich mit gespreizten Flügeln zur Wehr setzenden Greif. Darunter liegt eine Ziege mit verdrehtem Hals auf dem Rücken. Ein stilisiertes Lebensbaum-Motiv schließt die Dekoration nach unten ab. Mit den eng gestaffelten, sich überschneidenden, stark bewegten Tierfiguren ist die Bronzeapplik stilistisch wie auch motivisch den Goldschalen aus Ugarit eng verwandt.

Frankfort 1954, 151 Fig. 69
Brüssel 1986, 149 Nr. 106

8

Karyatide

Vorderer Orient
Ende 8./Anfang 7. Jh. v. Chr.
Bronze; H. 23,5 cm; der ursprünglich auf dem Kopf getragene Gegenstand ist heute verloren
Paris, Musée du Louvre, Inv. AO 22895 (ehem. Sammlg. De Clercq)

Die nackte weibliche Figur steht in Frontalansicht auf einem in Stierhufen endenden Dreifuß. Nach ägyptischem Vorbild trägt sie eine die Stirn rahmende, die Ohren freilassende Perücke und einen mehrreihigen Perlenhalsschmuck, wie wir ihn von Götter- und Pharaonendarstellungen kennen. Ägyptisierend sind auch die langen schlanken Körperformen und die unbewegte Haltung mit geschlossenen Beinen. Die Füße sind über eine kleine rechteckige Basis mit dem Ständer verbunden.

Der Gestus des Brüstehaltens, in Verbindung mit der Nacktheit, legt die Identifikation der Dargestellten mit der phönizischen Liebes- und Fruchtbarkeitsgöttin Astarte nahe. Als Stützfigur trug sie ursprünglich auf dem Kopf einen Gegenstand, eine Schale, ein Becken oder vielleicht einen Spiegel.

Das auf orientalische wie ägyptische Tradition zurückgehende Motiv der menschlichen Stützfigur setzt sich in der griechischen und etruskischen Kunst fort. Im Bereich der Kleinkunst finden wir Karyatiden dort häufig als Stützen von Spiegeln und Perirrhanteria (kleinen Waschbecken).

Moorey 1973, 86 f.
Brüssel 1986, 157 Nr. 129

9
Amphoriskos   *(s. Farbabb. 48, S. 62)*

Zypern
1390–1320 v. Chr. (Myc. III A : 2 = LC II A 2/II B)
Ton gelblich, Überzug hellgelblich, Bemalung rötlichbraun, mattglänzend; H. 12,8 cm; Dm. 9,9 cm; fast vollständig, ein Henkel abgebrochen
Hannover, Kestner-Museum, Inv. 1900.23,37

Mykenischer Amphoriskos mit weiter Mündung und schmaler Lippe, kurzem, konkavem Hals, konischem Bauch und kräftigem, schmalem Standfuß. Drei vertikale Henkel auf der Schulterzone. Bemalung der Schulterzone zwischen den Henkeln mit Volutenbäumen, unter den Henkeln mit Spiralen (»curve-stemmed spiral«). Doppelte horizontale Bänder unterhalb der Schulterzone und dreifache Bänder oberhalb der Fußzone; Mündungsrand innen, Halsaußenseite und Fuß sind mit breiten Zonen bemalt.

Unveröffentlicht – Vgl. Myres 1914, Abb. 448
Furumark 1941, 43 ff. mit Abb. 12, 47 (Form). 361 f. mit Abb. 62 (Motiv)
Karageorghis 1963, 20 Taf. 18,5

10
Amphoriskos   *(s. Farbabb. 48, S. 62)*

Zypern
1390–1320 v. Chr. (Myc. III A : 2 = LC II A 2/II B)
Ton gelblichgrau, Überzug gelblich, Bemalung braun, mattglänzend; H. 18,9 cm; Dm. 10,2 cm; vollständig
Hannover, Kestner-Museum, Inv. 1900.23,39

Dreihenkliger mykenischer Amphoriskos mit etwas gedrungenerer und schärfer konturierter Form, sonst wie Kat. 9. Bemalung auf der Schulterzone zwischen

den Henkeln mit stilisierten Efeublättern (»sacred ivy«). Doppelte horizontale Bänder unterhalb der Schulterzone und dreifache horizontale Bänder oberhalb der Fußzone; Hals außen, Mündungsrand innen und Fuß sind mit breiten Zonen bemalt.

Unveröffentlicht – Vgl. Myres 1914, Abb. 448
Furumark 1941, 43 ff. mit Abb. 12, 47 (Form). 268 ff. mit Abb. 35, 36 (Motiv)

11
Bügelkännchen

Zypern
1390–1320 v. Chr. (Myc. III A : 2 = LC II A 2/II B)
Ton hellgelb, Überzug hellgelb, Bemalung braun, mattglänzend; H. 11,5 cm; Dm. (Schulter) 14,4 cm; fragmentarisch, Ausguß nicht erhalten
Hannover, Kestner-Museum, Inv. 1952.59

Mykenisches Bügelhenkelkännchen mit scheibenförmiger »Mündung« und runder Lippe und engem,

11

12.13

zylindrischem, *geschlossenem* Hals (»false-neck«); ein gleich langer, enger, zylindrischer Ausguß mit ähnlicher Mündungsform ist versetzt auf der Schulter zu ergänzen. Gestaucht kugelförmiger Bauch mit breitem Boden und niedrigem Standring. Zwei vertikale Henkel führen von der Mündung zur Schulter. Bemalung der Schulterzone mit vier Gruppen aus horizontalen Winkelmustern (»chevrons«), Bauch mit umlaufenden Bändern und Linien; Mündung, Henkelrücken und Fuß mit breiten Zonen.

Importierte oder lokal gefertigte Bügelhenkelkännchen dienten als Behälter für wertvolle Parfum- oder Salböle und fanden sich überaus zahlreich in bronzezeitlichen Gräbern der Levanteküste und Zyperns.

Unveröffentlicht – Vgl. Myres 1914, Abb. 424
Furumark 1941, 29 ff. mit Abb. 6, 180

12
Pilgerflasche

Zypern
1390–1320 v. Chr. (Myc. III A : 2 = LC II A 2/II B)
Ton hellgelb, Überzug hellgelb, Bemalung rot; H. erh. 15,0 cm; Dm. (Schulter) 12,2 cm; Mündung, Halsoberteil und ein Henkel nicht erhalten, stellenweise bestoßen
Hannover, Kestner-Museum, Inv. 1952.58

Pilgerflasche mit eingesetztem, engem, zylindrischem Hals, kugelförmigem, aus zwei Halbschalen gefertigtem Bauch und rundem Boden mit abgesetztem, hohem Standring. Ursprünglich waren zwei gebogene Henkel in der Mitte des Halses und auf der Schulterzone befestigt. Halsoberteil, Halsansatz, Henkelrücken und Standring sind mit breiten Bändern bemalt. Auf beiden Seiten jeweils ein breiter Kreis am

äußeren Bauchumfang, sonst dünne konzentrische
Kreise. Auf der Scheitelzone unterhalb der Henkel-
ansätze spiegelverkehrte Z-Muster.
Die Pilgerflasche ist ein phönizischer, auf Zypern und
im Nahen Osten beheimateter, spätbronze- und früheisenzeitlicher Gefäßtyp. Die Kanne kommt aus einer
levanto-mykenischen Werkstatt.

Unveröffentlicht – Vgl. Myres 1914, Abb. 445, 6
Furumark 1941, 67 ff. mit Abb. 20, 186

13
Pilgerflasche

Zypern
1390–1225 v. Chr. (Myc. III A : 2/III B = LC II A 2/II C)
Ton hellgelb, Überzug hellgelb, Bemalung braun-rot; H. erh.
13,6 cm; Dm. (Schulter) 11,2 cm; fragmentarisch, Mündung und
Halsoberteil nicht erhalten
Hannover, Kestner-Museum, Inv. 1952.56

Pilgerflasche mit eingesetztem, engem Hals und linsenförmigem, aus zwei Halbschalen gefertigtem Bauch
mit rundem Boden. Zwei Henkel mit rundem Querschnitt sind oberhalb des Halsansatzes und auf der
Schulterzone befestigt. Bemalt sind Halsansatz, Henkelrücken und die Nahtstelle der beiden Bauchhälften
mit breiten Bändern, die Bauchseite mit eng gesetzten,
dünnen, konzentrischen Kreisen. Die Pilgerflasche ist
ein orientalischer, auf Zypern und im Nahen Osten
beheimateter, spätbronze- und früheisenzeitlicher
Gefäßtyp. Auch dieses Stück ist in einer levanto-
mykenischen Töpferei hergestellt.

Unveröffentlicht – Vgl. Myres 1914, Abb. 445
Furumark 1941, 67 ff. mit Abb. 20, 186
Karageorghis 1963, 37 Taf. 31, 1

14

14
Stierrhyton

Zypern
1450–1200 v. Chr. (LC II)
Ton rötlich, Oberfläche feucht geglättet, Bemalung hellgelb
(Base Ring II Ware); H. 8,5 cm; L. 12,9 cm; fragmentarisch, Hin-
terbeine ergänzt
Hannover, Kestner-Museum, Inv. 1952.52

Rhyton der »Base-Ring Ware« in Gestalt eines Stieres
mit langem, zylindrischem Körper und kurzen, spitzen
Beinchen, kräftigem zylindrischem Hals und kleinem
Kopf. Kleine plastische Wulstscheibchen geben die
Augen an, das Tier hat kleine Ohren, mächtige spitze
Hörner und ein rüsselförmiges Maul. Ein Bandhenkel
führt vom Rücken zum Nacken. Die orangefarbene
Tonoberfläche ist mit hellgelben, um den Körper lau-
fenden Ringen bemalt. Die sogenannten »Base-
Ring-Stiere« gehören zur Votiv- und Idolplastik der
Spätbronzezeit Zyperns, in der noch alte einheimische
Einflüsse spürbar sind. Es sind Trink- und Spende-
gefäße mit Bewegungsmotiven von großer Unbeküm-
mertheit und Frische.

Unveröffentlicht – Vgl. Myres 1914, Abb. 335

kleine rundliche Öffnung befindet sich auf der dem Henkel gegenüberliegenden Seite. Die zwei ausgezogenen, an Ohren erinnernden Zipfel und die schematische Bemalung lassen an ein Vogelgesicht, z. B. das einer Eule denken: Tonkügelchen im Innern legen die Vermutung nahe, daß wir es mit einer Rassel zu tun haben. Die Bemalung besteht aus zwei horizontalen und mehreren diagonalen Streifen.
Eine spätbronzezeitliche Votivgabe oder ein Spielzeug.

Unveröffentlicht – Vgl. Åström 1957, 63 f. Taf. 51, 13

16
Kupferbarren

Enkomi (Zypern)
13./12. Jh. v. Chr.
Kupfer; L. 69,8 cm; Br. 40,6 cm; Gew. 37,02 kg; gegossen
London, British Museum, Inv. WA 1897.4–1.1535

Flache Zungenbarren (sog. »Keftiu-Barren«) aus gegossenem Kupfer, die grob den Umriß einer Rinderhaut nachzeichnen, waren *die* Form, in der das über alles geschätzte Rohmetall im Mittelmeerraum während der Bronze- und frühen Eisenzeit in handlichen, versandfertigen Portionen verhandelt wurde. Sie sind zum großen Teil auf der Kupferinsel Zypern, z. T. aber auch weiter westlich, auf Sardinien – von zyprischen Handwerkern – hergestellt worden. Oft tragen sie Stempelmarken als Herkunftsangabe. Auf ägyptischen

15
Kännchen mit Eulenkopf (Klapper)

Zypern (?)
1600–1450 v. Chr. (LC I)
Ton gelblich, Oberfläche feucht geglättet, Bemalung rot (White Painted Ware); H. 10,0 cm; Dm. 5,5 cm; vollständig
Hannover, Kestner-Museum, Inv. 1900.23

Kleines Gefäß der »White Painted Ware«, dessen ovoider Bauch mit dem bogenförmigen Henkel zunächst an eine Kanne erinnert. Der Hals ist verschlossen, eine

Tributdarstellungen, in den durchbrochenen Bronze-
reliefs zyprischer Kesseluntersätze und den Basen
bronzener Votivstatuetten finden sich noch Anklänge
ihrer Bedeutung.

Buchholz 1966, 65f. Abb. 5, Nr. 24. 1974, bes. 331
Lo Schiavo / Vagnetti 1980

17
Entenpyxis

Kāmid el-Lōz (Libanon)
Zweites Viertel 14. Jh. v. Chr.
Elfenbein; L. 16,1 cm; vollständig, bis auf einen Verschlußstift
des Deckels; geschnitzt und aus mehreren Teilen zusammen-
gesetzt, Oberfläche poliert, im rechten Auge Reste blauer
Farbe
Saarbrücken, Institut für Vor- und Frühgeschichte und Vorder-
asiatische Archäologie, Inv. KL 78 : 524

Diese phönizische Elfenbeinpyxis in Form einer
schwimmenden Ente diente als Behälter für Salbe und
Schminke. Sie ist aus vier gesondert gefertigten Teilen
zusammengesetzt: Ein ausgehöhlter flacher, im Umriß
ovaler, etwas asymmetrischer Bauch mit kleinem
Sockel, dessen Öffnung durch eine schmale Kehle vom
Rumpf abgesetzt und mit einer ovalen Platte abgedeckt
ist. Zur Befestigung und als Scharnier, an dem der
Deckel zur Seite geschoben werden konnte, dienten
zwei Dübel. Der kräftige Kopf mit leicht geschwunge-
nem Schnabel sitzt auf einem kurzen, eingezogenen
Hals und ist zurückgewandt zu dem schnabelrecken-
den, nach Futter verlangenden Entenjungen, das sich
auf dem Rücken des Muttertieres seinen Platz gesucht
hat. Die Pyxis ist weitgehend unverziert, nur am Hals-
und am Kopfansatz finden sich horizontale Rillen eingeschnitten. Die Augen sind mit einem Punkt und
einem konzentrischen Kreis angegeben, am Schnabel-
saum unregelmäßige Ritzungen. Viele solcher Salbgefäße sind an der Levanteküste und selbst in Griechenland gefunden worden (vgl. Kat. 18).

Hachmann 1983, 82. 119 (Nr. 9)

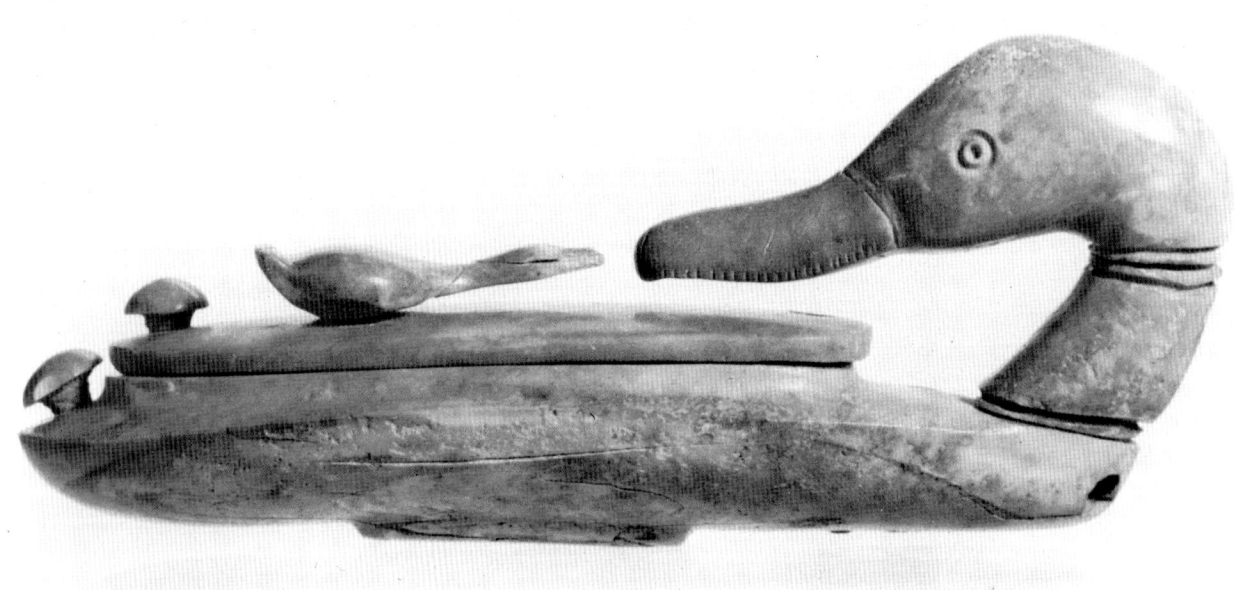

umlaufenden Aussparung am Rand und einer um die Öffnung führenden flachen Kehle und einem flachen Sockel in Kartuschenform, dem ovalen, ebenfalls mit einer umlaufenden Aussparung am Rand versehenen, verzierten Deckel sowie dem zurückgewandten Entenkopf mit flachem schlankem Schnabel. Die Aussparungen von Gefäßkörper und Deckel sowie Teile der Deckelverzierung waren mit Elfenbein und dunklem Holz ausgelegt, ebenso die Augen des Tieres, die angedeuteten hellen Kopffedern und die horizontalen Rillen am Hals. In der Darstellung auf der Deckeloberseite sehen wir zwei auf kleinen Papyrusstauden stehende Meerkatzen in Ritztechnik, die antithetisch um eine große Papyrusstaude angeordnet sind.

Ein solches Salbgefäß in Entenform war auch unter den Geschenken, die der Vermögensverwalter des Pharao Amenophis II. seinem König zu Neujahr überreichte: Ein Fresko im Grab des Beamten Qen-Amun aus dem Ende des 15. Jhs. v. Chr. bildet ein entsprechendes Gefäß ab.

Aromatisierte pflanzliche Salben und Öle wurden im alten Ägypten seit frühester Zeit zur Körperpflege und Kosmetik, im Kult und bei der Mumifizierung der Verstorbenen benutzt. Sie waren kostbar und wurden bei besonderen Anlässen, etwa einer Heirat oder einer Thronbesteigung, in repräsentativen Behältern wie dieser Entenpyxis überreicht (vgl. Kat. 17).

Unveröffentlicht

18
Entenpyxis

Kunsthandel
15. Jh. v. Chr.
Holz mit Elfenbein; L. 16,5 cm; Br. 10,0 cm; fast vollständig, Einlagen teilweise nicht mehr erhalten, ein Verschlußstift fehlt; geschnitzt und aus mehreren Teilen zusammengesetzt
Hannover, Kestner-Museum, Inv. 1986.314

Diese ägyptische Entenpyxis aus dunklem Holz ist aus drei getrennt gearbeiteten Teilen zusammengefügt: Dem ausgehöhlten ovoiden Gefäßkörper mit einer

19
Gesicht

Kāmid el-Lōz (Libanon)
Zweites Viertel 14. Jh. v. Chr.
Elfenbein; H. 3,7 cm; Hochrelief, geschnitzt; vollständig, Oberfläche über dem linken Auge leicht beschädigt
Saarbrücken, Institut für Vor- und Frühgeschichte und Vorderasiatische Archäologie, Inv. Kl 78 : 505

Aus einer flachen ovalen Elfenbeinscheibe ist, ohne daß Schädel und Hals angedeutet sind, ein Gesicht sauber herausgeschnitten. Es zeigt klare orientalische

19

20

Flasche

Kāmid el-Lōz (Libanon)
14. Jh. v. Chr.
Glas; H. 10,7 cm; fragmentarisch, ergänzt; Sandkerntechnik,
Oberfläche poliert
Saarbrücken, Institut für Vor- und Frühgeschichte und Vorder-
asiatische Archäologie, Inv. KL 78 : 514

Kleine, in Sandkerntechnik gegossene Glasflasche mit
schmaler horizontaler Mündung, kurzem, zylindrischem Hals, flacher Schulter und rundem, linsenförmigem Bauch. Zwei dünne U-förmige Henkel sind in der
Mitte des Halses und unterhalb des Halsansatzes befestigt. Die Farbe des Glasgefäßes reicht von einem Mit-
telbraun bis zu einem schmutzig-weißlichen Braun.
Die Lippe ist mit zwei weißen Glasfäden verziert, in
den Dekorationszonen am Hals und am Bauch des
Gefäßes sind dunkelbraune und weiße Fäden eingelassen und zu einem Federmuster ausgezogen.

Hachmann 1983, 146 Nr. 70

Züge, denen etwas Maskenhaftes eigen ist: Eine flache,
leicht fliehende Stirn, schmale, mandelförmige Augen
– am rechten Auge ist die schwarze Bemalung der
Pupille erhalten –, schmale Wangen, eine feine Nase,
ein großer Mund mit straffen Lippen und schließlich
ein breites, etwas fliehendes Kinn. Ob wir hier das
Gesicht einer Frau oder eines Mannes vor uns haben,
läßt sich nicht sagen. Bekannt sind ähnliche Gesichts-
darstellungen aus Megiddo, Lachish und Beth Shan;
über ihre Funktion und Bedeutung sind wir im unkla-
ren; sicherlich waren sie nicht mit jenen Masken aus
Karthago (Kat. 171) vergleichbar. Bearbeitungsspuren
auf der Rückseite und über der Stirn deuten eher darauf hin, daß das Gesicht zur Verzierung eines größeren
Gegenstandes gedient hat.

Hachmann 1983, 86. 115 Nr. 5

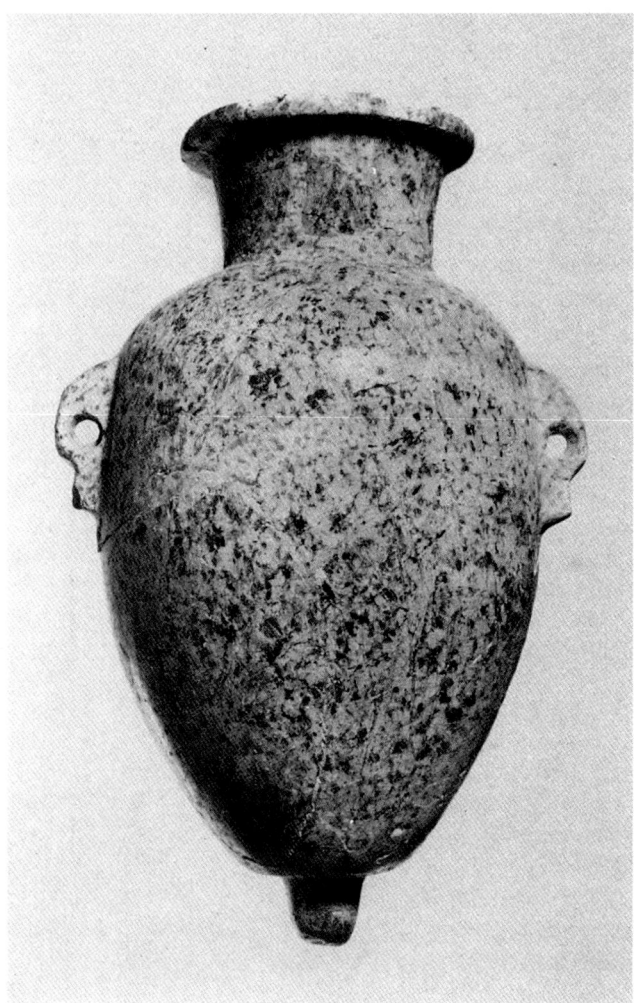

21

Amphore

Kāmid el-Lōz (Libanon)
14. Jh. v. Chr.
Serpentin; H. 21,5 cm; fast vollständig, ergänzt; Oberfläche geschliffen und poliert
Saarbrücken, Institut für Vor und Frühgeschichte und Vorderasiatische Archäologie, Inv. KL 78 : 574

Kleine Amphore aus Serpentin mit schmaler, horizontaler Mündung, langem, zylindrischem Hals, ovoidem Körper und rundem Boden; unterhalb der Schulter zwei vertikale Henkel mit Schnurösen. Mittels des Zapfens am Boden wurde das kleine Gefäß auf einen – nicht mehr erhaltenen – Standring gestellt, genauso wie die großen Tonvorbilder (vgl. Kat. 190 und 191). Die Form ist von bronzezeitlichen kanaanäischen Handelsamphoren beeinflußt, die als Transportgefäße, gefüllt mit Öl, Wein oder Getreide, nicht nur in ihrem Ursprungsgebiet, der Levanteküste und Palästina, vorkommen, sondern auch ins Hinterland, nach Ägypten und ins mykenische Griechenland verhandelt wurden. Unser kleines, durch das verwendete Material kostbares Gefäß ist ägyptischer Herkunft und hat als Salbenbehälter gedient.

Hachmann 1983, 58. 132 (Nr. 34). Vgl. Amiran 1970, 140 ff.

21

22

Schale mit ägyptischer Inschrift

Kāmid el-Lōz (Libanon)
14. Jh. v. Chr.
Vulkangestein; H. 15,9 cm; vollständig; außen und innen geschliffen und poliert
Saarbrücken, Institut für Vor- und Frühgeschichte und Vorderasiatische Archäologie, Inv. KL 78 : 507

Sorgfältig gearbeitete, tiefe Schale aus Vulkangestein mit breiter, horizontaler Mündung, durch eine umlaufende Rille von der scharf abgeknickten, horizontalen Schulter abgesetzt; gestaucht halbkugeliges Becken. Die Form wird auch von zyprischen Bronzekesseln des 8. Jhs. v. Chr. wieder aufgenommen und scheint sehr alt zu sein: Auf der Gefäßschulter eine ägyptische In-

22

schrift, die wegen ihrer Schreibweise in die Zeit des
Mittleren Reichs (2133–1786 v. Chr.) datiert werden
kann. Sie nennt eine ausländische Persönlichkeit, möglicherweise den König von Kāmid el-Lōz, mit ägyptischem Beamtentitel (»Fürst Ra-woser«) als Angestell-
ten des ägyptischen Pharao. Das Salbgefäß dürfte ihm
demnach anläßlich seiner Amtseinführung überreicht
worden sein.

Hachmann 1983, 38. 49. 130 (Nr. 30)

23
Silberschale

Athienou (Zypern)
8./7. Jh. v. Chr.
Silber; H. 3,7 cm; Dm. 16,5 cm; fast vollständig, drei Flicken im
Becken; Schalenbecken getrieben, Verzierung graviert und ge-
trieben
Berlin/DDR, Staatl. Museen zu Berlin, Ägyptisches Museum,
Inv. VA 14117

Flache phönizische Silberschale mit schmalem, rundem Rand und flachkonvexem Becken. Zwei Register

23

mit ägyptisierenden figürlichen Darstellungen – ein breites, in Quadrate aufgeteiltes und ein schmales – ziehen sich um ein kleines, als Rosette gestaltetes Mittelmedaillon. Umrisse und Details sind von innen graviert, die Figuren getrieben, die Ornamente zwischen den Friesen gepunzt.

Die Szenen im äußeren Register sind auf vier symmetrisch angeordnete Gruppen verteilt und vor einem Hintergrund aus Papyruspflanzen und Seegräsern ausgebreitet: In einer Prozession bewegen sich drei unterschiedliche Papyrusboote nach links auf ein viertes zu, das Ziel und zugleich Mittelpunkt des Frieses ist. Seine

Form entspricht der einer schwimmenden Ente mit
ausgebreiteten Flügeln (vgl. Kat. 17. 18). An Deck
dieses Bootes sitzt unter einem von schlanken Säulen
getragenen Baldachin (vgl. Kat. 24) die Hauptperson
des Geschehens auf einem Schemel und nimmt von
leichtbekleideten Dienerinnen eine Gabe entgegen. Im
Heck sitzt der Steuermann, vor sich ein großes, vielleicht mit Salböl gefülltes Alabastron. Dem Boot nähern sich drei weitere von links: Auf dem ersten Boot
kommt eine Musikkapelle mit drei nackten, auf Doppelflöte, Tambourin und Psalter (vgl. Kat. 128) spielen-
den Frauen herangefahren; zwischen ihnen auf Stän-
dern zwei kleinere Gefäße. Auf einem zweiten Schilf-
boot, dessen Führer gerade eine Ente zerlegt, werden
drei Amphoren (mit Bier oder Wein gefüllt?) gebracht,
im letzten sitzen drei Ruderer gegen die Fahrtrichtung,
die eine kleine, auf einem Ständer im Heck stehende
Alabaster(?)amphore mit sich führen. Zwischen den
Booten schwimmende und fliegende Enten, ein Wagen-
gespann, Stiere und Pferde; ein fünffaches Zickzackband dient der äußeren Bildzone zur Angabe des Wassers und trennt die beiden Friese voneinander.
Die 20blättrige Rosette im Zentrum der Schale ist von
einem Kranz mit Papyrusdolden und -blüten umgeben,
die wiederum Hintergrund für einen Bildfries bilden.
Ursprünglich waren hier einmal vier symmetrisch
angeordnete Figuren dargestellt, von denen noch zwei
erhalten sind: eine schwimmende, nackte Frau, ein
schreitender Stier, ein schwimmender, mit einem
Schurz bekleideter Mann und ein springendes Pferd;
zwischen ihnen schwimmen Fische.
Manches in den Darstellungen der Schale wirkt wie
von ägyptischen Vorlagen angeregt, und dennoch ist
die Hand des phönizischen Künstlers unverkennbar:
Besonders charakteristisch ist die Einteilungg in zwei
Register und die »zyklostatische« Aufteilung des
Außenfrieses; aber auch Einzelheiten wie das Boot in
Entenform, die Gruppe der Musikantinnen und ihre
Instrumente (vgl. Kat. 104), die Angabe des Wassers,
die Schwimmenden, die Darstellung der Tiere, um nur
einiges herauszugreifen, verdienen Beachtung. Eine
Herstellung der Schale im phönizischen Mutterland ist
mit einiger Sicherheit anzunehmen.

Gjerstad 1946, 3 Taf. 16
Rathje 1980, 11 f.
Markoe 1985, 31 f. 361 (Comp. 7)
Meyer 1987

24

Bronzeschale *(s. Farbabb. 64, S. 82)*

Nimrud (Irak), Fundkontext unbekannt
8. Jh. v. Chr.
Bronze; Dm. 21,8 cm; fast vollständig, zwei Flicken am Rand;
Schalenbecken getrieben, Verzierung graviert und getrieben
London, British Museum, Inv. WA 115505

Flache Schale mit konkav eingezogenem Boden, leicht
konvexer Wandung und schmalem, waagerechtem
Rand. Um ein großes, rein ornamental verziertes Mittelmedaillon zieht sich ein breiter Fries mit figürlichen
Darstellungen. Umrisse und Details sind weitgehend in
die Innenseite graviert, die Figuren auffallend sparsam
von außen nach innen getrieben, die Ornamente unterhalb des Randes und im Mittelmedaillon gepunzt.
Der Fries mit seinen mythologischen und mit Symbo-
len fast überladenen Darstellungen ist schematisch
– und für die *ägyptisierenden* »Nimrudschalen« kennzeichnend – in vier, zu Emblemen fast erstarrte Segmente gegliedert. In jedem dieser Segmente, die in
ihrem architektonischen Aufbau den ägyptischen Pek-
toralen gleichen, ist eine Kultkapelle (-baldachin) dargestellt: Ihr Gesims ist in der Mitte von einer Sonnenscheibe mit Uräusschlangen bekrönt, rechts und links
davon zwölf zur Mitte gewandte Wasservögel; die
Gesimskehle ist mit einer geflügelten Sonnenscheibe
verziert. Das Gesims ruht auf schlanken Säulen mit
Kompositkapitellen aus Voluten und Palmette. Daß
hier die Göttin Isis verehrt wird, zeigt uns das kleine,
im Zentrum der Kapelle über einem langen dünnen Papyrusstengel »schwebende« Bildnis der Gottheit mit
Brustschmuck und Sonnenscheibe mit Uräusschlangen, einer Umdeutung der Göttin Hathor in Isis. Zwei
antithetisch angeordnete, geflügelte Königsgreifen mit
Kopf des Horusfalken und ägyptischer Krone bewa-
chen Kultbild und Heiligtum. Die Greifen versinnbild-
lichen hier die Verschmelzung von Gottheit und König:
Horus, der Sohn der Isis, war die mythische Erschei-
nungsform des ägyptischen Königs schlechthin. In
gleicher Weise wie bei dem bekannten Motiv des seine
geschlagenen Feinde zertretenden Pharao setzen hier
die horusköpfigen Greifen eine Tatze auf den Kopf des
im Unterwerfungsgestus vor dem Kultbild knienden
Mannes. Einerseits verbinden sich hier alle Einzelheiten der Darstellung zu einem Symbol für die Macht
und den Herrschaftsanspruch des ägyptischen Königs.
Andererseits aber ist dem Phönizier auch die Gleichset-

zung von Isis mit der großen phönizischen Göttin Astarte (»Herrin von Byblos«) und deren enge Verbindung mit Baal selbstverständlich gewesen. Der in der Kapelle stehende Papyrusstengel mit dem Bild der Isis entsprach im phönizischen Vorstellungsbereich dem *Kultpfahl der Astarte*. Die Darstellung ist dem Motiv der Horusgeburt auf phönizischen Elfenbeinen – etwa aus Arslan-Tash (vgl. Kat. 27) – vergleichbar und offensichtlich eng mit diesem Ereignis verbunden.

Die neun an Doppelschnüren vom Gesims herabhängenden Granatäpfel sind zusätzliche Attribute der Astarte, denen zudem apotropäische Funktion zugeschrieben wird.

Zwischen den Segmenten stehen noch vier große Papyrusstengel mit einem auf seine Hinterbeine erhobenen, geflügelten Skarabäus. Er schiebt mit seinen Vorderbeinen die Sonnenscheibe vor sich her, gleichsam wie die Mistkugel, in der er seine Eier ablegt, und ist damit Symbol für Sonnenaufgang und Leben.

Im Mittelmedaillon ist eine Blüte mit drei Kränzen aus Lanzettblättern eingraviert. Auf die verbleibende Fläche sind in regelmäßigen Abständen fünf konzentrische Palmetten- und Punktschnurkreise verteilt. Der Bildfries ist zum Rand und zum Medaillon hin durch Flechtbänder begrenzt.

Layard 1853, Taf. 63
Barnett 1974, 21f. Taf. 10
Moscati 1988, 438. 604 (Nr. 122)

25

Bronzeschale (s. Farbabb. 17, S. 31)

Kunsthandel
8. Jh. v. Chr.
Bronze; H. 5,6 cm; Dm. 16,0 cm; Wd. 0,25 cm; fast vollständig, Riß in der Wandung, am Rand repariert, Oberfläche stellenweise vernarbt; Becken und Verzierung getrieben, Details gepunzt und graviert
Genf, George Ortiz Collection

Tiefe kalottenförmige Schale mit angestauchtem, innen abgesetztem Rand, dreieckigem Randprofil und einer kleinen kreisförmigen flachen Bosse in der Mitte des Bodens (sogenannter Proto-Omphalos).

Die assyrisierende Dekoration der Schale ist um ein Mittelmedaillon in zwei konzentrische Friese gegliedert, die mit Flechtbändern aus versetzten sichelförmigen Punzen gerahmt sind. Die verwendeten Motive sind von Bronzen und Elfenbeinen aus Nimrud wohlbekannt: Im äußeren Fries eine Prozession von fünf in regelmäßigen Abständen nach links schreitenden Stieren in der typischen Profilansicht: Sie gleichen sich in Größe, Haltung und Schrittstellung, haben einen schweren, gedrungenen Körper, der kleine Kopf ist gesenkt, das Horn lang und geschwungen. Details wie das Gesicht mit dem großen Auge und der Braue, Maul und Nüstern, das Horn und die kleinen Ohren, Hufe, Schwanz mit ornamentaler Quaste und das Genital sind teils getrieben, teils graviert. Das schraffierte Fell an Hals und Nacken ist diagonal in zwei Felder geteilt.

Auf dem inneren Fries stehend, den Kopf nach rechts zurückgewandt, vier Kühe, die ihr Kälbchen säugen. Sie sind kleiner, schlanker und bewegter, aber in derselben Weise gezeichnet wie die Stiere. Sie putzen das Hinterteil des Kälbchens, das mit erhobenem Schwanz, den Kopf zum Euter gereckt, zwischen ihren Beinen steht. Die Hinterbeine der Kühe sind – anders als bei den Stieren – parallel zu den Vorderbeinen gestellt; so ist für den Betrachter der Blick auf den Kopf des Kälbchens freigegeben. Kuh und Kalb sind so geschickt miteinander verschränkt, daß sowohl die Lebendigkeit der Alltagsszene als auch der in sich ruhende Charakter der Komposition gleichermaßen zum Ausdruck gebracht sind (vgl. Kat. 50. 144).

Auf dem flachen, sogenannten »Proto-Omphalos« ein stilisiertes vierblättriges »Rosenknospenmotiv«: freistehende, mit Kreuzschraffur gefüllte Halbkreise mit zwischengesetzten kleinen Punkten, umschlossen von einem schmalen freien Register und 29 spitz zulaufenden und durch kugelförmige Bossen hervorgehobenen Blütenblättern. Parallelen für dieses Motiv finden sich auf den elfenbeinernen Stockknäufen aus Nimrud.

Diese Schale gehört zu den sogenannten syro-phönizischen »bull-bowls«, die wir in unterschiedlichen lokalen Ausprägungen vorwiegend aus den Handelsgebieten der Phönizier – Sizilien, Griechenland, Anatolien und dem Iran –, nicht aber aus dem phönizischen Mutterland selbst kennen, wo am ehesten die Produktionsstätten anzunehmen sind; die Schalen sind eng verwandt mit den aus Nimrud stammenden und in die Zeit des 9. Jhs. v. Chr. datierten »Schalen mit Rosenknospe«.

Falsone 1985. Vgl. Mallowan 1966, 526f. 584f.

26

Frauenstatuette

Ägypten
Frühes 1. Jt. v. Chr.
Fayence hellgrün, H. 16,7 cm; vollständig, leicht beschädigt
Paris, Musée du Louvre, Inv. AO 1125

Diese Statuette einer nackten Göttin zeigt manche Besonderheiten. Sie steht – so scheint es – bis zu den Knien versunken in einem Lotoskapitell auf einer Säule. Der Körper weist Merkmale syrischer Statuetten auf: Auf massigen Oberschenkeln ruht das breit ausladende Becken, mit übertriebener Deutlichkeit ist das Schamdreieck betont. Oberkörper und Brüste sind dagegen – und ebenso im Vergleich mit anderen Figuren dieses Typus – eher schmächtig ausgebildet. Das Gesicht trägt ägyptische Züge, und ägyptisch ist auch die Kopfbedeckung, die an eine unterägyptische Krone denken läßt. Ungewöhnlich ist, daß die Frau mit erhobenen Armen einen auf ihrem Kopf hockenden Affen festhält.
In diesem Stück verbinden sich ägyptische und syrische Elemente des Fruchtbarkeitsglaubens zu einer der immer wieder variierten Gestalten der großen Muttergöttin.

Unveröffentlicht – Vgl. Seeden 1982
Gubel 1982

27

Horus auf der Lotosblüte   *(s. Farbabb. 65, S. 83)*

Nimrud (Irak), Fort Shalmanazar, Raum SW 37
8. Jh. v. Chr.
Elfenbein; H. 5,5 cm; Br. 2,6 cm; Flachrelief, fragmentarisch, repariert
Brüssel, Musées Royaux d'Art et d'Histoire, Inv. 0.3478

Das Elfenbeinrelief stellt die Geburt des ägyptischen Sonnengottes, des jungen Horus (Harpokrates), Sohn der Isis und des Osiris dar. Das Ereignis ist einem zweiten, jüngeren Horusmythos entlehnt und erfreute sich bei den Phöniziern großer Beliebtheit, erkannten sie doch in ihm ihren Gott Baal. Halbnackt, mit kurzem Haar, nur mit einem Lendenschurz bekleidet, den Daumen der linken Hand in den Mund gesteckt und

26

den rechten Arm angewinkelt, hockt Horus als Säugling auf seiner Lotosblüte, die ihn gerade, so wie jeden Morgen, gebar. Der Abschnitt unterhalb der gerahmten Darstellung ist mit einer Girlande aus Blüten und Knospen verziert.

Hier personifiziert das Horuskind die ersten morgendlichen Sonnenstrahlen und die Wiederkehr der fruchtbaren Jahreszeit. Die Geburt des Horus wurde in Ägypten durch ein alljährliches Fest begangen.

Details dieser Darstellung lassen vermuten, daß dem Elfenbeinschnitzer die ägyptische Ikonographie wenig vertraut oder gleichgültig war. So kennen wir die Hockstellung des Horuskindes sehr viel differenzierter von Elfenbeinen aus Arslan-Tash, Samaria oder Nimrud. Das Kind auf unserem Relief hat den Daumen und nicht wie sonst den linken Zeigefinger in den Mund gesteckt, der übliche Halsschmuck, die nicht unbedeutenden Herrschaftsinsignien des Gottes – Krummstab und Wedel – wurden ganz einfach weggelassen, und die Frisur ist, wie der Schurz auch, ziemlich beliebig, gar nicht ägyptisierend wiedergegeben.

Brüssel 1986, 232 (Nr. 265)

28
König vor dem Lebensbaum   (s. Farbabb. 6, S. 18)

Arslan-Tash (Nordost-Syrien)
8. Jh. v. Chr.
Elfenbein; H. 21,9 cm; Br. 9,1 cm, T. 1,1 cm; Flachrelief, ohne Nut und Feder, Rückseite aufgerauht; fragmentarisch, Oberfläche stellenweise verwittert, teilweise ergänzt
Karlsruhe, Badisches Landesmuseum, Inv. 70/522

Das assyrisierende Relief zeigte ursprünglich zwei Männer, zu beiden Seiten eines Lebensbaumes aus übereinandergesetzten Voluten und Palmetten. Der Körper ist frontal, Kopf und Glieder sind im Profil wiedergegeben. Die Haartracht wird von einem dreifach geflochtenen Band, dem Diadem bekrönt, der Bart fällt bis auf die Brust. Als Kleidung trägt er einen knielangen, gegürteten Fransenmantel. Der rechte bzw. linke Arm der beiden Männer schließt die Platte zu den Seiten hin ab, in ihren etwas vorgestreckten Händen halten sie einen Gegenstand, der nach vergleichbaren Reliefs aus Nimrud wohl ein *Anch*-Zeichen, die

»Lebensschleife«, ist. Dieses Attribut bezeichnet den bärtigen Mann als König, die Doppelung ist auf orientalischen Darstellungen üblich (vgl. Kat. 30 und 31). Als Herr über Leben und Tod steht der König neben dem heiligen Baum, den er schützt, und das Zeichen in seiner Hand weist ihn als Spender des Lebens aus.

Das Relief gehörte wohl zur Stirnseitenverzierung eines Prunkbettes; die dargestellten Königsgestalten dürften die Besitzer der Betten meinen.

Thimme 1973, 21 Abb. 6. 7. Zur Verwendung als Bettverzierung vgl. Mallowan 1966, 480 ff. Abb. 381. 385. 390

29
Frau im Fenster   (s. Farbabb. 60, S. 77)

Arslan-Tash (Nordost-Syrien)
8. Jh. v. Chr.
Elfenbein; H. 8,1 cm; Br. 12,2 cm; T. 1,1 cm; Flachrelief, Rückseite aufgerauht, an den Seitenkanten je eine Nut, kleine Ergänzungen
Karlsruhe, Badisches Landesmuseum, Inv. 72/523

In dem kleinen rechteckigen Fenster mit breitem, dreifachem Rahmen über einer von vier Palmblattkapitellen getragenen Balustrade zeigt sich der Kopf einer jungen Frau mit üppiger Zöpfchenperücke und reichem Kopfschmuck. Zum Motiv siehe Kat. 33 und 47.

Thimme 1973, 23 f. Abb. 12. 16

30
Göttin vor dem Lebensbaum

Arslan-Tash (Nordost-Syrien)
8. Jh. v. Chr.
Elfenbein; H. 7,8 cm; Br. 5,5 cm; T. 0,6 cm; Flachrelief, Rückseite aufgerauht; fragmentarisch, gebrochen, teilweise ergänzt
Karlsruhe, Badisches Landesmuseum, Inv. 72/40

In einem rechteckigen Rahmen standen ursprünglich zwei geflügelte Göttinnen links und rechts vor einem Lebensbaum. Auch hier (wie bei Kat. 28) ist der Körper in die Frontalansicht gedreht. Auf dem Kopf, über der voluminösen, bis auf den Rücken fallenden Zöpfchenfrisur, trägt die Frau eine unterägyptische Krone.

30

31

Göttin vor dem Lebensbaum

Arslan-Tash (Nordost-Syrien)
8. Jh. v. Chr.
Elfenbein; H. 8,4 cm; Br. 4,7 cm; T. 0,6 cm; Flachrelief, auf der
Oberseite eine Nut, Rückseite aufgerauht; fragmentarisch,
Oberfläche stellenweise abgeplatzt, teilweise ergänzt
Karlsruhe, Badisches Landesmuseum, Inv. 72/39

Ägyptisierendes Relief desselben Typus wie Kat. 30,
das sich, obwohl nicht zugehörig, als Pendant zu dem

Gekleidet ist sie mit einem knöchellangen, schlichten,
nur am Fußsaum mit einer Bordüre verzierten Gewand.
Arme und parallel dazu die Flügel sind schräg nach
oben und unten schützend vor dem Lebensbaum ausgebreitet; in den Händen hält die Göttin Papyrusblüten. Aus dem von einer Palmette bekrönten Papyrus-
baum wachsen Knospen, Blüten und Voluten. Die
große phönizische Göttin des Lebens, Ischtar/Astarte,
ist hier ägyptisierend als Isis dargestellt.

Thimme 1973, 21 Abb. 9

vorangegangenen denken läßt. Seine Darstellung ist etwas klarer und in den Details besser organisiert. Hier trägt die Göttin eine großägyptische Krone, schulterlanges, zu vielen Zöpfen geflochtenes Haar und einen Brustschmuck um ihren Hals.

Thimme 1973, 21 Abb. 8

32
Weidender Hirsch

Arslan-Tash (Nordost-Syrien)
8. Jh. v. Chr.
Elfenbein; H. 7,0 cm; L. 14.0 cm; T. 1,0 cm; Flachrelief, à jour-Technik; stellenweise ergänzt. Glasflußeinlagen (in den Augen) nicht mehr erhalten.
Karlsruhe, Badisches Landesmuseum, Inv. 71/10

Durchbrochen gearbeitetes, von zwei horizontalen Leisten gerahmtes Relief mit einem friedlich weidenden Hirsch, das hinsichtlich der intimen Naturbeobachtung an die Szene mit Kuh und Kälbchen (Kat. 50) erinnert und, wie die Darstellung des Lebensbaumes auch, das Bild eines göttlichen Haines, des Paradieses, suggeriert. Wir wissen, daß die Karthager ihrer Göttin Tanit auch Hirsche geopfert haben.

Thimme 1973, 22 Abb. 17. Vgl. Barnett 1957, 152 f.

33
Frau im Fenster

Arslan-Tash (Nordost-Syrien)
8. Jh. v. Chr.
Elfenbein; H. 5,9 cm; Br. 4,2 cm; Hochrelief, fragmentarisch, mit Resten farbiger Glaseinlagen
Hamburg, Museum für Kunst und Gewerbe, Inv. 1962

Dieses ägyptisierende Relief mit dem Motiv der Frau im Fenster hebt sich durch seine besonders qualitätvolle Ausführung von den anderen hier gezeigten Stücken Kat. 29 und 47 ab. Darüber hinaus fallen der einfache Fensterrahmen und die mit blauer Glaspaste ausgelegte, etwas höhere Balustrade auf, die von drei statt der üblichen vier Säulchen gestützt wird. Das feine Gesicht der Frau trägt semitische Züge und ihre Augen müssen durch die – nicht mehr erhaltenen –

32

33

Glaseinlagen ein ganz besonderer Blickfang gewesen sein. Ihr Haar ist kunstvoll frisiert, mit vielen kleinen Zöpfen und fast ornamentalen Locken, und sehr genau sind ihre Attribute bezeichnet: Deutlich erkennen wir das Schmuckplättchen auf der Stirn mit den drei Granatäpfeln und die großen Ohrringe mit Anhängern. Die Frau neigt ihren Kopf weit vor und blickt aus ihrem Fenster herab, ganz so wie Jezebel, Ahabs Frau auf Jehu herabblickte, als sie versuchte, ihn zu umwerben: unverschleiert, geschminkt und prächtig frisiert (2. Kön. 9:30).

Möller 1962, 28 f.

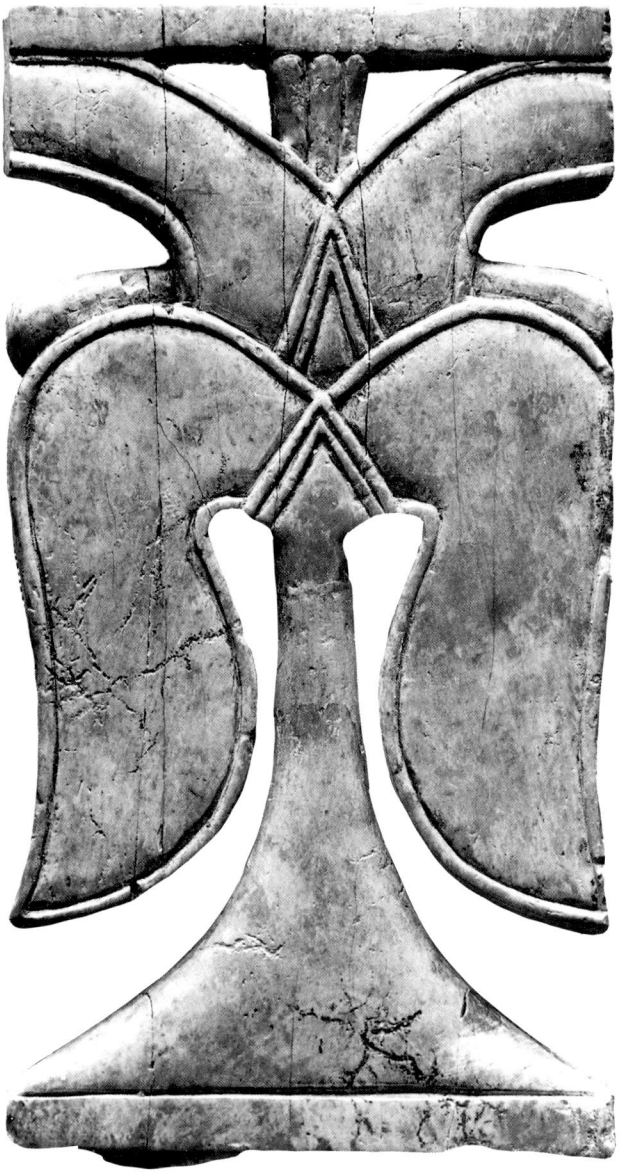

34
Palmbaum

Arslan-Tash (Nordost-Syrien)
8. Jh. v. Chr.
Elfenbein; H. 10,7 cm; Br. 5,7 cm; Tiefe 1,0 cm; Flachrelief, à jour-Technik; kleinere Fehlstellen im oberen Teil des Baumstammes
Karlsruhe, Badisches Landesmuseum, Inv. 71/4

Kleines durchbrochenes Relief mit einem stilisierten Palmbaum, wohl Möbelbeschlag. Schlanker Stamm mit zwei großen, zu beiden Seiten herabhängenden und zwei emporragenden, beschnittenen, kleineren Palmwedeln (vgl. Kat. 49).

Thimme 1973, Abb. 34

35

35
Papyruskapitell

Arslan-Tash (Nordost-Syrien)
8. Jh. v. Chr.
Elfenbein; H. 11,6 cm; Br. 5,7 cm; T. 3,7 cm; Rückseite mit Nut,
aufgerauht, fragmentarisch, ergänzt
Karlsruhe, Badisches Landesmuseum, Inv. 72/42

Möbelapplik in Form eines kleinen stilisierten Papy-
ruskapitells mit drei Anuli (Ringe), einem steigenden
und einem fallenden Blattkranz, zwei weiteren Anuli,
dem ausschwingenden Kapitellkelch mit abschließen-
der gekehlter und mit horizontalen Ritzlinien verzierter Platte. Ein hohes Kugelsegment bekrönt das Stück,
das wohl die Pfosten eines Bettes zierte.

Thimme 1973, Abb. 33

36

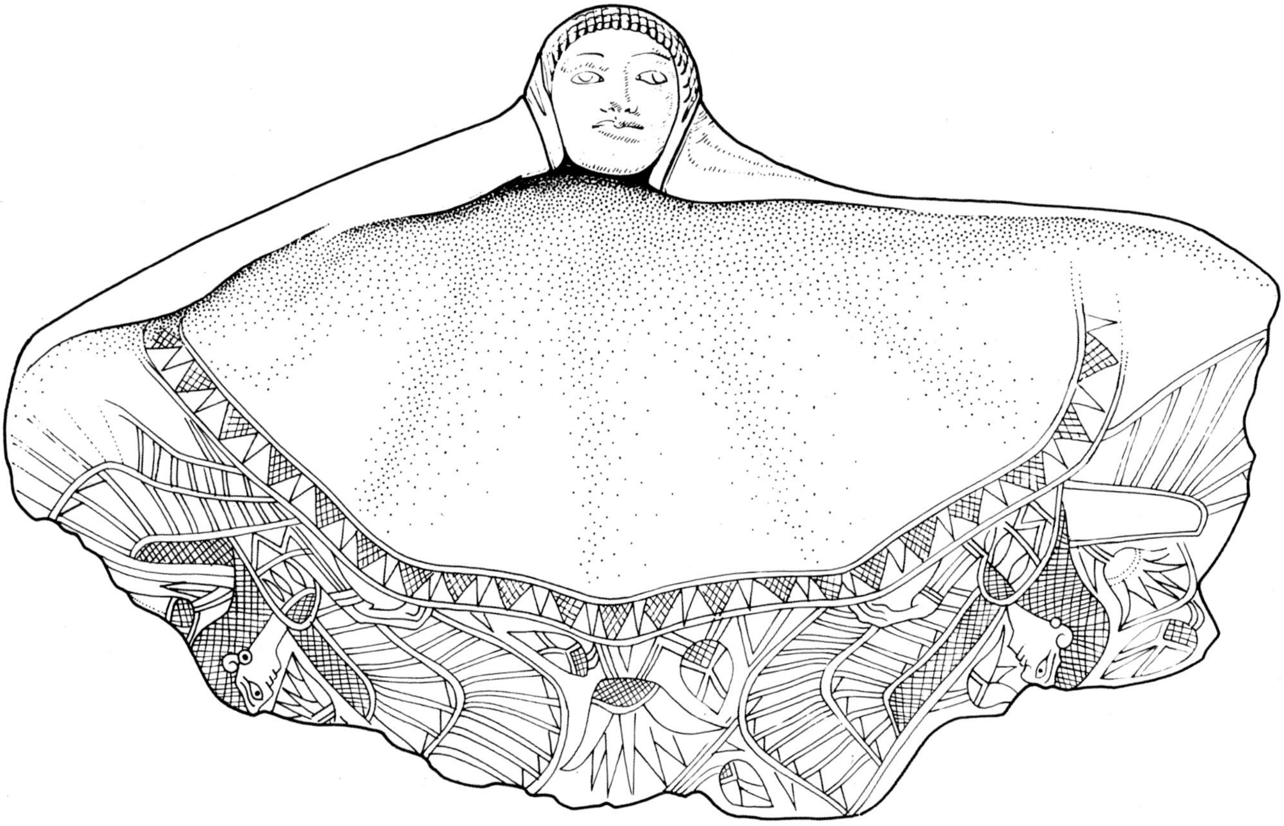

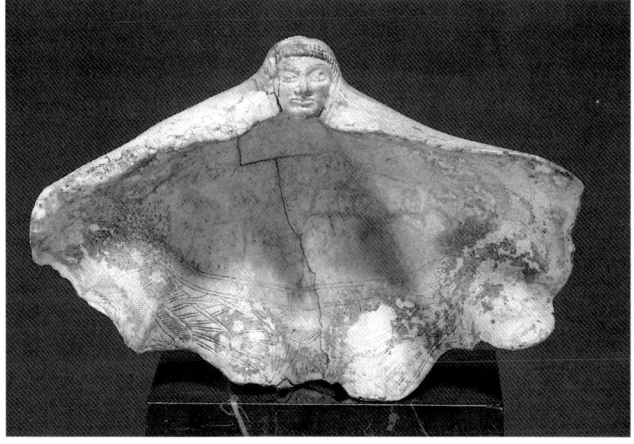

36
Tridacnamuschel

Vulci (Etrurien)
7. Jh. v. Chr.
Tridacna squamosa; H. 13,7 cm; Br. 21,8 cm; aus mehreren Fragmenten wieder zusammengefügt
London, British Museum, Inv. 1852 1–12. 3

Die großen Tridacnamuscheln aus dem Roten Meer und dem Persischen Golf wurden, kunstvoll mit florealen und figuralen Darstellungen verziert, vermutlich als Schminkpaletten benutzt. Vom 1. Viertel des 7. Jhs. v. Chr. an im syro-phönizischen Raum belegt, gelangten sie mit anderen vorderorientalischen Luxusartikeln nach Griechenland, Ägypten, Kyrene und nach Etrurien.
Die Innenseite der hier gezeigten Muschel trägt am Rand einen breiten Dekorationsstreifen in Ritztechnik: rechts und links vor einer Lotosblüte mit Knospe zwei liegende Sphingen mit gespreizten Flügeln; Lotosblü-

ten auch vor und hinter den Sphinxköpfen. Den inneren Abschluß des Frieses bildet ein schmales Band aus rautengemusterten und leeren Dreiecken. Auf der

Außenseite der Muschel sind nur noch Reste einer ehemaligen Dekoration zu erkennen. Aus dem gewölbten Muschelschloß ist ein weiblicher, nach innen gerichteter Kopf herausgeschnitten. Das von einem eng anliegenden, strengen Haarkranz gerahmte Gesicht mit großen hervortretenden Augen, breitem Mund und kräftiger Nase zeigt enge Verwandtschaft zu Elfenbeinarbeiten aus Nimrud. Auch der Dekorationsstil des geritzten Frieses weist nach Nimrud; er findet sich auf dort gefundenen Metallschalen.

Stucky 1974, bes. 51 Nr. 77 Taf. 51–53

37
Kleeblattkanne

Tyros
750–700 v. Chr.
Ton hellrot, Überzug rot, Oberfläche poliert, mattglänzend (Red Slip Ware); H. 18,5 cm; Dm. (Bauch) 11,0 cm; vollständig
Paris, Musée du Louvre, Inv. AO 2149

Kanne der »Red Slip Ware«, die zum feineren ostphönizischen Tafelgeschirr gehörte. »Kleeblattförmige« Mündung mit spitzer Lippe, konischem Hals und kugelförmigem Bauch mit horizontalem Boden und niedrigem Standring. Ein weiter, bogenförmiger Henkel ist an der Mündung und am Halsansatz befestigt. Verzierung der Schulterzone mit drei horizontalen Rillen. Die Oberfläche der Kanne ist mit einem sorgfältig polierten roten Überzug versehen (vgl. Kat. 178).

Unveröffentlicht

39
Kugelkanne

Südlibanon
850–750 v. Chr.
Ton hellrot, Überzug orange, Oberfläche poliert, mattglänzend,
Bemalung rot und schwarz (Bichrome Ware); H. 19,0 cm; Dm.
(Bauch) 12,0 cm; vollständig
Paris, Musée du Louvre, Inv. AO 10982

Ostphönizische Kanne der »Bichrome Ware« mit horizontaler Mündung und zylindrischem, zur Mündung
leicht geweitetem Hals mit schmalem Ring als Halsrippe. Kugelförmiger Bauch mit horizontalem Boden
und schmalem, niedrigem Standring. Ein weit ausgezogener Ringhenkel ist unterhalb der Halsrippe und
auf der Schulter befestigt. Die Bemalung beschränkt
sich auf wenige horizontale, rote und schwarze Streifen
an Mündung, Halsoberteil und Halsansatz.
Kannen dieses Typs gehören zu einer älteren, ausschließlich im phönizischen Mutterland in der Region
zwischen Tyros und Tell Abu Hawam gefertigten Gene-
ration der »Bichrome Ware«.

Unveröffentlicht – Vgl. Culican 1982, 51ff. Abb. 7f. (Akhziv,
Grab 20)
Briese 1985, 32 Abb. 26, 3 (Carmel-Nekropole, Grab VII)

40
Bronzeschale

Nimrud (Irak)
8. Jh. v. Chr.
Bronze; H. 4,4 cm; Randdm. 23,3 cm; fragmentarisch; Treib-
und Ritztechnik
London, British Museum, Inv. N 17

Flache phönizische Bronzeschale mit doppelt gekehltem, abgesetztem Rand und flachkonvexem Becken.

Drei Register mit syrisierenden und ägyptisierenden,
figürlichen Darstellungen ziehen sich, getrennt durch
ein Kymation und zwei Flechtbänder, um ein kleines
Mittelmedaillon mit 16blättriger Rosette. Umrisse und
Details sind weitgehend in die Innenseite graviert, die
Figuren getrieben, die Ornamente zwischen den Friesen sind gepunzt.
Auf dem Schalenrand ein rechtsläufiger Fries mit Hun-
den auf Hasenjagd. Im Hauptfries ist eine Löwenjagd
dargestellt: Sieben, mit kurzärmeligem Hemd und

ägyptischem Schurz bekleidete Männer sind teils mit einem, teils mit zwei Löwen in einen Kampf verwickelt, den einige unbewaffnet, andere mit kurzen Speeren ausfechten. Im zweiten, untergeordneten Fries fünf nach links schreitende Rehböcke.

Layard 1853, Taf. 64
Markoe 1985, 18. 357 (Comp. 3)

42

41

Bronzeschale   (s. Farbabb. 63, S. 81)

Kunsthandel (Iran?)
675–625 v. Chr.
Bronze; H. 3,2 cm; Dm. 15,0 cm, Wd. 0,35 cm; vollständig, Innenseite stellenweise vernarbt; Becken getrieben, Verzierung graviert
Hamburg, Museum für Kunst und Gewerbe, Inv. 1967.114

Flache Kalottenschale mit innen verdicktem Rand. Konzentrische Verzierung mit zwei assyrisierenden, linksläufigen, figürlichen Friesen, zwei Leerregistern und einem Mittelmedaillon. Unterhalb des Randes eine Girlande mit gegenständigen Efeublättern, gefolgt von einem Leerregister. Im anschließenden Fries schreiten acht Sphingen; die rechte Vorderpfote und der Schwanz sind erhoben, die Flügel vor und hinter dem Kopf ausgebreitet. Sie tragen eine nordsyrische Frisur mit Stirnband und aufgerollter Nackenlocke. Auf dem inneren Fries neun laufende Widder mit gelocktem Fell und darunter ein weiteres Leerregister. Als Mittelrosette ein Zirkelkreisornament: Blütenstern aus sechs Lanzettblättern, dazwischen konzentrische Punktkreise en pointillé. Die 51 unregelmäßig um die Mittelrosette angeordneten Blütenblätter sind vermutlich nachträglich von zweiter Hand eingraviert worden. Zwei konzentrische Flechtbänder mit freigelassenen Augen (als Grundlinie) und ein stilisiertes Flechtband aus versetzten, halbmondförmigen Punzen unterteilen und begrenzen die figürlichen Friese.

Hoffmann 1974, 64
Markoe 1985, 212. 335 (Ir 8)

42

Räucherhand

Kunsthandel
9.–7. Jh. v. Chr.
Brauner Steatit; L. 8,6 cm; Dm. (außen) 5,8 cm, (innen) 5,0 cm; vollständig, Becken poliert, keine Brandspuren
Paris, Musée du Louvre, Inv. AO 21108

Flaches Schälchen assyrischer Provenienz mit dicker Wandung und horizontal abgeschnittenem Rand, in einem Stück gefertigt. Auf der Unterseite eine schematisierte Hand in flachem Relief, als hielte sie die Schale. Der Handrücken trägt als Ornament ein Wellenband zwischen zwei geraden Bändern, das an einen Armreifen denken läßt. Den Rand der Schale ziert ein Flechtband zwischen zwei Perlreihen. Mit dem Schalenrand ist ein kurzer, konischer Schaft verbunden, durch den eine Bohrung in das Schalenbecken führt. Über den beiden äußeren Fingern liegen zwei stilisierte Vogelattaschen mit kurzen, ausgebreiteten Flügeln dem Rand auf (vgl. Kat. 143).

Hinsichtlich der Verwendung dieses Geräts, aus dem Vorderen Orient in zahlreichen Varianten aus Stein oder Elfenbein bekannt, ist an jene Spendegefäße zu denken, die im *1. Buch der Könige 7, 40 ff.* bei der Beschreibung der Kultgeräte im Tempel Salomons aufgezählt werden: Zu der durchbohrten Hand ist ein längeres, an einem Ende geschlossenes, sicherlich ebenso reich verziertes Rohr zu rekonstruieren, das ein Großteil der zu spendenden Flüssigkeit aufnehmen konnte. Diese wurde dann nach und nach in die kleine Schale gegossen und anschließend ausgeschüttet (vgl. Kat. 107).

Amandry 1972, 13 Abb. 4
Walter 1959 (mit Liste der bekannten Exemplare)

43

43
Kamm

Herkunft unbekannt
1000–950 v. Chr.
Ebenholz; H. 8,6 cm; Br. 6,1 cm; Hochrelief, à jour-Technik, fast vollständig, rechte untere Ecke weggebrochen
Paris, Musée du Louvre, Inv. MN 1357, Sammlung Clot-Bey

Kamm aus einem rechteckigen Ebenholzplättchen mit abgeflachten Enden und jeweils einer Reihe grober und feiner Zinken ober- und unterhalb eines figürlich verzierten Griffteils. In dem mit Zickzackband gefüllten Rahmen ist ein assyrisierender, nach links schreitender Löwe dargestellt.

Perrot / Chipiez 1885, 760 Abb. 419

ungewohnt ist. Vor den beiden Tieren steht ein Mann in kurzem Gewand, der in seinen erhobenen Händen ein Spendegefäß hält und offenbar ein Libationsopfer für Astarte und Baal darbringt.

Im Bildfeld auf der Rückseite des Kammes ist ein junger Löwe dargestellt, der eine Gazelle gerissen hat: Der Löwe ist nicht nur Attribut und Gespanntier der Astarte, sondern auch Symbol für die Sonne. So läßt sich diese Szene als Sieg des Morgens über die Nacht, als Zyklus von Tag und Nacht erklären.

Decamps de Mertzenfeld 1954, 162 Taf. 124 (Nr. 1080)
Brüssel 1986, 236f. (Nr. 273)

45

44
Kamm

Herkunft unbekannt
1000–950 v. Chr.
Elfenbein; H. 12,6 cm; Br. 8,2 cm; Flachrelief, fragmentarisch, einige Zinken des Kammes zerbrochen, Oberfläche verrieben
Paris, Musée du Louvre, Inv. MN 1361, Sammlung Clot-Bey

Rechteckiger Kamm wie Kat. 43, aus Elfenbein. Eingefaßt von einem rechteckigen Rahmen mit Zungenmuster sehen wir auf der Vorderseite eine Kuh, die mit zurückgewandtem Kopf ihr trinkendes Kälbchen betrachtet; ihre geschwungenen Hörner kennzeichnen sie als Isis, die Szene ist eine Anspielung auf Isis (Astarte) und Horus (Baal) (vgl. Kat. 50 und 144). Der Komposition wurde eine Figur hinzugefügt, die in dieser Szene

45
Perle

Sidon
Mitte 9. Jh. v. Chr. (?)
Opakes Glas; L. 3,2 cm; Br. 1,6 cm
London, British Museum Inv. 1881.7-19.4

Auf alter mesopotamischer und ägyptischer, bis ins
3. Jt. v. Chr. zurückreichender Tradition basierend,
wurden Glaswaren wie Parfüm- und Salbfläschchen
sowie Perlen in Zentren entlang der Levanteküste hergestellt und über die phönizischen Handelswege im
gesamten Mittelmeerraum bis nach Sizilien, Sardinien
und Spanien verbreitet.
Die hier gezeigte Glasperle von zylindrischer, sich auf
beiden Seiten verjüngender Form ziert ein gefiederter
Dekor aus aufgelegten, eingepreßten und nachträglich
mit einem spitzen Gegenstand wellenförmig ausgezogenen Glasfäden.

Higgins 1969, 145 Anm. 14

46

46
Skarabäus

Nimrud (Irak), Fort Shalmanazar, Raum SW 37
8. Jh. v. Chr.
Elfenbein; H. 3,3 cm; Br. 2,5 cm; T. 0,4 cm; Flachrelief, vollständig
Brüssel, Musées Royaux d'Art et d'Histoire, Inv. 0.3480

Trapezförmiges Relief mit der Darstellung eines auf
seine Hinterbeine erhobenen Skarabäus. Es handelt
sich um den ägyptischen *scarabeus sacer,* den Mist-
käfer, der seine Eier in kleinen zusammengerollten
Kugeln aus Huftierkot ablegt. Bei den Ägyptern galt er
als heiliges Tier und wurde verehrt als der *aus der Erde
Entstandene,* als Sinnbild des schöpferischen Sonnengottes Cheper-Re. Hier schiebt er mit seinen Vorderbeinen die Sonnenscheibe vor sich her, hilft ihr gleichsam bei ihrem allmorgendlichen Erscheinen und ist

damit Symbol für das Leben. Der Skarabäus – die vier-
flügelige, in der ägyptischen Kunst unbekannte Version ist eine seit dem 9. Jh. v. Chr. zu beobachtende,
rein phönizische Erfindung – findet sich auf ungezähl-
ten phönizischen Arbeiten als ägyptisierendes Symbol
(vgl. Kat. 24. Zur Funktion des Reliefs vgl. Kat. 51 und
52).

Brüssel 1986, 234 Nr. 268

Eine zyprische, bei Plutarch (45–125 n. Chr.) überlieferte Legende erzählt von einer schönen Frau, vor deren Haus ihr abgewiesener Liebhaber sich das Leben nahm. Als der Tote im Leichenzug an ihrem Haus vorbeigetragen wurde, schaute die Unnahbare ungerührt lächelnd aus ihrem Fenster heraus. Aphrodite, erzürnt über die strikte Weigerung der Frau, der Liebeswerbung nachzugeben, verwandelt diese zu Stein. Die Geschichte hat einen unmittelbaren Bezug zum Astarte-Kult, verstanden doch die Phönizier das Motiv der *Frau im Fenster* als ein Symbol für einen ihrer Kultbräuche – die sogenannte »Tempelprostitution« in den Astarte-Heiligtümern.

Der Kult der Göttin Astarte, die auch im Heiligtum von Salamis (Zypern) ihren Tempel hatte (Ovid, Met. 14, 760/1) und als Aphrodite Parakyptousa (»die Vorbeischauende«) verehrt wurde, war in Babylon schon seit sumerischer Zeit bekannt. Dort begegnet sie uns als Kililu *sa apati,* als »Kililu im Fenster«.

Kleine Reliefs wie dieses (vgl. Kat. 29 und 33) zierten ursprünglich hölzerne Prunkbetten, z. B. das berühmte des Assurbanipal, das wir von einem Relief aus dem Palast von Niniveh kennen.

Brüssel 1986, 236 (Nr. 272). Vgl. Barnett 1957, 145 ff.

47
Frau im Fenster

Nimrud (Irak)
8. Jh. v. Chr.
Elfenbein; H. 8,0 cm; Br. 8,4 cm; Flachrelief, Ergänzungen mit Wachs
Brüssel, Musées Royaux d'Art et Histoire, Inv. 0.3479

Das kleine Fenster mit dreifach abgestuftem Rahmen und der auf vier Säulchen mit doppelten Palmblattkapitellen ruhenden Balustrade ist uns aus Darstellungen syrisch-phönizischer Architektur, etwa einer phönizischen Stadt auf den Reliefs im Palast des Sennacherib von Kuyunjik, aber auch von phönizischen Grabstelen bekannt. Die Frau, von der in der Fensteröffnung nur das Gesicht zu sehen ist, trägt eine ägyptisierende Frisur mit Zöpfen und eingeflochtenen Perlen, Ohrgehänge und ein Stirnband mit einem eigentümlichen Schmuck in Form eines rechteckigen Plättchens mit Andreaskreuz und drei kleinen, an Schnüren herabhängenden Granatäpfeln (vgl. Kat. 29 und 33): Ohrschmuck und Phylakterion sind wichtige religiöse Attribute der phönizischen Göttin Ishtar/Astarte, *Königin des Himmels* und *Herrin von Byblos und Berytos.*

48
Greif   (s. Farbabb. 1, S. 8)

Nimrud (Irak), Fort Shalmanazar, Raum SW 37
Ende 8. Jh. v. Chr.
Elfenbein; H. 11,7 cm; Br. 7,4 cm; Flachrelief, à jour-Technik, Ritzzeichnung; fragmentarisch, stellenweise ergänzt
Brüssel, Musées Royaux d'Art et d'Histoire, Inv. 0.3009

Phönizisches Elfenbeintäfelchen eines Greifen in Seitenansicht mit langen, nach hinten ausgestreckten Flügeln in den Ranken eines Lotosbaumes. Die Hinterläufe stehen in Schrittstellung auf dem Rahmen, die rechte Vorderpfote ruht auf einer Lotos-, die linke auf einer Papyrusblüte. Mit seinem kurzen gebogenen Schnabel saugt er den Tau aus einer Blüte. Auf dem geflügelten Raubkatzenkörper sitzt ein pfauenähnlicher Vogelkopf mit Federkrone und langen Locken.

Wohl im 7./6. Jh. v. Chr. gelangte der in Indien heimische Pfau über Babylon, den Iran und Vorderasien nach Palästina und Griechenland und wurde – z. B. im Heraion von Samos – als heiliges Tier verehrt.

Anders als auf den Siegeln des phönizischen Mutterlandes ist der Greif hier, wie auch auf anderen Elfenbeintafeln, ohne die ägyptische Krone dargestellt. Man verstand die Greifen – wie andernorts die Sphingen – als Wächter des blühenden, lebenspendenden Heiligen Baumes.

Die Haltung des Greifen auf unserem Relief ist auch für Sphingen, Hirsche und Ziegen in vergleichbaren Darstellungen typisch (vgl. das stark abgewandelte Motiv auf der westphönizischen Schminkpalette aus Acebuchal, Kat. 206).

Das offen, ohne Hintergrund gearbeitete Relief weist an der Ober- und Unterseite seiner Einfassung Einpaßfedern auf, die zeigen, daß dieses Stück in einen Rahmen gefaßt war, der – mit zwei anderen Stücken, einem rechten Pendant und einem Mittelstück mit dem Heiligen Baum – als Lehnenschmuck eines Thronsessels gedient haben dürfte.

Mallowan 1966, 564f. (Nr. 507)
Brüssel 1986, 232f. (Nr. 266)

49
Palmbaum

Nimrud (Irak)
Ende 9. Jh. v. Chr.
Elfenbein; H. 10,6 cm; Br. 4,2 cm; Flachrelief, vollständig
Brüssel, Musées Royaux d'Art et d'Histoire, Inv. 0.3481

Auf diesem kleinen Relief, das ursprünglich wohl zur Verzierung eines Stuhles oder eines Tisches gehörte, ist der phönizische Lebensbaum zu einem vielfach verwendbaren, fast profanen Füllemblem stilisiert: ein trompetenförmiger Stamm mit zwei großen, zu beiden Seiten herabhängenden, und zwei kleineren, emporragenden Palmwedeln. Aus solchen Einzelteilen wurden Friese beliebiger Länge zusammengesetzt. Ganz ähnliche Exemplare kennen wir aus Samaria, Karkemish und Arslan Tash (Kat. 34). Das Motiv fand große Verbreitung, so z. B. bis in die Metopenfriese rhodischer Keramik.

Brüssel 1986, 235 (Nr. 271). Vgl. Mallowan 1966, 471ff.
Crowfoot / Crowfoot 1938, 34–39 Taf. 18–20

51
Lebensbaum
(s. Farbabb. 5, S. 17)

Nimrud (Irak)
Ende 8. Jh. v. Chr.
Elfenbein; H. 6,2 cm; Br. 6,2 cm; Flachrelief, teilweise ergänzt
Brüssel, Musées Royaux d'Art et d'Histoire, Inv. 0.3008

Trapezförmiges Relief mit einer stilisierten Darstellung des Heiligen Baumes. Dieser war im Alten Orient das beherrschende Sinnbild für Ursprung und Bestand des Lebens, für den Mittelpunkt der Welt und das Paradies, den Kontrapunkt irdischen Lebens. Solange er gedieh, war auch das Leben auf der Erde gesichert. Häufig wird er phantastisch zusammengesetzt, wie hier aus zwei großen übereinandergestellten Palmetten mit Ranken, Blüten und ausladenden, an den Enden eingerollten Voluten und Blüten. Dem Baum sind immer Wesen zur Seite gestellt, die ihn und sein Leben schützen, Greifen oder Sphingen, Göttinnen oder Götter, aber auch wohl mächtige Menschen, Könige.
Groß ist die Zahl seiner Darstellungen in der phönizischen Kunst, wo er entweder als zentrales Motiv einer symmetrischen Komposition (Kat. 28. 30. 31), vielfach aber auch als rein dekoratives Element verwendet wird, z. B. in Sessellehnen als stilisierter Palmbaum (Kat. 34. 49); und er lebt noch in seinen kleinsten Bestandteilen fort, in der Palmette bzw. der »Paradiesblume«. Zur Funktion vgl. Kat. 52.

Brüssel 1986, 235 (Nr. 270). Vgl. Mallowan 1966, 471 ff.

50
Kuh und Kälbchen

Nimrud (Irak)
8. Jh. v. Chr.
Elfenbein; H. 4,3 cm; Br. 8,5 cm; Flachrelief, fragmentarisch
Brüssel, Musées Royaux d'Art et d'Histoire, Inv. 0.2635

Die in natürlicher Haltung wiedergegebene, ruhig stehende Kuh, die, den Kopf zurückgewandt, die Hinterläufe ihres Kälbchens leckt, während dieses, auf die Vorderläufe gefallen, mit erhobenem Kopf am Euter saugt, ist nicht nur eine lebensnahe, im ikonografischen Repertoire des Vorderen Orients sehr beliebte Komposition (vgl. Kat. 44 und 144), sondern steckt auch voller Symbolik. Das Thema läßt sich bis in die babylonische Mythologie zurückverfolgen, in der die Kuh, Symbol der Göttin *Ninhursag,* der »Königin der Berge« oder *Ishtar,* als heilig und lebensspendend galt. Diese kanonische, auf Elfenbeinen häufig anzutreffende Fassung des Motivs entstand im Laufe des 8. Jhs. v. Chr. in Syrien.
Die Phönizier verbanden mit der friedlichen Szene wahrscheinlich vor allem das Geheimnis um die Geburt einer ihrer Hauptgottheiten, des Baal, der hier in Gestalt des Kälbchens dargestellt ist. In der Mutterkuh hingegen erkannten sie Ishtar/Astarte, die Herrin des Himmels.

Brüssel 1986, 234 (Nr. 269). Vgl. Barnett 1957, 153 ff.

52
Sphinx

Nimrud (Irak), Fort Shalmanazar, Raum SW 37
Ende 8. Jh. v. Chr.
Elfenbein; H. 4,9 cm; Br. 5,2 cm, T. 0,7 cm; Flachrelief, unvollständig, untere rechte Ecke weggebrochen
Brüssel, Musées Royaux d'Art et d'Histoire, Inv. 0.3482

Auf dem trapezförmigen Relief ist eine nach links gewandte Sphinx mit ägyptisierender Frisur und ausgebreiteten Schwingen dargestellt. Sie trägt die Sonnenscheibe – hier ohne Attribute – auf dem Kopf, ein Pektorale auf der Brust und ist bekleidet mit einem phönizischen Schurz, von dem eine geflügelte und bekrönte Uräusschlange herabhängt. Hohe dünne Papyrusstengel, von denen noch die Dolden zu sehen sind, rahmten die Figur.

52

Dieses Stück gehörte (wie Kat. 46 und 51) ursprünglich zur Wandung eines konischen Gegenstandes, vielleicht einer Pyxis, die mit zwei auf einen Lebensbaum zuschreitenden Sphingen verziert gewesen ist.

Brüssel 1986, 233 (Nr. 267)

53
Reiterstatuette   *(s. Farbabb. 58, S. 71)*

Byblos
700–550 v. Chr.
Terrakotta; H. 33,5 cm; restauriert
Brüssel, Musées Royaux d'Art et d'Histoire, Inv. A 1323

Der Krieger mit hohem konischem Helm, Lederrüstung, Pektorale und Köcher reitet ein kleines stämmiges Pferd, das ebenfalls für den Kampf gerüstet und prunkvoll geschmückt ist. Brust, Hals und Nacken des

Tieres bedeckt ein schwerer Harnisch, dessen flügelartige Fortsätze die Lenden des Reiters schützen. Eine verzierte Stirnplatte und Scheuklappen schmücken den Kopf des Pferdes, um seinen Hals trägt es eine dicke Kordel mit dreifacher Quaste und vor der Brust eine sichelförmige Schmuckplatte. Den Pferdeleib bedeckt ein Tuch, das an den Seiten und vorn unter dem Harnisch sichtbar wird. Dort sind zum Schmuck auch weitere Kordeln mit Quasten angebracht.
Parallelen für Harnisch und Schmuck des Pferdes finden sich in der assyrischen, nordsyrischen und phönizischen Kunst. Vergleichbare Terrakottastatuetten stammen vor allem von Zypern, aber auch aus Lindos (Rhodos). Die hier modellierten Details sind dort jedoch aufgemalt.

Brüssel 1986, 116 Nr. 41. Vgl. Blinkenberg / Kinch 1931, 476 ff.

54
Skarabäoides Siegel

Ägypten (?)
2. Hälfte 8. Jh. v. Chr.
Grüner Jaspis; H. 1,7 cm; Br. 1,4 cm; der Länge nach durchbohrt
Brüssel, Musées Royaux d'Art et d'Histoire, Inv. E 5613

Der skarabäoide Stein (= abstrahierte Wiedergabe des Skarabäus) zeigt auf seiner flachen Unterseite die Darstellung einer falkenköpfigen Sphinx. Sie trägt die ägyptische Doppelkrone von Ober- und Unterägypten sowie den »klaft«, den phönizischen Schurz, zwischen den Vorderbeinen. In das Bildfeld vor ihrer Brust ist eine ägyptische Hieroglyphe oder ein Ankh-Zeichen eingeschnitten. Die Sphinx schreitet auf einer doppelten Standleiste mit Granatäpfeln im oberen und vertikalem Strichdekor im unteren Register. Ein kordelartiges Band bildet den äußeren Rahmen.
Die falkenköpfige Sphinx geht auf einen in Ägypten entwickelten Prototyp zurück, der durch die Phönizier an der Levanteküste verbreitet wurde. Auf zahlreichen phönizischen Metallschalen, Elfenbeinen und Siegeln anzutreffen, ist er dort jedoch durch eine eigene stilistische Ausprägung gekennzeichnet. Diese, charakteri-

55

siert durch schlanke, lange Körperformen und nach
oben ausschwingende, weit aufgefächerte Flügel, zeigt
auch die Sphinx auf dem hier ausgestellten Skarabäus.
Die enge Verwandtschaft des Steines mit Siegeln aus
dem südphönizischen Raum läßt darüber hinaus auf
seine Herstellung in einer dort angesiedelten Werkstatt
schließen.

Gubel 1985, 91–110
Brüssel 1986, 221 Nr. 250

55
Straußenei   (s. Farbabb. 24, S. 39)

Vulci (Etrurien), Isis-Grab
7. Jh. v. Chr.
H. 15 cm; Dekoration graviert
London, British Museum, Inv. 1850.2–27.7

Mit bemaltem oder graviertem Dekor versehen, zu
Behältnissen oder Masken geschnitten, waren Straußeneier in der phönizisch beeinflußten Welt eine
beliebte Grabbeigabe und hatten offenbar eine besondere Bedeutung im Totenkult. Mit einer langen, auf
ägyptischen und mesopotamischen Ursprüngen basie-
renden, bis ins 3.–2. Jt. v. Chr. zurückreichenden
Tradition, waren sie wegen ihrer vielgestaltigen Dekoration und Fragilität ein begehrter Luxusartikel.
Das hier ausgestellte Stück, eines der wenigen mit
Gravur, ziert ein breiter Tierfries, der von Schmuck-
bändern aus regelmäßig ineinander verschlungenen,
stilisierten Lotosblüten und einem zusätzlichen Zungenmuster am oberen Rand eingefaßt wird. Von rechts
nach links: ein Löwe, der von hinten einen ruhig schreitenden Widder angreift, neben diesem ein kleiner
Vierbeiner, vielleicht ein Hund, im Hintergrund eine
Lotosblüte mit langem kräftigem Stiel. In der Fries-
mitte attackiert ein Löwe mit beiden Vorder- und einer
Hinterpranke einen zusammenbrechenden Stier. Darauf folgen zwei weitere sitzende Löwen, von denen der
hintere eine Vorderpranke nach einem äsenden Hir-
schen ausstreckt, hinter diesem ein Hund (?), hier mit
zum Boden gerichtetem Kopf. Die Zwischenräume an
der oberen und unteren Frieskante füllen Dreiecke mit
Rautenmuster.

Montelius 1904, Taf. 265,5
Torelli 1965, 336 Nr. 7

56
Pferdestirnplatte

Nimrud (Irak), Fort Shalmanazar, Raum SW 37
8. Jh. v. Chr.
Elfenbein; H. 10,0 cm; Br. 5,6 cm, Dm. 1,5 cm; Flachrelief
geschnitzt, Details geritzt; fragmentarisch, Oberfläche stellenweise abgeplatzt, abgetragen und vernarbt; an der Stirnseite
7 Befestigungslöcher
London, British School of Archaelogy in Iraq, Inv. ND. 10,511

Schmale dreieckige Stirnplatte eines Pferdegeschirrs
mit figürlicher Verzierung: Zwei offenbar gleichgestal-
tete nackte Frauenfiguren, wohl Göttinnen, stehen *en
face* mit eng angelegten Armen nebeneinander auf
einer Lotosblüte; die Gesichter sind nicht erhalten. Sie

tragen eine ägyptisierende Frisur aus kleinen geflochtenen Zöpfen und sind reich geschmückt: schwere Ohrgehänge aus Ringen und Perlen, über der Stirn dürfen
wir, analog zu besser erhaltenen Stücken aus Nimrud,
jenen rechteckigen Stirnschmuck rekonstruieren, den
wir bereits von den Darstellungen der Ishtar/Astarte
und der *Frau im Fenster* (Kat. 29. 33. 47) her kennen.
Den Hals ziert eine Perlenkette, die Handgelenke zwei,
die Fußgelenke vier einfache Reifen. Augen und Scham
waren wohl ursprünglich mit Glaseinlagen versehen.

Orchard 1967, 29 Taf. 31 (Nr. 144)

57
Pferdescheuklappe

Nimrud (Irak), Fort Shalmanazar, Raum SW 37
8. Jh. v. Chr.
Elfenbein; L. 15,1 cm; Br. 7,5 cm; Dm. 3,2 cm; Hoch-/Flachrelief
geschnitzt, Details geritzt; fragmentarisch, Oberfläche stellenweise abgeplatzt, abgetragen und vernarbt; an der Stirnseite 5,
auf der Schulter 2 Befestigungslöcher
London, British School of Archaeology in Iraq, Inv. ND. 10,728

Schmale zungenförmige Scheuklappe eines Pferdegeschirrs mit figürlicher Verzierung: Ein Knabe sitzt,

Kopf und Oberkörper in die Frontalansicht gedreht,
mit ausgestreckten Beinen auf einem Kissen. Er trägt
eine ägyptisierende Frisur mit schulterlangen Zöpfen
und ein Flechtband um die Stirn und ist bekleidet mit
einem knielangen, fein plissierten, gegürteten Schurz
mit durchbrochenem Saum. Der linke Arm ist vor-
gestreckt, der rechte vor der Brust angewinkelt, in jeder
Hand hält er eine Papyrusblüte. Die Füße stemmt er
gegen eine Palmette aus zwei nach außen gerichteten
Voluten und sieben gefiederten Wedeln.

Orchard 1967, 24 Taf. 25 (Nr. 123)

58
Pferdestirnplatte

Nimrud (Irak), Fort Shalmanazar, Raum SW 37
8. Jh. v. Chr.
Elfenbein; L. erh. 15,0 cm; Br. erh. 5,3 cm, Dm. 1,7 cm; Flachrelief à-jour und geschnitzt, Details geritzt; fragmentarisch,
Oberfläche stellenweise mit Rostflecken, abgetragen und vernarbt; vier Bohrlöcher an den Langseiten
London, British School of Archaeology in Iraq, Inv. ND. 10,515

Schmale rechteckige Stirnplatte eines Pferdegeschirrs,
verziert mit einem stark stilisierten Lebensbaum, dessen Stamm in drei unterschiedlich hohe, konkav kontu-
rierte Abschnitte gegliedert ist. Seine Krone ist zu einer
Palmette mit zwei Voluten und neun Blütenblättern
verkürzt. Der Stamm ist von zwei Rücken an Rücken
gesetzten, offenen Voluten getragen und mit einer langen, schmalen Verstärkung versehen.

Orchard 1967, 37 Taf. 37 (Nr. 179)

59
Bronzebecken

Enkomi (Zypern), Grab 66 der britischen Ausgrabungen
SC IIC/IIIA (vor 1200 v. Chr.)
Bronze; H. 7,3 cm; Dm. 31,7 cm; Becken getrieben, Rand ange-
staucht; vollständig, stark oxidiert
London, British Museum, Inv. 1897/4-1/1060

Steilwandiges Bronzegefäß mit fast horizontalem,
leicht nach außen gewölbtem Becken und einer ein-
getieften, deutlich abgesetzten Standfläche. Der Gefäßkörper wurde aus einem kräftigen Blech über einem
Holzkern getrieben. Das nach innen verdickte dreieckige Profil des Beckenrandes, das sich nur mühsam
stauchen läßt, spricht für die hohe Professionalität der
Handwerksarbeit. Zwei bogenförmige Henkel ragen
senkrecht über den Gefäßrand hinaus. Sie bestehen aus

bronzenen Rundstäben, deren Enden flachgehämmert
und mit jeweils vier Nieten am Beckenrand befestigt
sind.

Becken dieser Art dienten – wie schon bei Homer
erwähnt – als Pfannen zum Erhitzen von Speisen und
Flüssigkeiten. Der gewölbte Boden der Schale erforderte dazu einen Ständer, einen sog. Stabdreifuß. Wir
kennen ähnliche Schalen mit festmontierten Füßen aus
Ton. Ihre Vorläufer lassen sich im Ägäisraum bis in
spät- und mittelminoische Zeit zurückverfolgen; sie
begegnen uns in verschiedenen Varianten, z. T. mit
prachtvoller gepunzter oder gegossener Verzierung.
Schalen wie die hier gezeigte aber sind bisher nur von
der Insel Zypern bekannt.

Matthäus 1985, 192 ff. Taf. 49 (Nr. 466)

60
Bronzeschale

Kourion (Zypern), Grab 92 der britischen Ausgrabungen
SC III A (Ende 13./Anfang 12. Jh. v. Chr.)
Bronze; H. 7,2 cm; Dm. 16,4 cm; Wd. 0,3 cm; Becken getrieben,
Rand angestaucht; kleine Fehlstellen in Rand und Wandung,
gereinigte, goldfarbene dunkle Oberfläche
London, British Museum, Inv. 1896/2–1/314

Schale mit fast halbkugelförmigem Becken ohne
Standfläche. Sie ist wie Kat. 59 aus einer gegossenen
Bronzescheibe getrieben. Durch Stauchen des Blechs
wurde ihre Lippe nach innen gezogen. Das Randprofil
ist waagerecht und kantig nach innen verdickt.
Kalottenschalen waren auf Zypern vor allem während
der ausgehenden Bronzezeit sehr beliebte Grabbeigaben; zwei bis drei dieser Schalen dürften zur Stan-
dardausstattung der Toten gehört haben. Sie treten im
übrigen auch in protogeometrischer Zeit in der Kera-
meikos-Nekropole (Grab 1) von Athen auf und sind
hier ein früher Beleg für ägäische Ostkontakte. Sie
waren, wie die ähnlich geformten Tongefäße (etwa die
sog. zyprischen »milk-bowls« der »White Slip Ware«,
diese vorwiegend mit Griff) je nach Größe und Material fürs Zubereiten und Servieren der Speisen (aus
Bronze) oder als Trink- bzw. Spendegefäße (aus Silber
und Gold oder – seltener – aus Glas) gedacht. Darstellungen von Gelage- und Opferszenen auf phönizischen
Elfenbeinen, etwa aus Nimrud, oder auf Silberschalen
aus Idalion, Kourion und Salamis vermitteln dies sehr
anschaulich.
Diese Schalenform war sehr langlebig; sie hielt sich
über einen Zeitraum von fast 1000 Jahren, ohne daß

sich ihre Form wesentlich geändert hat. Allenfalls im Randdurchmesser lassen sich größere bronzezeitliche von kleineren früheisenzeitlichen Exemplaren unterscheiden.

Matthäus 1985, 72 ff. Taf. 12 (Nr. 229)

61
Skarabäus mit Goldfassung

Tamassos/Zypern
6./erste Hälfte 5. Jh. v. Chr.
Glas; Dm. senkrecht 2,5 cm; Dm. quer 2,7 cm
Berlin, Staatliche Museen Preußischer Kulturbesitz, Antikenmuseum, Misc. 8142 = FG 107

Der Skarabäus galt in Ägypten als Symbol der Regeneration, des neuen Lebens, und war daher fundamentaler Bestandteil von Grabbeigaben. Die große Zahl der

in phönizischen und punischen Gräbern im Osten wie im Westen gefundenen Skarabäen verdeutlicht die Übernahme dieser magischen Vorstellung und damit den weitreichenden ägyptischen Einfluß auf die phönizische Kultur. Die starke Nachfrage im Westen wurde dabei nicht allein durch Importe, sondern in erster Linie durch Arbeiten lokaler Werkstätten in Griechenland, Etrurien und im punischen Sardinien gedeckt. Aus Halbedelstein wie Jaspis, Achat, Bergkristall und Onyx gefertigt, tragen sie auf ihrer flachen Unterseite eingeschnittene Bilder ägyptischer, vorderorientalischer und griechischer Tradition. Aus ihrer gleichzeitigen Verwendung als Siegel und Schmuckstück erklären sich ihre reichen Gold- und Silberfassungen.

Das hier gezeigte Stück aus durchsichtigem grünem Glas wird drehbar von einem goldenen Ringbügel gehalten. Die Fassung besteht aus einem dünnen Goldblechstreifen, dem gedrehte und geflochtene Drähte aufgelegt sind. An den beiden Schmalseiten ist ein Kranz von jeweils sechs Kügelchen angebracht (auf einer Seite fehlen zwei davon). Der Skarabäus ist beschädigt: es fehlt ein kleines Stück vom Rücken des Käfers, und das ursprünglich auf der glatten Unterseite eingravierte Bild ist nicht mehr zu erkennen.

Greifenhagen II 1975, 70 Taf. 54,1

62
Lampenträgerin

Kamelarga-Heiligtum von Kition (Zypern)
6. Jh. v. Chr.
Terrakotta; H. 25 cm; Reste roter und schwarzer Bemalung; unterer Teil abgebrochen
Brüssel, Musées Royaux d'Art et d'Histoire, Inv. A 1207

Die weibliche Tonfigur gehört zur Gruppe der Statuetten mit auf der Scheibe gedrehtem glockenförmigem Körper und einer auf dem Kopf angebrachten mehrschnäuzigen Lampe. Das Haar, in ägyptisierendem Stil, war ursprünglich bemalt. In den Händen hält sie, ebenso wie die hier unter Kat. 63 und 66 aufgeführten

Tonfiguren, ein Tamburin, ein Musikinstrument, das bei Kultritualen im Orient eine wichtige Rolle spielte. In diesen vornehmlich in Heiligtümern gefundenen Terrakotten dürfen wir daher vermutlich musizierende Tempelpriesterinnen erkennen. Der glockenförmige Figurentypus geht auf phönizische Vorbilder zurück, die an der ganzen Levanteküste verbreitet waren. Über Zypern gelangte dieser Typus – neben anderen – in die westlichen Niederlassungen (z. B. Bithia [Sardinien], Ibiza), wo er vielfältig variiert wurde.

Brüssel 1986, 120 Nr. 50
Karageorghis 1987, 17ff.

63
Statuette
(*s. Farbabb. 61, S. 78*)

Kamelarga-Heiligtum von Kition (Zypern)
6. Jh. v. Chr.
Terrakotta; H. 23,5 cm; restauriert; Körper auf der Scheibe gedreht; die übrigen Teile aus der Model gedrückt; Details von Hand modelliert
Brüssel, Musées Royaux d'Art et d'Histoire, Inv. A 1201

Die Statuette stellt eine bekleidete weibliche Figur mit ägyptisierender Haartracht dar. Ihr zylindrischer, auf der Scheibe gedrehter Körper schwingt nach unten glockenförmig aus. Sie hält in Brusthöhe mit beiden Händen ein Tamburin (vgl. Kat. 62 u. 66).

Brüssel 1986, 120 Nr. 49

63

64
Kännchen

Idalion (Zypern)
ca. 700–600 (»Amathus-Horizont«)
Ton gelblichrot, Überzug rot, Oberfläche poliert, mattglänzend (Red Slip Ware); H. 9,5 cm; Dm. (Mündung) 3,0 cm; vollständig
Paris, Musée du Louvre, Inv. N 3406

Phönizisches Kännchen der »Red Slip Ware« mit scheibenförmiger Mündung, konvexem Hals und birnenförmigem Bauch; konkaver Boden mit niedrigem Standring. Ein kleiner Schnurhenkel ist am Halsansatz und auf der Schulter befestigt. Die Oberfläche des Kännchens ist mit einem roten Überzug versehen und poliert. Diese kleinen und wie dieses z. T. ungewöhnlich sorgfältig hergestellten Kännchen waren – gefüllt mit verschiedensten Ölen – Grabbeigaben in phönizischen Bestattungen und Votivgaben in phönizischen Heiligtümern; sie wurden für einen lokalen zyprischen Markt von phönizischen Töpfern gefertigt.

Pottier 1928, 31 Taf. 25,12. Vgl. Bikai 1987 A, 24ff. (Nr. 286)
Bikai 1987 B, 3f. Taf. 3, 19–21

65

Kappe bedeckten Kopf an ihre Schulter legt. Mit dem rechten, ebenfalls leicht angewinkelten Arm stützt sie die Beine des Kindes. Ihr Körper ist grob geformt, nur die Gesichtszüge mit großer vorspringender Nase sind sorgfältig angegeben.

Die ein Kind haltenden Frauenfiguren sind eng mit dem Typus der »Dea Tyria Gravida« verbunden, einer Fruchtbarkeits- und Geburtsgöttin, die, als schwangere Frau dargestellt, durch zahlreiche Statuetten aus Tyros bekannt ist. Beide ursprünglich im palästinensischen Raum beheimateten Darstellungsformen dieser orientalischen Gottheit wurden durch die Phönizier bis in westmediterrane Gebiete verbreitet.

Culican 1969, 35–50

66
Statuette

Zypern
7. Jh. v. Chr.
Terrakotta; H. 11,6 cm; Br. 8 cm; unterer Teil des Körpers abge-
schlagen, Gesicht bestoßen
Hannover, Kestner-Museum, Inv. 1952,66

Die weibliche Figur, die nur in ihrer oberen Hälfte erhalten ist, gehört zur umfangreichen Gruppe der in Heiligtümern und Gräbern Zyperns gefundenen Tamburinspielerinnen. Sie trägt eine bis zu den Schultern reichende, die Ohren freilassende ägyptisierende Perücke. Die ausmodellierten Gesichtszüge mit wulstigen Lidern, dicker Nase und kleinem Mund kontrastieren mit dem grob geformten Körper. Die das Tamburin haltenden Hände sind lediglich als abgeflachte Fortsätze der gebogenen Arme gebildet.

Vgl. Myres 1914, 339 Abb. 203
Ferron 1969, 11–33

65
Statuette

Zypern
7. Jh. v. Chr.
Rötlicher Ton; H. 18,2 cm; Br. 5,8 cm; Oberkörper hinten
abgeflacht
Hannover, Kestner-Museum, Inv. 1952,63

Die stehende Frauengestalt mit langem Gewand und zu den Seiten weit ausladender Perücke trägt auf ihrem linken Arm ein Kind, das seinen mit einer spitzen

66

67

67
Löwenstatuette

Südwestküste von Kleinasien
Ende 7. Jh. v. Chr.
Kalkstein; H. 14,6 cm; Schnauze leicht geschwärzt, am hinteren Schenkel Spuren von Rost
Hannover, Kestner-Museum, Inv. 1929,286

Der mähnenlose Löwe sitzt auf einer rechteckigen, an der hinteren Schmalseite abgerundeten Basis. Sein gedrungener Kopf mit spitzen Ohren geht in einen kräftigen massig wirkenden Körper über. Die unbe-
wegt-gespannte Haltung signalisiert die überlegene Kraft, das aufgerissene Maul mit heraushängender Zunge und gebleckten Zähnen die Wildheit des Tieres. Darstellungstypus, Stil und Technik kennzeichnen die Löwenstatuette als zyprische Arbeit. Auf Zypern offenbar in Serie produziert, gelangten solche Löwen auf dem Handelsweg vor allem nach Rhodos, wo sie in großer Zahl auf der Akropolis von Lindos gefunden wurden. Wie die von dort stammenden Vergleichsstücke zeigen, waren Augen, Schnauze und Zunge ursprünglich durch schwarze und rote Bemalung hervorgehoben.

Die Löwenstatuetten gehen auf großplastische assyrische und ägyptische Prototypen zurück, die, im Orient von alters her mit dem Herrscher verbunden, dessen Macht und Stärke symbolisieren sollten. Die verkleinerten Nachbildungen wurden, wie die Beispiele aus Rhodos belegen, als Votivgaben in Heiligtümer geweiht.

Blinkenberg / Kinch 1931, 401 ff. 451 ff. Taf. 77–78
Gjerstad 1948, 333 Fig. 52

68

68
Amphore

Zypern
950–850 v. Chr. (CG II)
Ton gelblich, Überzug hellgelb, Bemalung braun (White Painted II Ware); H. 50,0 cm; Dm. (Schulter) 39,5 cm; vollständig
Hannover, Kestner-Museum, Inv. 1900,23,16

Zypriotische Amphore der »White Painted Ware« mit schmaler Mündung, weitem Hals und gestauchtem Bauch; horizontaler Boden mit abgesetztem Standring. Zwei vertikale Henkel sind auf dem Bauch befestigt. Geometrische Bemalung in mehreren Zonen: Mündungsrand mit einfachen Strichen, Mündungsinnenseite mit zwei horizontalen Bändern, Halszone mit zwei breiten Bändern und zwei dünnen Linien, Unterteilung von Schulter-, Bauch- und Fußzone durch doppelte bzw. dreifache Streifen; Schulterzone mit vier großen und vier kleinen liegenden Dreiecken, gefüllt mit Kreuzrautenmuster und Kreuzschraffur; Bauchzone mit dreifachem horizontalem Wellenband; Fußzone und Fuß unverziert.
Aus einer mykenischen (Myc. III C : 1 e) Gefäßform entwickelte Amphore des zyprischen Keramikrepertoires.

Unveröffentlicht – Vgl. Gjerstad 1948, 52 f. Abb. 14, 3

69
Kugelkännchen

Zypern
750–650 v. Chr. (CA I)
Ton graugelb, Überzug hellgelb, Bemalung braun, Oberfläche poliert (White Painted IV Ware); H. 11,1 cm; Dm. (Bauch) 8,2 cm; fast vollständig, Mündung ergänzt
Hannover, Kestner-Museum, Inv. 1952,62

Kugelkännchen der »White Painted Ware« mit kleiner Mündung und engem Hals mit spitz ausgezogener

69

70

Kanne *(s. Farbabb. 49, S. 63)*

Zypern
750–650 v. Chr. (CA I)
Ton ocker, Überzug rot, Bemalung braun, Oberfläche glänzend
poliert (Black-on-Red II [IV] Ware); H. 12,4 cm; Dm. (Bauch)
11,2 cm; vollständig
Hannover, Kestner-Museum, Inv. 1900,23,24

Kleine zyprische Kanne der »Black-on-Red Ware«
levantinischer Form mit scheibenförmiger Mündung,
engem, kurzem Hals und bikonischem Bauch mit
schmalem Standring. Der Bandhenkel führt von der
Mündung zur Schulter. Durchgehende Bemalung der
Mündung, des Halses und des Henkelrückens. Auf der
Schulter sind kleine konzentrische Kreise eingestreut,
der Bauch ist horizontal mit einer Zone aus dünnen
Linien zwischen Streifen und einem breiten Band
bemalt.

Unveröffentlicht – Vgl. Myres 1914, Abb. 846
Gjerstad 1948, 69 ff.

71   *(s. Farbabb. 49, S. 63.*
                      Nur Kännchen,
Zwei Kugelkännchen *Inv. 1900, 23, 25, abgebildet.)*

Zypern
850–750 v. Chr. (CG III)
Ton ocker, Überzug rot, Bemalung braun, Oberfläche glänzend
poliert (Black-on-Red I [III] Ware); H. 10,2/11,1 cm; Dm.
(Bauch) 6,3/7,1 cm; fast vollständig
Hannover, Kestner-Museum, Inv. 1900,23,25 und 1900,23,26

Zwei zyprische Kugelkännchen der »Black-on-Red
Ware«. Das eine mit weiter, trichterförmiger Mündung, langem, engem Hals mit abgesetzter Halsrippe
und kugelförmigem Bauch mit horizontalem Boden
und schmalem, niedrigem Standring; der Henkel ist
am Halsansatz und auf der Schulter befestigt. Charakteristische horizontale Bemalung mit parallelen Streifen an Mündung und Hals und zwei Bändern am
Bauch, Bemalung des Henkelrückens; auf der Schulter
eingestreute, kleine konzentrische Kreise.
Dieses Kännchen ist ein weiterentwickeltes zyprisches
Erzeugnis, dem hinsichtlich Form und Oberflächenbehandlung ein phönizisches Vorbild zugrunde gele-

Halsrippe; gelängt kugelförmiger Bauch mit horizontalem Boden und flachem Standring; der Henkel führt
von der Halsrippe zur Schulter. Horizontale Bemalung
in mehreren Zonen: Oberseite der Mündung mit dünnen Kreisen, Lippe farbig eingefaßt, Halszone mit
parallelen Streifen und Wellenband, Schulterzone mit
umlaufendem, hängendem Hakenmuster, darunter
parallele breite Streifen mit zwischengesetzten dünnen
Linien. Die Kannenform ist aus einer phönizischen
Gefäßform weiterentwickelt, die Dekoration ist zy-
prisch.

Unveröffentlicht – Vgl. Gjerstad 1948, 56 f. Abb. 28, 18

gen hat. Im östlichen Mittelmeerraum vom späten 11. bis zur Mitte des 8. Jhs. v. Chr. stark verbreitet, gehört dieser Typus zu den langlebigsten Formen überhaupt. Umstritten ist die Frage seiner Herkunft: Trotz der offensichtlich zyprischen Fertigung wird er wegen des glänzend polierten Überzugs und der schwarzen Bemalung für phönizisch gehalten.

Das zweite, ähnliche Kugelkännchen hat eine schmalere trichterförmige Mündung mit runder Lippe und einen etwas kürzeren Hals mit spitz ausgezogener Halsrippe. Horizontale Bemalung mit parallelen breiten und schmalen umlaufenden Streifen an Hals und Bauch; auf der Schulter eingestreute, kleine konzentrische Kreise.

Unveröffentlicht – Vgl. Gjerstad 1948, 68 f. Abb. 25, 10
Birmingham 1963, 36

72
Kugelkanne   *(s. Farbabb. 49, S. 63)*
Zypern
850–750 v. Chr. (CG III)
Ton ocker, Oberfläche feucht geglättet, Bemalung braun (Black-On-Red II[IV]Ware); H. 23,7 cm; Dm. (Bauch) 15,6 cm; fast vollständig
Hannover, Kestner-Museum, Inv. 1252,65

Zyprische Kugelkanne der »Black-On-Red Ware« mit schmaler, kleeblattförmiger Mündung, engem bikonkavem Hals und kugelförmigem Bauch. Runder Boden mit flachem Standring; der Henkel führt von der Mündung zur Schulter. Horizontale Bemalung am Hals mit dreifachen parallelen Linien; vertikale konzentrische Bemalung auf beiden Bauchhälften aus dreifachen Kreisen außen und im Zentrum sowie Gruppen von kleinen konzentrischen Kreisornamenten in den Zonen dazwischen. Kannenform und Dekorationsschema sind aus der phönizischen Keramik weiterentwickelt.

Unveröffentlicht – Vgl. Gjerstad 1948, 69 ff.

73
Diadem oder Armband   *(s. Farbabb. 43, S. 55)*
Tharros (Sardinien), Grab 8
7.–6. Jh. v. Chr.
Gold; L. 17,2 cm; max. Br. 4,65 cm; Dekoration in repoussé- und Granulationstechnik
London, British Museum, Inv. 56–12–23, 790

Das Schmuckstück besteht aus acht trapezförmigen und zu den Seiten hin kleiner werdenden, durch Scharniere miteinander verbundenen Blechen. Die vier inneren Glieder schmücken Schalenpalmetten, deren Konturen durch Granulation hervorgehoben sind, und kleine, von den seitlichen Voluten ausgehende Lotosblüten. Lotosblüten mit Granulation zeigen auch die beiden anschließenden dritten Bleche. Den kleinen Platten an beiden Enden ist je ein »udjat-Auge« aus Filigrandraht und Granulation aufgelegt.
Das Auge des Himmelsgottes Horus, ein aus der ägyptischen Religion stammendes und in der phönizischen Welt besonders beliebtes magisches Symbol, galt als unheil- und gefahrenabwehrend. Daher wurde es vor allem als Amulett getragen, konnte jedoch, ebenso wie hier, auch andere Schmuckstücke zieren. Der dem Toten mit ins Grab gegebene Schmuck sollte also auch im Jenseits Gefahren bannen und Schutz bieten. Jenseitshoffnung drückt auch das Motiv der Schalenpalmette aus. Es ist, als verkürzte Darstellung des »Heiligen Baumes«, als Symbol für das Leben zu verstehen.

Barnett / Mendleson 1987, 158, Nr. 8/23 Taf. 41 d, 45 c

74
Ring mit Skarabäus
Tharros (Sardinien), Grab 4
7.–6. Jh. v. Chr.
Steatit in Silberfassung; L. 1,1 cm; Dm. des Rings 2,7 cm
London, British Museum, Inv. 56–12–23,635

Der Skarabäus, in einer Fassung mit dickem Silberbügel, trägt auf seiner flachen Unterseite die Hieroglyphen für den Namen des ägyptischen Gottes Amun-Re.
Götter- oder Pharaonennamen auf Skarabäen waren im phönizischen Westen beliebt und wurden dort vielfach imitiert. Man schätzte sie vor allem wegen der Bildhaftigkeit der Hieroglyphen, weniger wegen ihrer

74

a) Mittelanhänger; H. 2,4 cm, Br. 1,7 cm; stark korrodiert; annähernd rechteckige, oben abgerundete Form, mit röhrenförmiger, an den Enden wulstig aufgebogener Schnuröse.

75

Bedeutung. Ob es sich beim hier gezeigten Skarabäus um eine ägyptische, auf dem Handelsweg nach Sardinien gelangte oder im Westen hergestellte Arbeit handelt, ist ungeklärt.

Barnett / Mendleson 1987, 139 Nr. 4/23 Taf. 49

75
Halskette mit Anhängern

Tharros (Sardinien), Grab 4
7.–5. Jh. v. Chr.
Silber; aus 40 Perlen und 7 Anhängern; L. 31,2 cm
London, British Museum, Inv. 56–12–23, 629

Die zwischen den sphäroiden, zum Teil an den Schnuröffnungen wulstig verdickten Perlen aufgereihten Anhänger repräsentieren verschiedene, in den phönizisch beeinflußten Gebieten des Mittelmeerraums weit verbreitete Amulett-Typen. Als Grabbeigaben verwendet, dienten solche Amulette dem Schutz des Toten und waren eng mit dem Jenseitsglauben verknüpft.

Den zahlreichen, besser erhaltenen, zum Teil aus Gold gearbeiteten Vergleichsstücken aus Tharros, Karthago, von Zypern und Sizilien entsprechend, bestand die heute nur noch schemenhaft zu erkennende, in Treib- und Granulationstechnik ausgeführte Dekoration des Anhängers aus einem flaschenartigen Motiv in der Mitte, flankiert von zwei Uräusschlangen auf einem flachen, rechteckigen Altar. Das durch die Uräus- schlangen und den Altar als religiöses Symbol charak- terisierte, ab dem 4.–3. Jh. v. Chr. auch auf punischen Grabstelen anzutreffende Flaschenmotiv wird als Urne, Idol, Baitylos (kosmischer Berg) oder auch als Symbol der phönizisch-punischen Göttin Astarte- Tanit, der Herrin über Leben und Tod, gedeutet.
b) Rechteckiger, oben abgerundeter Anhänger; H. 1,7 cm, Br. 1,2 cm. Entspricht demselben Typus wie das Mittelamulett, das durch den flachen aufgelegten Draht gerahmte Bildfeld ist hier jedoch leer.
c) Herzförmiger Anhänger; Br. 1,5 cm.
d) Runder Anhänger mit herzförmig eingezogenem Randwulst; Dm. 1,5 cm, in der Mitte Rundbuckel und Mondsichel mit nach unten gekehrten Spitzen. Der hier in zwei Varianten vertretene Typus des auf ägyp- tische Vorbilder zurückgehenden herzförmigen An- hängers ist zahlreich in den Gräbern von Tharros, wie auch in anderen phönizischen Niederlassungen, nach- gewiesen worden. Das Sonne-Mond-Symbol, auf Schmuckanhängern des Vorderen Orients bereits ab dem 2. Jt. v. Chr. anzutreffen, weist, ebenso wie ver- mutlich das Flaschenidol, auf die Göttin Astarte-Tanit.
e) Sonne-Mond-Anhänger; Br. 1,65 cm (vgl. d)
f) Vasenförmiger Anhänger; H. 1,7; von ausladen- der, nach unten spitz zulaufender und in einem Knauf endender Form an kleiner Schnuröse.
g) Amphoriskosförmiger Anhänger; H. 2,55 cm; koni- sche Form mit seitlichen Henkeln, an gerippter Öse. Im gesamten Mittelmeerraum verbreitet, gehen An- hänger in Form von Gefäßen auf gleichzeitige Vorbil- der in Ton oder Glas zurück.

Quillard 1979, 55 ff. 80 ff. 91 ff.
Barnett / Mendleson 1987, 139 f. Taf. 42 e, 43 a, 47 a

76

76
Skyphos

Tharros (Sardinien), Grab 4/6
Mitte 6. Jh. v. Chr.
Ton hellorange, Oberfläche tongrundig, Bemalung matt- schwarz, metallisch; H. 6,0 cm; Dm. (Mündung) 11,7 cm; ein Henkel fehlt
London, British Museum, Inv. 56–12–23, 50

Kleiner ionischer Skyphos mit kurzem, abgesetztem, leicht ausgestelltem Rand, tiefem Becken und engem Ringfuß. Horizontale Henkel unterhalb des Randes. Lippe und Randabsatz schwarz eingefaßt, Becken innen unterhalb des Randabsatzes und außen unter- halb der Henkelzone einschließlich Fuß, Henkel jedoch nur zur Hälfte schwarz bemalt.
Eine im Mittelmeerraum sehr alte, sehr populäre und vielerorts hergestellte Form des Skyphos. Dieses Stück kommt vermutlich aus einer italo-korinthischen Werkstatt.

Barnett / Mendleson 1987, 60. 138 Taf. 16 d. 79

77
Statuette

Tharros (Sardinien), Grab 4
Um 450 v. Chr.
Terrakotta; H. 20 cm; innen hohl; Rückseite unbearbeitet mit
ovalem Loch
London, British Museum, Inv. 56–12–23, 466

Die weibliche Figur auf einer sockelartigen Basis ist
starr frontal ausgerichtet, die gestreckten Arme liegen
seitlich dem Körper an, die Füße sind geschlossen.
Unter dem langen schlichten Gewand wird an den beiden offenen Seiten und am unteren Saum ein reich
gefältelter Chiton (Untergewand) sichtbar. Den Kopf
schmückt ein hoher, leicht schräg sitzender Kalathos.
Die feine Modellierung des vom Haar umrahmten
Gesichtes entspricht dem griechischen Stil des 5. Jhs.
v. Chr., ebenso wie der Typus der Statuette, der in den
griechischen Zentren auf Sizilien entwickelt wurde und
von dort nach Sardinien gelangte. Zahlreiche mit
einem Kalathos bekrönte Statuetten sind dort in den
Heiligtümern der Fruchtbarkeits- und Unterweltsgöt-
tinnen Demeter und Kore gefunden und als Abbilder
dieser Göttinnen gedeutet worden.

Barnett / Mendleson 1987, 138 Nr. 12 Taf. 32

78
Astarte-Plakette

Tharros (Sardinien), Grab 11
6. Jh. v. Chr.
Terrakotta; H. 33,4 cm; aus der Form herausgedrückt, Rückseite unbearbeitet; kleines Loch über dem Kopf der Figur wahrscheinlich zum Aufhängen der Plakette
London, British Museum, Inv. 56–12–23, 460

Die Relieftafel zeigt eine nackte weibliche, sich die Brüste haltende Figur in Frontalansicht. Das Haar ist in ägyptisierendem Stil gehalten, das Gesicht hingegen läßt griechischen Einfluß erkennen.
Die zu einer umfangreichen Gruppe gehörende, eindeutig auf Fruchtbarkeitssymbolik weisende Figur wird mit der phönizischen Liebes- und Fruchtbarkeitsgöttin Astarte in Verbindung gebracht (vgl. Kat. 4).

Barnett / Mendleson 1987, 169 Nr. 9 Taf. 31

79
Pilgerflasche

Tharros (Sardinien), Grab 8/2
Mitte 9. Jh. v. Chr.
Ton orangebraun, Überzug hellbraun, Oberfläche poliert, Bemalung rotbraun und schwarz (Bichrome Ware); H. 16,8 cm; Dm. (Mündung) 7,8 cm; ein Henkel fehlt
London, British Museum, Inv. 133064

Pilgerflasche der »Bichrome Ware« mit trichterförmiger Mündung, kurzem Hals und rundem, aus zwei flachen Halbschalen zusammengesetztem Bauch. Der Hals ist in den Bauch eingesetzt. Um die Scheitellinie des Bauches bis zum Halsansatz laufende flache Kehle und vier aufgesetzte Schnurösen mit jeweils zwei Löchern. Bemalung der Mündung und des halben Halses außen mit breitem rotem Band, Bemalung des Bauches am äußeren Bauchumfang und im Zentrum mit jeweils einem breiten roten und zwei dünnen schwarzen konzentrischen Kreisen. Die Oberfläche von Hals und Bauch ist vertikal poliert.
Die tönerne Pilgerflasche ist eine im gesamten Ägäisraum vom Ende der Bronzezeit bis in frühchristliche Zeit bekannte, ursprünglich im Vorderen Orient beheimatete Gefäßform. Die früheisenzeitlichen Flaschen von den phönizischen Fundplätzen des Mutterlandes und Zyperns gehören einem charakteristischem Typus

79

80
Schälchen

Tharros (Sardinien), Grab 4/3
700–675 v. Chr.
Ton hellbraun, Oberfläche tongrundig, poliert, Bemalung
rötlichbraun und schwarzbraun (Bichrome Ware); H. 6,5 cm;
Dm. 10,6 cm; vollständig
London, British Museum, Inv. 133091

Halbkugelförmiges Schälchen. Bemalung der Lippe
mit rötlichbraunem und der Wandung mit doppeltem
schwarzbraunem Band.
Schälchen ostmediterranen Typs aus einer lokalen
phönizischen Töpferwerkstatt.

Barnett / Mendleson 1987, 50. 138 Taf. 5, 18. 79

an, mit trichterförmiger Mündung, linsenförmigem,
konzentrisch bemaltem Bauch und zwei Henkeln, die
von der Mitte des Halses zur Schulter führen. Exemplare wie das hier gezeigte mit vier Schnurösen statt der
Henkel sind die Ausnahme. Bezeichnend ist zudem die
bichrome Bemalung der Flasche, die so nur im östlichen Mittelmeerraum vorkommt. Traditionelle orientalisierende Produktion eines lokalen phönizischen
Töpfers.

Barnett / Mendleson 1987, 54. 156 Taf. 11, 59. 88. Vgl. Bikai 1987,
10 ff. Chapman 1972, 91 ff.

80

81
Kleiner Teller

Tharros (Sardinien), Grab 4/2
675–650 v. Chr.
Ton hellbraun, Überzug hellbeige, Oberfläche feucht geglättet,
Bemalung orangerot; H. 2,4 cm; Dm. 13,3 cm; Rb. 3,0 cm; vollständig
London, British Museum, Inv. 133106

Kleiner Teller westmediterranen Typs aus der Produktion eines lokalen phönizischen Töpfers. Schmaler, gerader Rand, flaches Becken und flachkonkaver Boden. Lippe und Beckenrand sind orangerot eingefaßt, Farbklecks auf der Innenseite des Bodens.

Barnett / Mendleson 1987, 50. 138 Taf. 5, 5. 79

82
Kleiner Teller

Tharros (Sardinien), Grab 4/1
700–675 v. Chr.
Ton hellbraun, Überzug hellbeige, Oberfläche feucht geglättet,
Bemalung rotbraun; H. 2,3 cm; Dm. 12,9 cm; Rb. 2,7 cm; vollständig
London, British Museum, Inv. 133110

Kleiner Teller westmediterranen Typs aus der Produktion eines lokalen phönizischen Töpfers. Schmaler, leicht ansteigender Rand, breites Becken mit abgesetztem, konkavem Boden. Lippe und Oberseite des Randes rotbraun bemalt, Beckenrand mit konzentrischem, rotbraunem Doppelkreis bemalt.

Barnett / Mendleson 1987, 50. 138 Taf. 5, 2. 79

83

Ohrschmuck *(s. Farbabb. 12, S. 25)*

Vermutlich Attika, aus der Sammlung Lord Elgin
8. Jh. v. Chr.
Gold; Dm. 2,9 cm; ursprünglich mit Einlagen, vermutlich aus
Bernstein, Bergkristall oder Glaspaste. Zwei identische Stücke
London, British Museum, Inv. 1960, 11–1

Eine Scheibe, durch einen starken Goldbügel mit
einer Doppelpyramide verbunden, bildet diesen Ohrschmuck. Im Zentrum der Scheibe befindet sich eine
runde Fassung, deren ursprüngliche Einlage fehlt und
die von drei umlaufenden Zonen mit Wellenband und
Zickzack-Muster in Granulationstechnik umgeben ist.
Die Doppelpyramide, ebenfalls mit reicher Granulation verziert, endet in einer rechteckigen Fassung.
Auch deren ursprüngliche Einlage fehlt.
Die einzelnen Teile des Ohrschmucks, Scheibe, Bügel
und Doppelpyramide mit anhängender Fassung, sind
fest verbunden. Der Bügel kann also nicht durch das
Ohrläppchen geführt worden sein, sondern muß dem
Ohr aufgelegen haben.

Higgins 1969, 148
Ders. 1960/61, 103
Deppert-Lippitz 1985, 72–75

84

Anhänger *(s. Farbabb. 12, S. 25)*

Sammlung Lord Elgin, vgl. Kat. 83
8. Jh. v. Chr.
Gold; H. 1,9 cm; Br. 2,1 cm; einer der aufgelegten Goldbuckel
fehlt
London, British Museum, Inv. 1960, 11–1, 25

Das schlichte Schmuckstück besteht aus sechs anein-
andergefügten engen Röhrchen, deren Vorderseite
durch zwei diagonal verlaufende, geflochtene Drähte
in vier gleichschenklige Dreiecke aufgeteilt ist, die mit
Kreisbuckeln verziert sind. Geflochtene Drähte sind
auch an beiden Schmalseiten des Anhängers angebracht.
Schmuckanhänger aus mehreren zusammengefügten
Röhren haben ihren Ursprung in Ägypten, sind dort
jedoch vorzugsweise aus Fayence.

Higgins 1960/61, 104, Taf. 47 b

85

Anhänger *(s. Farbabb. 12, S. 25)*

Sammlung Lord Elgin, vgl. Kat. 83
8. Jh. v. Chr.
Gold; modern aus verschiedenen Teilen zusammengesetzt:
A: Br. 1,2 cm; ursprünglich mit farbigen Einlagen; B: L.
0,3–0,4 cm; C: L. 0,6 cm
London, British Museum, Inv. 1960, 11–1, 22–24

A: Der halbkreisförmige Anhänger ist an seinem oberen und unteren Ende mit einer zylindrischen Öse versehen. Seine peltenförmige Fassung trug, wie Vergleichsstücke aus Eleusis zeigen, ursprünglich eine
farbige Einlage.
B: Für die sechs an den Enden leicht aufgebogenen
zylindrischen Perlen, die in der modernen Zusammen-
fügung den halbkreisförmigen Anhänger mit dem oberen Schmuckteil verbinden, sind Parallelen in Spata/
Attika nachzuweisen. Dort bilden sie, bei einem
Halsschmuck aus einem spätgeometrischen Grab, die
Verbindungsglieder zwischen verschiedenen rechteckigen Schmuckblechen, von denen eines ebenfalls eine
peltenförmige Fassung aufweist.
C: Das Schmuckglied besteht aus zwei Röhrchen, die
an ihren oberen und unteren Enden durch horizontal
verlaufende Stege miteinander verbunden sind. Ein
ähnliches Stück, jedoch mit drei Perlen, stammt aus
Ephesos.

Higgins 1960/61, 104, Taf. 47 b
vgl. Deppert-Lippitz 1985, 77 f.

86

Armreif *(s. Farbabb. 12, S. 25)*

Sammlung Lord Elgin, vgl. Kat. 83
9. Jh. v. Chr.
Gold; Dm. 6,5 cm; leicht verbogen
London, British Museum, Inv. 1960, 11–1, 26

Der schlichte Armreif besteht nur aus einem kräftigen
Draht, dessen übergreifende, wenig verdickte Enden
mit eingeritzten, umlaufenden Linien verziert sind.

Higgins 1960/61, 104, Taf. 43 d

87

Fingerring (s. Farbabb. 12, S. 25)

Athen(?), Sammlung Lord Elgin
9.–8. Jh. v. Chr.
Gold; Dm. 2,2 cm
London, British Museum, Inv. 1960 11–1, 41

Fingerringe dieser Art sind bereits vom 11. Jh. v. Chr. an auf Zypern nachzuweisen, von dort dürfte der Typus nach Griechenland gelangt sein. Die engsten Parallelen zu dem hier gezeigten Stück mit mehrfach umlaufender Riefelung stammen aus Gräbern der ersten Hälfte des 8. Jhs. v. Chr. in Korinth.

Higgins 1960/61, 105, Taf. 44 b
Ders. 1969, 7

88

Fingerring (s. Farbabb. 12, S. 25)

Athen(?), Sammlung Lord Elgin
9. Jh. v. Chr.
Gold; Dm. 2,2 cm
London, British Museum, Inv. 1960, 11–1, 36

Der zu einem Ring geschlossene, leicht konvex gebogene Goldblechstreifen trägt als einzige Verzierung an den Rändern gepunzte Punkte.
Parallelen zu diesem Stück stammen aus einem Grab des 9. Jhs. v. Chr. vom Kerameikos-Friedhof in Athen sowie aus Lefkandi.

Higgins 1960/61, 105, Taf. 44
Ders. 1969, 6
Deppert-Lippitz 1985, 63

89

Schmuckband (s. Farbabb. 10, S. 23)

Athen, Grab bei der Piräusstraße
Mitte 8. Jh. v. Chr.
Gold; L. des linken Fragments 12,3 cm, des rechten Fragments 12,6 cm; rekonstruierte Gesamtlänge ca. 37 cm; Br. ca. 3 cm; zwei Bruchstücke, zwischen denen ein längerer Abschnitt fehlt; Dekoration über einer Matrize getrieben, wobei die Prägung durch zweimaliges Ansetzen des Blechs an dieselbe Hohlform erfolgte

Berlin, Staatliche Museen Preußischer Kulturbesitz, Antikenmuseum GI 306 (Misc. 6230)

Die Enden des Schmuckbandes sind leicht gerundet und mit je zwei Löchern versehen. Hier waren Stoffschnüre eingezogen, mit denen der den Toten als Diadem oder Kinnband angelegte Schmuck befestigt werden konnte. Dargestellt sind in einem nach rechts gerichteten Tierzug weidende Hirsche mit mächtigem Geweih, hinter jedem eine heranschleichende Löwin mit geducktem Kopf und aufgesperrtem Rachen. Den Rahmen bilden zwei Strichleisten, die den Längskanten des Bandes folgen. Kennzeichnend für Tierfriese dieser Art, die ihren Ursprung im Orient haben, ist die gleichförmige Aufreihung hintereinander schreitender Tiere und deren Wiedergabe in einem feststehenden Darstellungstypus.

Ohly 1953, 19
Greifenhagen I 1970, 20 Taf. 3,4

90

Schmuckband (s. Farbabb. 10, S. 23)

Athen, Grab bei der Piräusstraße
8. Jh. v. Chr.
Gold; L. 36,3 cm; Br. 1,5 cm; linkes Ende abgerundet, das rechte etwas beschädigt; an den Enden je zwei Löcher; die Dekoration ist von der Rückseite herausgedrückt
Berlin, Staatliche Museen Preußischer Kulturbesitz, Antikenmuseum GI 305 (Misc. 6230)

Vertikale Doppellinien trennen das Band in zwei ungleiche Abschnitte: Die linke Seite schmücken in mehreren Reihen übereinander angeordnete Wellenbänder aus ineinandergreifenden liegenden S-Linien und andere Strichmotive. In der vorderen Hälfte erscheinen zwei nach rechts gerichtete Wasservögel. Auf der rechten Seite der Trennlinie befinden sich eine in der Längsrichtung des Bandes dargestellte weibliche Figur im Klagegestus mit zum Kopf gehobenen Händen, daran anschließend ein nach links springendes Pferd und ein mit Punktreihen gefülltes Band aus ineinandergreifenden S-Linien. Die Zwischenräume füllen Wellen und Strichornamente sowie kleine Kreise mit Strahlen.
Dieses und das vorhergehende Stück (Kat. 89) gehören zu einer Reihe von Goldbändern, die in Gräbern geo-

metrischer Zeit in Athen und Attika gefunden wurden. Sie sind Vertreter zweier Gruppen: die mit Menschendarstellungen gilt als die eigentlich attische Gruppe, die mit Tierfriesen hingegen läßt eindeutig orientalischen Einfluß erkennen.

Ohly 1953, Taf. 17,1
Greifenhagen I 1970, 19 Taf. 3,2

91–92
Zwei Scheibenanhänger   (s. Farbabb. 79, S. 101)

Kamiros (Rhodos)
Ende 8. Jh. v. Chr.
Gold; GI 330: Dm. 6,3 cm; H. 8 cm; GI 331: Dm. 6,2 cm; H. 7,8 cm; Dekoration mit Hilfe verschiedener Punzen in Treibtechnik ausgeführt
Berlin, Staatliche Museen Preußischer Kulturbesitz, Antikenmuseum GI 330 (Misc. 6486) GI 331 (Misc. 6487)

Das Zentrum von Stück 91 bildet ein Kreisbuckel, der von zwei konzentrisch umlaufenden Zonen mit Strahlendekor und Punkten in den Zwischenräumen als Nachahmung von Granulation eingefaßt wird. Eine Punktreihe bildet die Außenrahmung.
In der Mitte des Stückes 92 befindet sich ein sechsstrahliger Stern. Dieser ist umgeben von einem schmalen Band mit Strichdekor, einem Fries mit Wasservögeln, einem Zickzack- und einem Flechtband. Der zungenförmige Fortsatz beider Stücke war ursprünglich zu einer Schnuröse aufgerollt.
Zu den zahlreichen, von rhodischen Fundplätzen stammenden Stücken lassen sich gut vergleichbare Parallelen im etruskischen Raum nachweisen. Goldscheiben dieser Art haben ihren Ursprung in den Stern- und Sonnenscheiben, die im Orient schon seit dem 2. Jt. v. Chr. getragen wurden.

Greifenhagen I 1970, 27 Taf. 7,6–7
v. Hase 1975, 124
Deppert-Lippitz 1985, 69 f.

93
Siegelring

Erworben 1938 von Frau Christine Arndt, München
Zweite Hälfte 6. Jh. v. Chr.
Silber; Dm. senkrecht 4,7 cm, quer 4,9 cm
Berlin, Staatliche Museen Preußischer Kulturbesitz, Antikenmuseum, Inv. 31699

Die rechteckige Platte, drehbar an einem Bügel angebracht, ist an den Längsseiten leicht konkav eingezogen und an den Ecken abgerundet. Ihre Oberflächengravur zeigt ein stilisiert wiedergegebenes langgestrecktes Schiff mit hochgezogenem Heck und flachem Kiel, von sechs Ruderern und Steuermann besetzt. Den Rahmen bildet ein eingelegter geflochtener Draht. Der Ring kann wegen seines großen Durchmessers nicht am Finger getragen worden sein; er diente vermutlich beim Siegeln als Griff.
Die Form des hier gezeigten Stückes leitet sich von den späten ägyptischen Kartuschenringen mit längsovaler Platte ab. Außerhalb Griechenlands sind Ringe dieses Typs in Etrurien und Sizilien nachzuweisen.

Zum Ringtypus vgl. Boardman 1967, 18 (Gruppe E)
Greifenhagen II 1975, 85 Taf. 62, 14–15

Die Kanne mit annähernd kugeligem Körper, sehr schlankem zylindrischem Hals und Kleeblattmündung ist durch 15 dreifache Firnislinien in einzelne Friese mit unterschiedlichen geometrischen Motiven gegliedert. Das untere Drittel schmücken drei umlaufende breite schwarze Streifen, unterbrochen von zwei tongrundigen. Die Gefäßmitte betont ein breiter Fries mit äsenden Rehen; »Winkelbäume« und mit den Spitzen gegeneinandergesetzte Dreiecke füllen die Zwischenräume. Die Schulterzone ist durch senkrechte Zickzackbänder zwischen je drei Linien in metopenartige Felder unterteilt: Die breite Mittelzone ziert ein schraffierter Mäander, links davon erscheinen gegenständige Dreiecke, ein Wasservogel und ein großer vierblättriger Blütenstern, rechts davon ebenfalls Dreiecke, ein Wasservogel mit Stern, Dreieck und Punktrosette und als Abschluß gegenständige Dreiecke. Die kleeblattförmige Mündung ist schwarz gefirnißt, ebenso wie der Henkel und die gesamte Henkelzone.

Die Kanne mit ihrer besonders qualitätvollen Bemalung hat ihre engsten Parallelen im Kreis des Dipylon-Malers. So liegt es nahe, auch in ihr eine Arbeit dieses Meisters oder zumindest seiner Werkstatt zu erkennen.

Follmann 1971, 12 f. Taf. 2

94
Geometrische Oinochoe

Aus dem Kunsthandel
Um 750 v. Chr.
Ton; H. 41 cm; zusammengesetzt, Henkel und eine Einbuchtung an der Mündung ergänzt, Ergänzungen auch an Schulterzone und Gefäßwandung, alle zum größten Teil übermalt, dunkler Firnis stellenweise fehlgebrannt
Hannover, Kestner-Museum, Inv. 1958,60

95
Geometrische Kanne

Attika
Letztes Drittel 8. Jh. v. Chr.
Tongrund gelbbraun, Firnis violettschwarz; H. mit Henkel
50,7 cm; zusammengesetzt; zahlreiche Absplitterungen; Deckel-
knauf fehlt
Hamburg, Museum für Kunst und Gewerbe, Inv. 1919.363

Die Kanne mit konischem Fuß, bauchigem Körper und
hohem, sich zur Mündung erweiterndem Hals ist
durch 18 umlaufende dreifache Firnisstreifen in einzelne Dekorationszonen gegliedert. Diese sind mit
unterschiedlichen geometrischen Motiven wie Rauten,
Dreiecken, Treppen- und Zinnenmäandern sowie
figürlichen Friesen verziert. Die Schulterzone betont
ein breiter Figurenfries mit acht nach rechts gewandten
weidenden Stuten und einem vor ihnen stehenden
Hengst. Sieben der Stuten säugen ihr Füllen, der achten
ist ein Wasservogel zugeordnet. Hervorgehoben ist
auch die Bauchzone, dort verläuft ein breiter Fries mit
schraffiertem Mäander, der oben und unten durch je
ein Rautenband und einen schmalen Fries mit Wasservögeln und Punktketten in den Zwischenräumen eingefaßt wird. Wasservögel und schraffierter Mäander
wiederholen sich in der mittleren Halszone, die durch
vertikale Linien metopenfeldartig gegliedert ist. Die
Mündung der Kanne zeigt ein Strichdekor. Dort setzt
der breite rauten- und strichgemusterte, beidseitig
durch Wülste verstärkte und zusätzlich durch einen
Steg gestützte Bandhenkel an. Der runde Deckel ist
durch Firniskreise in vier Dekorationszonen gegliedert:
Die beiden äußeren schmücken gegenständige Dreiecke und ein Schachbrettmuster, die beiden inneren
sind nur gefirnißt.
Die Vogelfriese setzen die Kanne in enge Beziehung zu
der ab der Mitte des 8. Jhs. v. Chr. arbeitenden »Bird-
seed-Werkstatt«, in der insbesondere Schalen mit diesen Vogelreihen in großer Anzahl produziert wurden.
Der in der Schulterzone umlaufende Tierfries weist
auf orientalischen, von syrisch-phönizischen Metallschalen ausgehenden Einfluß hin. Diese Schalen, in
großer Zahl nach dem Westen exportiert, sind auch in
Griechenland gefunden worden. Das Motiv des ihr
Junges säugenden Muttertieres weist ebenfalls in den
Orient; dort ist es jedoch die Kuh, die ihr Kalb säugt.

v. Mercklin 1928, 290 ff.
Brümmer 1976, 19 Taf. 7–8

96

Kanne

(s. Farbabb. 11, S. 24)

Attika
2. Hälfte 8. Jh. v. Chr.
Ton; H. 21,5 cm; vollständig erhalten
München, Staatliche Antikensammlungen, Inv. 8696

Die Oinochoe nimmt die Form der phönizischen Kanne mit Kleeblattmündung auf. Die figurale und ornamentale Dekoration folgt jedoch ganz dem attisch-geometrischen Stil. Das rechteckige Hauptbild in der Halszone zeigt eine Schiffbruchszene. Dargestellt ist ein gekentertes Schiff, auf dessen Kiel rittlings ein Mann sitzt. Von 10 weiteren Schiffbrüchigen im Wasser zwischen Fischen versuchen einige sich noch am Schiff festzuhalten, andere sind bereits ertrunken. Auf der linken Seite frißt ein Fisch an einem Toten. In streng geometrischem Stil sind die Köpfe und Beine der Männer in Profilansicht wiedergegeben, während die Oberkörper, als gittergemusterte Dreiecke, frontal erscheinen.

Die Schulterzone der Kanne schmückt ein Fries, auf dem vier Hunde mit überlangen dünnen Beinen einen Hasen hetzen. Den Gefäßbauch umspannt ein Vogelfries zwischen Zickzackbändern. Schwarze Firnislinien trennen die einzelnen Dekorationszonen voneinander; zusammen mit einem breiten schwarzen Band bilden sie die Verzierung des unteren Gefäßteiles wie auch der Mündung. Die dramatische Szene auf dem Hals des Gefäßes ist mit Passagen aus der Odyssee (Od. 12,403 ff.; 12,415 ff.; 7,251) in Verbindung gebracht worden. Dort wird vom Schiffbruch des Odysseus berichtet, bei dem all seine Gefährten ertranken und nur er allein der Katastrophe entkam, indem er den abgelösten Kielbalken mit den Armen umklammert hielt. In der bildlichen Umsetzung war der Balken für den Vasenmaler offensichtlich nur im Zusammenhang mit dem ganzen Schiff kenntlich zu machen.

Hampe 1952, 27–30 Taf. 7–11
Lullies 1954, 260–264 Abb. 1–3
Fränkel 1956, 569–574

97
Rechteckiges Schmuckplättchen

(s. Farbabb. 13, S. 26)

Rhodos
Mitte 7. Jh. v. Chr.
Gold; H. der Platte 3,7 cm, mit Granatäpfeln 6 cm; Br. 3 cm; Relief getrieben.
Berlin, Staatliche Museen Preußischer Kulturbesitz, Antikenmuseum, Misc. 8943

Das rechteckige Plättchen, mit einem Haken zum Anstecken auf der Rückseite, wird umrahmt von aufgelegten, gezwirnten und gekörnten Drähten. In streng symmetrisch angelegter Bildkomposition erscheint die geflügelte »Potnia Theron«, Naturgottheit und Herrin der Tiere. Sie hält mit jeder Hand einen sich windenden Löwen am Schwanz. Haar, Flügel und Gewand der Göttin sind durch Granulation hervorgehoben, ebenso die Köpfe und Flanken der Löwen. Ein ebenfalls reich granulierter Löwenkopf mit weit aufgerissenem Rachen springt aus einer Blattrosette am oberen Rand der Platte hervor. Am unteren Rand hängen an flachen Drahtösen fünf Granatäpfel, ein sechster ist zu ergänzen.
Schmuckplättchen mit dem Bild der »Potnia Theron« sind für Rhodos, insbesondere Kamiros, mehrfach belegt. Sie wurden durch wiederholte Verwendung derselben Matrize in Serie produziert. Gegenüber den Vergleichsstücken tritt hier als zusätzliches Schmuckelement die Blattrosette hinzu, für die zahlreiche Parallelen auf der Insel Melos nachzuweisen sind.

Greifenhagen I 1970, 28 Taf. 9,1
Deppert-Lippitz 1985, 102

die Fläche durch aufgelegte Flechtbänder unterteilt und gerahmt. In jedem der drei Felder erscheint ein Frauenkopf in Frontalansicht mit horizontal gegliedertem Haar. Diese »Etagenperücke« macht sie zu typischen Vertretern der »dädalischen« Kunst des 7. Jhs. v. Chr. Das Motiv geht auf das ursprünglich phönizische Bildthema der »Astarte im Fenster« zurück, das wir von Elfenbeinappliken aus Nimrud, Arslan Tash und anderen Fundorten kennen und das hier Eingang in die griechische Kunst gefunden hat. Über den Köpfen ist je eine Rosette aus sieben lanzettförmigen Blättern aufgesetzt. Am unteren Rand des Plättchens sind Drahtösen angebracht, an denen, wie Vergleichsstücke aus Rhodos belegen, kleine Kugeln oder Granatäpfel hingen.
Goldbleche dieser Art sind eine für den inselgriechischen Raum typische Schmuckform. Ein besonders häufig auf diesen Blechen dargestelltes Thema ist die »Potnia Theron« (s. Kat. 97).

Greifenhagen I 1970, 29 Taf. 10,2

98
Schmuckanhänger

(s. Farbabb. 14, S. 28)

Delos
Zweite Hälfte 7. Jh. v. Chr.
Gold; H. 1,9 cm; Br. 2,4 cm; Relief getrieben und mit Granulation verziert
Berlin, Staatliche Museen Preußischer Kulturbesitz, Antikenmuseum GI 212 (Misc. 3474)

Das rechteckige Plättchen gehörte zu einem Halsschmuck. Unterhalb der röhrenförmigen Schnuröse ist

(Kat. 73). Die Form der Ringplatte findet sich bereits an zyprischen Ringen des 2. Jts. (1400–1230) v. Chr.

Pierides 1971, Taf. 10, 11
Greifenhagen II 1975, 85 Taf. 62, 11–13

100
Gefaßter Skarabäus

Fundort unbekannt, aus der Sammlung v. Stosch
6. Jh. v. Chr.
Schwarz-weiß gestreifter Achat in Goldfassung; L. mit Fassung
3,9 cm
Berlin, Staatliche Museen Preußischer Kulturbesitz, Antikenmuseum FG 100

Der Skarabäus wurde in Ägypten als Siegel benutzt, als
Fingerring oder Anhänger zum Schmuck getragen,
hatte aber auch gleichzeitig Amulettcharakter. Auf
seine glatte Unterfläche gravierte man deshalb Symbole, Wunschformeln oder Königsnamen.

99
Fingerring

Erworben in Smyrna
7./6. Jh. v. Chr. (?)
Silber; Dm. senkrecht 2,5 cm, quer 2,6 cm
Berlin, Staatliche Museen Preußischer Kulturbesitz, Antikenmuseum, Inv. 30555

Die breitovale Platte des Silberrings zeigt zwei gegenständige phönizische Schalenpalmetten zu beiden Seiten einer kleinen unverzierten Scheibe. Der übrige
Raum trägt eine dichte, in insgesamt sechs Dreiecke
gegliederte Granulation. Dem wulstförmigen Rand ist
innen eine Reihe von Granulationskügelchen angelegt.
Der an der Rückseite der Platte angebrachte Ringbügel
rollt sich an den Enden zu je zwei Voluten auf.
Die phönizische Schalenpalmette ist ein vielfach
benutztes Schmuckelement. Vgl. dazu auch das hier
gezeigte goldene Armband aus Tharros (Sardinien)

Das starke, mit Drähten belegte Goldband, das den hier gezeigten Skarabäus umschließt, trägt, der breiten röhrenförmigen Öse gegenüber, einen fein ausgearbeiteten Widderkopf. Der Stein erhält durch zwei gekörnte Drähte und vier kleine Palmetten festen Halt in seiner Fassung. Auf seiner Unterseite ist das Bild des ägyptischen Gottes Bes eingeschnitten. Dieser steht, das rechte Bein vorgesetzt, auf einer Rautenleiste. In jeder Hand hält er nach oben einen Steinbock an den Hinterläufen, nach unten einen Löwen am Schwanz und dazwischen eine Uräusschlange. Er trägt einen Rock mit Rautenmuster und eine Federkrone mit kugeligen Enden. Über ihm befindet sich eine geflügelte Sonnenscheibe.

Der ägyptische Bes galt als Schutzgott, als Vernichter der Feinde – hier durch die wilden Tiere symbolisiert. Darum wurde er mit schreckenerregenden fratzenhaften Gesichtszügen, die apotropäisch (übelabwehrend) wirken sollten, dargestellt. Der Stein gilt als phönizische Arbeit, die Fassung als ostgriechisch.

Zahn 1932, 20 Nr. 4
Greifenhagen II 1975, 36 f Taf. 34,1–3
Zwierlein-Diehl 1969, Nr. 134 Taf. 32

101–103
Drei Glasgefäße

Die drei Salbgefäße sind in Sandkerntechnik hergestellt. Der aus Ton oder organischen Stoffen bestehende Kern in Form des gewünschten Gefäßes wurde dabei, an einem Stab befestigt, unter ständigem Drehen in die Glasschmelze getaucht. Zur Dekoration spulte man farbige Glasfäden um den Gefäßkörper und kämmte sie mit einem spitzen Werkzeug zu Mustern. Um eine glatte, gleichmäßige Oberfläche zu erhalten, wurde das Ganze anschließend über Stein oder Metall gerollt. Nach dem Erkalten entfernte man den Kern aus dem Inneren des Gefäßes.

Bereits seit der Mitte des 2. Jts. v. Chr. in Ägypten, Mesopotamien und Nordsyrien hergestellt, sind Sandkerngefäße vom 7. Jh. v. Chr. an im gesamten Mittelmeergebiet anzutreffen. Sie dienten als Behälter für Duftöl, Salbe und Schminke. Produktionsstätten wird man am ehesten im östlichen Mittelmeerraum annehmen dürfen, wo auch die Zentren der Parfümherstel-

lung waren. Die Gefäßformen entstammen dem griechischen Typenrepertoire, wobei die Alabastra am häufigsten nachzuweisen sind.

101
Alabastron   *(s. Farbabb. 66, S. 84)*

Aus Privatbesitz (Slg. Dr. Lederer Berlin, ehem. Slg. Schiller)
5.–4. Jh. v. Chr.
Schwarzes opakes Glas; H. 8,5 cm; Zierstreifen opak gelb und türkisfarben; Hals sowie Mündung gebrochen und geklebt
Hannover, Kestner-Museum, Inv. 1935,97

Das schlauchförmige Gefäß mit leicht gerundetem Boden, kurzem Hals und flacher Tellermündung trägt an beiden Seiten delphinförmige kleine Ösenhenkel. Den mittleren Gefäßteil bedeckt ein gelber und türkisfarbener Zick-Zack-Dekor, beidseitig eingefaßt von umlaufenden Streifen. Ein solcher Zierfaden schmückt auch die Gefäßmündung. Die zylindrische Form ist typisch für Alabastra des 5.–4. Jhs. v. Chr.

Liepmann 1982, 31 Nr. 4

102
Aryballos   *(s. Farbabb. 66, S. 84)*

Aus dem Kunsthandel Athen
6.–4. Jh. v. Chr.
Kobaltblaues opakes Glas; H. 6,6 cm; Zierfäden opak gelb und türkis
Hannover, Kestner-Museum, Inv. 1893, 8

Die Form des Aryballos wird durch den kugeligen Gefäßkörper, den zylindrischen Hals mit Trichtermündung und die beidseitig angebrachten kleinen Ösenhenkel bestimmt. Der Dekor besteht hier aus einem an der Mündung umlaufenden Zierfaden und einem von Streifenpaaren begrenzten Zick-Zack-Muster in Gefäßmitte. Die bei diesem Gefäß glatte, nicht mehr gerippte Oberfläche und die kleine Musterung weisen es, im Vergleich mit dem Amphoriskos (Kat. 103), in eine fortgeschrittenere Entwicklungsstufe.

Liepmann 1982, 30 Nr. 2

103

Amphoriskos   (s. Farbabb. 66, S. 84)

Aus dem Kunsthandel Athen
6.–5. Jh. v. Chr.
Weißes opakes Glas; H. 10,6 cm; Dekor dunkelrot bis braun;
Lippe gesondert angefügt, ein Teil derselben mit einem Stück
des Halses weggebrochen; Oberfläche stark verwittert und rauh
Hannover, Kestner-Museum, Inv. 1893, 10

Dem Amphoriskos mit bauchigem, nach unten spitz
zulaufendem Gefäßkörper, kleinem, knopfförmigem
Fuß, zylindrischem Hals und trichterförmiger Mündung sind die beiden Hals-Schulter-Henkel und
die Lippe gesondert angefügt. Die Gefäßschulter
schmückt ein Streifendekor, das sich am Körper, unter
Freilassung eines Mittelstreifens, als gekämmtes Zick-
Zack-Muster fortsetzt. Die kräftige Rippung des
Gefäßkörpers und der den größten Teil des Bauches
bedeckende Dekor kennzeichnen ihn als frühen Vertreter dieser Form.

Liepmann 1982, 29 Nr. 1

104

Pyxis

Kunsthandel
Frühes 6. Jh. v. Chr.
Ton hellbraun, Bemalung dunkelrot und schwarz, Ritzzeich-
nung; H. 14,5 cm; weitgehend erhalten, Ergänzungen an Fuß
und Wandung
München, Staatliche Antikensammlungen, Inv. 7741

Mittelkorinthische Pyxis mit breiter Mündung,
weitem, zylindrischem Hals, gestaucht kugelförmigem
Bauch und abgesetztem, niedrigem Standring. Die
Henkel sind als Frauenprotomen ausgebildet, die auf
der Schulter aufsitzen und mit dem Hinterkopf an
der Lippe befestigt sind. Auf der Oberseite der Mündung und auf der Innen- und Außenseite des Halses
breite umlaufende rote Streifen, auf der Lippe Rautenmuster.
Die Schulterzone zeigt, gerahmt von zwei umlaufenden
und senkrechten Linien, zwei Bildfriese mit jeweils fünf
Figuren: Rechts eine sitzende Frau mit einem Kind auf
dem Schoß, vor ihr zwei Frauen im Peplos, die einander
an Kränzen halten, links eine zweite sitzende Frau mit
einer Spindel, vor dieser eine Frau mit einem Kranz
oder einer Opfergabe. Auf der gegenüberliegenden
Seite die gleiche Komposition, hier nur hält auch eine
der Stehenden ein Kind im Arm.
In der Mittelzone der Pyxis bewegen sich 24 in Peploi
gewandete und bekränzte Frauen – ein kleines Mäd-
chen eingeschlossen –, teils einander an Kränzen haltend, teils einander zugewandt auf eine thronende Göttin zu, die in der Hand eine Spindel hält. Eine Frau
spielt auf einer Doppelflöte, zwei Dienerinnen balan-
cieren auf dem Kopf ein Tablett mit Kannen, Aryballoi
und anderen Gegenständen, eine dritte trägt einen
Widder unter dem Arm. Zwischen den Figuren Punkte
und Klecksrosetten.
Das Motiv des Festzuges, der sich auf eine thronende
Gestalt zubewegt, ist in der Kunst des Vorderen Orients
gewöhnlich den Darstellungen mit religiösem bzw. kul-
tischem Inhalt vorbehalten; eine phönizische Erfin-

dung ist die Hinzufügung von Musikanten und Opferträgern. Dieses Thema, das uns häufig genug von phönizischen Elfenbeinen bekannt ist, hat hier seinen Eingang in die orientalisierende korinthische Keramik gefunden.

Die Köpfe der Frauenprotomen sind in Matrizen hergestellt. Das Haar ist in der Mitte gescheitelt und in einzelnen fein gekerbten Strähnen gewellt. An den Seiten fallen je zwei breite Haarenden herab; Gewand und Haupthaar sind dunkelrot bemalt.

Auf der Fußzone der Pyxis ein Strahlenkranz und ein Blattstabornament, die Oberseite des Standringes ist dunkelrot bemalt.

Lullies 1952, 40 f. Abb. 6–9 Taf. 144, 5, 6. 145, 1, 2

105
Kotyle

Kunsthandel
Frühes 6. Jh. v. Chr.
Ton weißlich-hellbraun, Bemalung dunkelrot und schwarz; H. 21,0 cm; Dm. 28,5 cm; vollständig
München, Staatliche Antikensammlungen, Inv. 8512

Früh- bis mittelkorinthische, steilwandige Kotyle (»tall kotyle«) mit flachkonvexer Wandung, geradem Rand und runder Lippe, horizontalem Boden und schräg abgesetztem niedrigem Standring. Kurz unterhalb des Randes zwei horizontale Henkel.

In der Henkelzone doppeltes, wechselständiges Palmetten- und Lotosblüten-Schlingornament zwischen einfachen horizontalen und dreifachen vertikalen Linien am Henkelansatz. Auf den Henkeln zwei waagerechte Linien. In der Gefäßmitte, eingefaßt von je zwei Punktbändern zwischen umlaufenden Linien, ein orientalisierender Tierfries: eine Sirene zwischen Löwe und Sphinx, dazu rechts ein Eber, links ein junger Hirsch. Auf der gegenüberliegenden Seite zwei antithetisch angeordnete Sirenen vor einem stilisierten Lebensbaum, gefolgt von je einem Panther. Rosetten und Klecksrosetten füllen die Zwischenräume. Unter dem figürlichen Fries ein doppelter, versetzter Strahlenkranz, um den Fuß ein breiter dunkelroter Streifen. Die Innenseite der Kotyle ist schwarz bemalt, um den Rand laufen zwei waagerechte dunkelrote Linien.

Lullies 1952, 39 Taf. 143, 1–4

106
Salbschale

Herkunft unbekannt
9.–7. Jh. v. Chr.
Steatit; L. 10,2 cm; Dm. (außen) 7,2 cm; am Stutzen gebrochen; Becken poliert; die Augen des Löwen waren mit farbigem Glas eingelegt
Karlsruhe, Badisches Landesmuseum, Inv. 72/74

Flaches, wohl in Nordsyrien geschaffenes Salbschälchen mit dicker Wandung. Der horizontale Rand der Schale trägt außen ein Zickzackband, die Unterseite ist mit einem stilisierten Lebensbaum verziert. Am Rand der Schale sitzt ein Löwenkopf, der die Schale mit seinem geöffneten Rachen gleichsam gepackt hat und mit seinen Pranken festhält. Zur Verwendung als Spendegefäß vgl. Kat. 42 und 107.

Thimme 1986, 72 f. (Nr. 27). Vgl. Walter 1959, Nr. 36

107
Löwenschale

Kunsthandel
7. Jh. v. Chr.
Ton hellorange, Überzug orange, Oberfläche feucht geglättet und gespachtelt; H. 4,3 cm, Dm. Bauch 13,1 cm, Dm. Schale 11,0 cm; Flaschenbauch aus zwei Hälften zusammengesetzt, Schale horizontal gedreht, fragmentiert und ergänzt; Bemalung schwarzbraun, matt
Heidelberg, Archäologisches Institut, Inv. 59/1

Das Spendegefäß hat einen linsenförmigen Bauch, zusammengesetzt aus einer flachkonvexen und einer geradwandigen runden Halbschale, dessen Form jener der phönizischen Pilgerflaschen entspricht. Vor der Ausgußöffnung des Flaschenkörpers ist eine geringfügig kleinere, flache Schale mit nach innen umgelegter, horizontaler Lippe angebracht und über eine kleine Öffnung mit dem Behälter verbunden. Auf der Ausgußöffnung sitzt eine aus der Matrize geformte Löwenkopfprotome, die mit ihrem geöffneten Maul den Rand der Schale gleichsam festhält. Zwei bogenförmige, auf der Schulter des Behälters befestigte und am anderen Ende zu Händen geformte Henkel greifen an den Rand der Schale. In der Mitte des Flaschenbauches sind die Reste der Einfüllöffnung erhalten. Bemalung der Unterseite schwarz, am Rand bis zum Ansatz der Arm-

106

107

henkel, ein von Firnislinien eingefaßtes Treppenband, auf der Oberseite zwei konzentrische Zonen: um die Einfüllöffnung eine tongrundig ausgesparte, schwarze Rosette aus zwölf Zungenblättern, außen, bis zum Ansatz des Kopfes, ein Kranz mit 19 gegitterten, punktgefüllten Rauten. Zwischen Henkelansatz und Protome je ein tongrundiges und ein schwarzes Quadrat. Der Schalenrand trägt einen »Hakenmäander«.

Das vermutlich aus Arkades (Kreta) stammende Gefäß diente als Kultgerät. Dickflüssiges, ätherisches Öl wurde in dem mit Stopfen verschlossenen Flaschenbehälter aufbewahrt und bei Bedarf zur Entnahme in die kleine Schale gegossen. Seine Vorbilder sind einerseits in den sogenannten orientalischen »Löwenschalen« aus Steatit, Glas oder Elfenbein zu suchen, die wir aus dem nordsyrisch-palästinensischen Raum kennen (vgl. Kat. 106) und in das 10.–7. Jh. v. Chr. datieren, sowie in den »Handschalen« gleicher Provenienz (vgl. Kat. 42). Für Umsetzung in eine keramische Form standen philistäische Spendeflaschen – z. B. aus Megiddo, Schicht VI – und phönizische Pilgerflaschen Pate.

Hampe 1969

108

Silberkanne

(s. Farbabb. 31/32, S. 43)

Pontecagnano (Salerno), Grab 928
700–650 v. Chr.
Silber; H. 21,0 cm; Dm. (Bauch) 10,0 cm; vollständig; Gefäßkörper und Henkel getrieben, Bauch und Hals verlötet; Verzierung geritzt, teilweise vergoldet
Salerno, Museo Archeologico, Inv. 16579

»Birnenförmige« Silberkanne mit enger, »kleeblattförmiger« Mündung, konischem Hals und ellipsoidem
Bauch mit breitem, horizontalem Boden und schmalem Standring. Bauch und Hals dieser, wie der übrigen
bekannten Silberkannen auch, wurden getrennt getrieben und miteinander verlötet. Der geschwungene Henkel, aus zwei getriebenen Röhren, ist am Mündungsrand und am Bauchansatz befestigt; er endet oben in
zwei schmalen Zungen und unten, wo die Lötstelle des
Henkels von einem quergerippten Blechstreifen abgedeckt wird, in einer vergoldeten phönizischen
Palmette. Diese auch »Paradiesblume« genannte
Attasche zeichnet den vegetabilen Ursprung des
Motivs sehr getreu nach: Einem Kelch mit fünf drei-
eckigen Hüllblättern entspringen zwei große Voluten;
aus einer kugelförmigen Dolde zwischen diesen wachsen acht Zwischenblätter und neun Stengel, die wiederum Palmetten als Blüten tragen. Das orientalische
Palmettenmotiv begegnet uns vielfach auf Elfenbeinen
mit Darstellungen des Lebensbaumes (vgl. Kat. 28. 30.
31. 51). Weitere Kannen dieses Typs wurden – mit Ausnahme von Zypern (Tamassos) – nur im westlichen
Mittelmeergebiet gefunden: Silberkannen überwie-
gend in Etrurien und Latium und Bronzekannen auf
der Iberischen Halbinsel (Kat. 199. 200). Aus dem
Schatzfund von Aliseda stammt zudem ein Exemplar
aus gegossenem und geschliffenem grünem Glas.
Die Form der Metallkannen entspricht derjenigen der
unverzierten Kannen der »Red Slip Ware«, die wir vorwiegend aus den phönizischen Nekropolen des Mutterlandes und Zyperns, aber auch aus dem westlichen
Mittelmeerraum kennen (vgl. Kat. 177. 188). Wir dürfen diese Metallkannen daher als ostphönizische Produkte bezeichnen, auch wenn sie vielleicht in Italien
bzw. auf der Iberischen Halbinsel von wandernden
oder in der Fremde ansässigen phönizischen Handwerkern hergestellt worden sind.
Die italischen Silberkannen machen ebenso wie ihre
zahlreichen Nachbildungen in etruskischer Impasto-

und Buccherokeramik (vgl. Kat. 120–122) deutlich, wie
stark der phönizische Einfluß auf den orientalisierenden Horizont Italiens war. – Sie stammen vorwiegend
aus den großen Fürstengräbern Etruriens: »Werbe-
geschenke« der phönizischen Kaufleute an ihre etruskischen Erzlieferanten.

d'Agostino 1977, 15 Abb. 23 Taf. 22 (L 78)
Grau-Zimmermann 1978, 168. 176. 189. 214 (K 14)
Rathje 1979, 156 ff.

109

Silberkotyle

(s. Farbabb. 7, S. 19)

Pontecagnano (Salerno), Grab 928
Ca. 710–675 v. Chr.
Silber; H. 8,2 cm; Dm. 9,8 cm; Wd. 0,2 cm; ein Henkel fehlt;
Gefäß getrieben, Verzierung graviert
Salerno, Museo Archeologico, Inv. 16578

Steilwandige Silberkotyle mit flachkonvexer Wandung,
kaum eingezogenem, geradem Rand, dickem horizontalem Boden und schräg abgesetztem, niedrigem
Standring. Das Gefäß wurde aus einem Silberblech
getrieben, der Boden ist massiv und nachträglich ein-
gelötet, die Henkel sind aus Blechen zu Röhren gebogen und unterhalb des Randes mit der Wandung
verlötet; einer von ihnen ist noch erhalten. Diese Herstellungstechnik ist identisch mit jener der übrigen
Kotylen aus Pontecagnano und Cerveteri. Die Verzierung beschränkt sich auf die Henkelzone, wo ein
schmaler, jeweils oben und unten von doppelt-paralle-
len Linien gerahmter, rechtsläufiger Fries aus ägyptischen Hieroglyphen eingraviert ist; es handelt sich
dabei mit einigen Ausnahmen um blinde, d. h. zu rein
dekorativen Zwecken aneinandergereihte Schriftzeichen. Zwischen den Zeichen sind als phönizische
Motive das galoppierende Pferd, das trabende Rind
und der Kopf in Profilansicht eingestreut. Die Kotyle
aus Pontecagnano gehört zu einer Gruppe von Gefäßen, die in einer phönizischen Werkstatt auf Zypern
oder in der Levante hergestellt wurden. In ihr sind
Gräkisierendes – die protokorinthische Keramikform
der sogenannten »tall-kotylai« des 8. Jhs. v. Chr. – und
Ägyptisierendes – die nachgeahmte Hieroglyphen-
inschrift – zu einer phönizischen Neuschöpfung ver-
schmolzen.

d'Agostino 1977, 15. 31 ff. Abb. 24 Taf. 23 f. (L 79)
Markoe 1985, 201 f. (E 14)

die Flanken der beiden äußeren mit einem Flechtband, die beiden inneren hingegen mit schräger Schraffur verziert sind. Ein gutes Dutzend ähnlicher Kannen (vgl. Kat. 112) ist aus Etrurien bekannt geworden. Es handelt sich dabei um eine indigene Schöpfung, deren Gefäßform von phönizischen Keramikprototypen zyprischer Provenienz angeregt ist, die hinsichtlich der Herstellungstechnik aber auch enge Verbindungen mit den sogenannten italischen Schnabelkannen verrät.

d'Agostino 1977, 11. 20 ff. Abb. 8 Taf. 6 a–c (L 38)

110
Schale

Pontecagnano (Salerno), Grab 928
7.–6. Jh. v. Chr.
Silber; H. 2,7 cm; Dm. 17,6 cm; Wd. 0,1–0,2 cm; vollständig; Gefäßkörper getrieben
Salerno, Museo Archeologico, Inv. 16577

Flache, unverzierte Trink- oder Spendeschale aus Silber, mit nach außen gezogenem, gekehltem Rand und schmaler, horizontaler Lippe, flachem, abgesetztem Becken mit gerader Wandung und horizontalem Boden. Die Form ist im Vergleich zur Rippenschale aus demselben Grab (Kat. 113) straffer und schlichter.

d'Agostino 1977, 15 Abb. 25 Taf. 28 a, b (L 80)

111
Bronzekanne

Pontecagnano (Salerno), Grab 926
Um 750 v. Chr.
Bronze; H. 29,2 cm; Dm. 16,9 cm; vollständig; Gefäßkörper getrieben, Henkel gegossen und vernietet, Verzierung graviert
Salerno, Museo Archeologico, Inv. 16532

Bronzekanne mit »kleeblattförmiger« Mündung, konischem Hals, hohem, ovoidem Bauch mit Schulterknick und horizontalem Boden mit niedrigem, abgesetztem Standring; der Gefäßkörper ist aus einem Stück Bronzeblech getrieben und unverziert. Der gestreckte Bandhenkel ist gegossen, seine Enden, zu Zungen geformt und mit gravierten Palmetten geschmückt, sind an Mündungs- und Schulterzone mit je einem versilberten Niet befestigt. Der Henkelrücken ist in fünf Leisten gegliedert, von denen die mittlere und

Stück Bronzeblech getrieben und unverziert. Der gestreckte Bandhenkel ist gegossen, seine Enden, flache trapezförmige Zungen, an Mündungs- und Schulterzone mit drei bzw. einem Niet befestigt. Die Henkelzungen sind unterschiedlich graviert: Auf der oberen sitzen zwischen zwei »Augen« und, von horizontalen Flechtbändern gerahmt, eine degenerierte Lotosblüte und ein mit Punkten gefülltes Wolfszahnband; auf der unteren Zunge zwei mit Punkten gefüllte Wolfszahnbänder, deren unteres von einem rechteckigen Flechtband gerahmt ist. Der Henkelrücken ist mit fünf Kanneluren versehen, von denen die äußeren mit einem Flechtband, die mittlere mit schräger Schraffur graviert und die beiden inneren unverziert sind.

Die Henkelverzierung dieser Kanne (vgl. Kat. III) zeigt, wie schwach die Erinnerung an die orientalischen Motive nur noch ist. Flechtband, »Wolfszahn« und Lotosblüte sind schematisch auf die verzierte Fläche verteilt und sehen nur noch *so ähnlich* aus wie eine Palmette.

d'Agostino 1977, 14. 20ff. Abb. 20 Taf. 19 a–d (L 66)

112
Bronzekanne

Pontecagnano (Salerno), Grab 928
Um 750 v. Chr.
Bronze; H. 30,0 cm; Dm. 16,0 cm; fragmentiert; Gefäßkörper getrieben, Henkel gegossen, Verzierung graviert
Salerno, Museo Archeologico, Inv. 16589

Bronzekanne mit »kleeblattförmiger« Mündung, konischem Hals, hohem, ovoidem Bauch mit Schulterknick und horizontalem Boden mit niedrigem, abgesetztem Standring; der Gefäßkörper ist aus einem

113
Rippenschale

Pontecagnano (Salerno), Grab 928
7.–6. Jh. v. Chr.
Bronze; H. 5,2 cm; Dm. 21,0 cm; fragmentiert; Gefäß und Verzierung getrieben
Salerno, Museo Archeologico, Inv. 16584

Flache Spendeschale mit niedrigem, konkavem, unverziertem Rand und leicht verdicktem Randprofil. Das niedrige, gebauchte Schalenbecken besteht aus einem Kranz radial angeordneter, plastisch getriebener Rip-

pen, der horizontale Boden ist leicht eingezogen und mit einem nach außen getriebenen »Standring« versehen. Das Gefäß ist aus einem Bronzeblech getrieben. Diese Phiale stammt vermutlich aus einer mitteletruskischen Werkstatt. Sie zählt zu einem während des 7. und 6. Jhs. v. Chr. im Mittelmeerraum sehr populären und in vielen Varianten auftretenden Typ der Trink- und Spendeschale, deren Urform im Orient beheimatet ist. Ihre engsten orientalischen Parallelen kennen wir aus Assur und Idalion (Zypern), und selbst in Spanien sind sie anzutreffen (vgl. Kat. 196).

d'Agostino 1977, 14. 27 Abb. 19 Taf. 28 a, b (R 65)

114
Dragofibel

Pontecagnano (Salerno), Grab 928
2. Viertel 7. Jh. v. Chr.
Silber; 11 cm; einer der seitlichen Kugelfortsätze fehlt
Salerno, Museo Archeologico, Inv. 16590

Die Gewandnadel ist ein Vertreter der in zahlreichen Varianten in etruskischen Gräbern vorkommenden sog. Drachenfibel, einem typisch männlichen Schmuckstück.
Dem schlangenförmigen Bügel aus Runddraht mit einer Doppelkugel zwischen zwei spitzen Fortsatzpaaren an den Seiten ist oben ein zylindrisches hohles Querröhrchen und an der Basis ein kleiner Ring zum Raffen der Gewandfalten angefügt. Die Nadel und der Nadelschuh sind lang und verjüngen sich nach unten. Die Fibel gehört zu der am weitesten verbreiteten Variante der Dragofibel. Von den zahlreichen Stücken aus Edelmetall stammen die silbernen vorwiegend aus Kampanien, Latium und Südetrurien, während die

besonders sorgfältig gearbeiteten goldenen Exemplare nur in Mittel- und Nordetrurien vorkommen, wo wohl auch das Produktionszentrum anzunehmen ist.

d'Agostino 1977, 15. 28 ff. Taf. 22 a–b

115
Dragofibel   (s. Farbabb. 19, S. 33)

Tarquinia (Etrurien), Tomba del Guerriero
Wende 8./7. Jh. v. Chr.
Silber mit Goldauflage; L. 8,8 cm; L. der Querriegel ca. 2 cm; Fibelnadel und Fuß fehlen, der Goldblechbelag einer der Seitenknöpfe ist abgeblättert
Berlin, Staatliche Museen Preußischer Kulturbesitz, Antikenmuseum, Misc. 6326

Den Bügelkörper bilden zwei Stäbe, die mit feinem Golddraht bespannt sind. Dieses Filigranband ist untergliedert in fünf Streifenzonen mit unterschiedlich eng geschlungenen Wellenlinien. Die vier seitlich vorragenden Querriegel enden in goldverkleideten Kappen und sind, ebenso wie einige Stellen des Fibelbügels, mit Golddraht umwickelt.
Die Typen der Dragofibel entwickelten sich in all ihren Spielarten auf italischem Boden. Die einheimische Form ist hier also mit einer aus dem Orient stammenden und bereits im 8. Jh. v. Chr. von den Etruskern übernommenen Filigrantechnik verbunden.

Sundwall 1943, 233 ff.
Greifenhagen I 1970, 88 f. Taf. 68,1
Kilian 1977, 54

116
Anhänger   (s. Farbabb. 15, S. 29)

Bolsena (Etrurien)
2. Hälfte 6. Jh. v. Chr.
Karneol; Br. 3,1 cm
Berlin, Staatliche Museen Preußischer Kulturbesitz, Antikenmuseum, Inv. 30219,489. Slg. F. L. von Gans

Zwei kräftige gebogene, mit je einem gekörnten Draht und einer Kugel verzierte Bügel halten den auf einen Draht gezogenen Skarabäus. Ihre zu Voluten eingeroll-

ten Enden deuten, zusammen mit Staubblättern und Stempel, eine Blüte an. Ein kleiner Ring bildet das Verbindungsglied zwischen der zylindrischen Schnuröse mit drei aufgelegten runden und vier gekörnten Drähten und den Bügeln.

Der glatten Unterseite des Skarabäus ist ein Bild des ägyptischen Sonnengottes Horus eingraviert. Der als Knabe mit zum Mund gehobenem Finger dargestellte Gott hockt auf einem Pylon (Torbau), inmitten sich neigender Lotosblüten. Diese Darstellung spielt auf den Geburtsmythos des Horus an, nach dem der Sonnengott am Uranfang aus einer Blume, die über dem Ozean aufblühte, aufgestiegen ist. So erklären sich auch die Darstellungen, die ein am Finger saugendes Kind auf einer Lotosblüte zeigen (vgl. Kat. Nr. 27). Der Skarabäus gilt als phönizische Arbeit, die Fassung als etruskisch.

Greifenhagen I 1970, 92 f. Taf. 70, 7–10
Zwierlein-Diehl 1969, Nr. 143 Taf. 33

117

Amphoriskos

Pontecagnano (Salerno), Grab 926
Um 725–675 v. Chr.
Ton hellbraun, Oberfläche tongrundig, dunkelbraun, poliert (Impasto); H. 7,5 cm; Dm. (Mündung) 4,4 cm; vollständig
Salerno, Museo Archeologico, Inv. 16523

Orientalisierender Amphoriskos der Impasto-Keramik mit weiter, schlichter Mündung und runder Lippe, weitem, kurzem, zylindrischem Hals, bikonischem Bauch und horizontalem Scheibenboden mit niedrigem, abgesetztem Standring. Zwei bogenförmige Henkel sind an der Mündung und auf der Schulter befestigt. Schulterverzierung mit zehn vertikalen Rippen; horizontale Rädchenverzierung am Halsansatz mit Schraffur, auf dem Henkelrücken, am Henkelansatz und vertikal zwischen den Rippen.

Amphoriskoi dieses Typs sind am Beginn der Eisenzeit in Kampanien, Südetrurien, Latium und im Faliskerland verbreitet und sind abgeleitet von orientalischen Stammformen des 11. Jhs. v. Chr. von der Levante und von Zypern.

d'Agostino 1977, 12. 43 Abb. 12 Taf. 11 (L 60). Vgl. d'Agostino 1968, 109 ff. Abb. 22. 23

118
Amphoriskos

Pontecagnano (Salerno), Grab 926
Um 725–675 v. Chr.
Ton rötlich, Oberfläche tongrundig, dunkelbraun, poliert
(Impasto); H. 7,3 cm; Dm. (Mündung) 5,2 cm; vollständig
Salerno, Museo Archeologico, Inv. 16521

Amphoriskos mit der gleichen Form wie Kat. 117.

d'Agostino 1977, 12. 43 Abb. 12 Taf. 11 (L 59)

119
Amphoriskos

Pontecagnano (Salerno), Grab 926
Um 725–675 v. Chr.
Ton hellbraun, Oberfläche tongrundig, dunkelbraun, poliert
(Impasto); H. 7,4 cm; Dm. (Mündung) 4,8 cm; vollständig
Salerno, Museo Archeologico, Inv. 16520

Dieser Amphoriskos weicht lediglich in der Verzierung
etwas von den beiden vorigen Stücken ab, statt der
zehn Rippen auf der Schulter trägt er deren zwölf.

d'Agostino 1977, 12. 43 Abb. 12 Taf. 11 (L 58)

120

bogenförmiger Henkel, an der Mündung und auf der Schulter befestigt. Verzierung der Schulterzone durch eine doppelte und vier einfache vertikale, tiefe Kerben sowie dazwischengesetzte, hufeisenförmige Vertiefungen.

Unübersehbar ist der Einfluß orientalischer Vorbilder auf die kampanischen Impasto-Kannen dieses Typs (vgl. die phönizischen Kannen aus Karthago, Kat. 177. 178).

d'Agostino 1977, 11. 43 Abb. 11 Taf. 10 (L 48). Vgl. d'Agostino 1968, 117f. Abb. 25. 26

121
Kleeblattkanne

Pontecagnano (Salerno), Grab 926
Um 750 v. Chr.
Ton rötlichbraun, Oberfläche tongrundig, dunkelbraun, poliert (Impasto); H. 22,0 cm; Dm. (Bauch) 13,2 cm; vollständig, restauriert
Salerno, Museo Archeologico, Inv. 16529

Kanne der Impasto-Keramik mit weiter, »kleeblattförmiger« Mündung und weitem, konischem Hals, kugelförmigem Bauch und horizontalem Boden mit niedrigem Standring. Der bogenförmig gestreckte Henkel ist an der Mündung und unterhalb des Halsansatzes befestigt.

Verzierung des Halses mit sechs horizontalen Kehlen, des Bauches mit sieben vertikalen, breiten, tiefen Kerben und einer tiefen, hufeisenförmigen Kerbe unterhalb des Henkelansatzes. Die Konturen der Kerben und des Henkelansatzes werden durch Rädchenverzierung betont (vgl. Kat. 120).

d'Agostino 1977, 12. 43 Abb. 11 Taf. 10 (L 49)

120
Kleeblattkanne

Pontecagnano (Salerno), Grab 926
Um 750 v. Chr.
Ton rötlichbraun, Oberfläche tongrundig, dunkelbraun, poliert (Impasto); H. 25,6 cm; Dm. (Bauch) 18,0 cm; vollständig (Boden mit Loch)
Salerno, Museo Archeologico, Inv. 16527

Orientalisierende Kanne der Impasto-Keramik mit weiter, »kleeblattförmiger« Mündung und weitem, konischem Hals, gestaucht ovoidem Bauch und horizontalem Boden mit niedrigem Standring. Gestreckter,

121

122

122

Kleeblattkanne

Pontecagnano (Salerno), Grab 926
Um 750 v. Chr.
Ton rötlichbraun, Oberfläche tongrundig, gräulichbraun (Impasto); H. 22,0 cm; Dm. (Bauch) 12,4 cm; vollständig
Salerno, Museo Archeologico, Inv. 16528

Kanne der Impasto-Keramik mit weiter, »kleeblattförmiger« Mündung und kurzem, konischem Hals, schlankem, ovoidem Bauch und horizontalem Boden mit niedrigem, abgesetztem Standring. Kräftiger, bogenförmiger Henkel, an der Mündung und unterhalb des Halsansatzes befestigt.

Rädchenverzierung auf der Schulter und am Schulterumbruch mit einem doppelten breiten und einem schmalen Zickzackband (»Wolfszahnmotiv«) zwischen doppelten horizontalen Linien. Auf dem Henkelrücken und am Henkelansatz doppelte horizontale Linien (vgl. Kat. 120).

d'Agostino 1977, 11. 43 Abb. 11 Taf. 10 (L 50). Vgl. d'Agostino 1968, 117 f. Abb. 25, 64. 26, 66

124
Fußschale mit Pferdeprotomen

Pontecagnano (Salerno), Grab 926
Um 750 v. Chr.
Ton rötlichbraun, Oberfläche tongrundig, dunkelbraun, poliert (Impasto); H. 14,8 (mit Henkel 24,4) cm; Dm. 22,4 cm; fragmentiert
Salerno, Museo Archeologico, Inv. 16531

Gekielte Schale der Impasto-Keramik mit hohem, vertikalem und dreifach gekehltem Rand, runder, kurzer Lippe und scharf abgesetztem, flachem Becken. Horizontaler Boden mit angesetztem, konkavem Fuß und nach außen geknicktem, schmalem Rand. Auf dem Rand ein kräftiger, unverzierter, vertikaler Ringhenkel, zu beiden Seiten ein aus einfachen, glatten Tonwülsten modelliertes Pferdchen. Die Vorderbeine sind am Henkelansatz, die Hinterbeine und die lang herabhängenden Schweife auf dem Schalenrand befestigt.

123
Schöpfkanne

Pontecagnano (Salerno), Grab 928
725–675 v. Chr.
Ton kastanienbraun, Oberfläche tongrundig, poliert (Impasto); H. 13,8 (mit Henkel 15,6) cm; Dm. (Mündung) 5,1 cm; vollständig
Salerno, Museo Archeologico, Inv. 16575

Orientalisierende Schöpfkanne der Impasto-Keramik mit kurzer, ausgestellter Mündung und weitem Hals, runder Schulter und konischem Bauch mit horizontalem Boden ohne Standring. Ein hakenförmiger Henkel führt von der Mündung zur Schulter.

d'Agostino 1977, 16 Abb. 26 Taf. 28 (L 88). Vgl. d'Agostino 1968, 118 f. Abb. 26, 67

Schalenform mit Fuß und Henkelprotome sind eine orientalische Erfindung, italisch ist die Umsetzung in die Impasto-Keramik. Diese Schalen sind vorwiegend auf Ischia und Capua, im Faliskerland, in Südetrurien und seltener in Latium gefunden worden.

d'Agostino 1977, 12. 43 Abb. 11 Taf. 9 (L 51). Vgl. d'Agostino 1968, 121 f. Abb. 28

125
Gekielte Schale

Pontecagnano (Salerno), Grab 926
Um 750 v. Chr.
Ton rötlichbraun, Oberfläche tongrundig, dunkelbraun, poliert (Impasto); H. 6,9 cm; Dm. 16,0 cm; fragmentiert
Salerno, Museo Archeologico, Inv. 16530

Orientalisierende Schale der Impasto-Keramik mit hohem, vertikalem, konkavem und dreifach gekehltem Rand, flachem Becken und leicht abgesetztem Boden. Diesem Schalentyp liegt eine im Mittelmeerraum weit verbreitete phönizische Form zugrunde.

d'Agostino 1977, 12. 43 f. Abb. 12 Taf. 9 (L 53). Vgl. d'Agostino 1968, 122 f. Abb. 29

126
Gekieltes Schälchen

Pontecagnano (Salerno), Grab 926
Um 750 v. Chr.
Ton rötlichbraun, Oberfläche tongrundig, braun, poliert (Impasto); H. 3,3 cm; Dm. 7,8 cm; vollständig
Salerno, Museo Archeologico, Inv. 16524

Schälchen der Impasto-Keramik mit hohem, nach innen geneigtem Rand und flachem Boden.

d'Agostino 1977, 12 Abb. 12 Taf. 9 (L 55). Vgl. d'Agostino 1968, 122 f. Abb. 29

127
Gekieltes Schälchen

Pontecagnano (Salerno), Grab 926
Um 750 v. Chr.
Ton rötlichbraun, Oberfläche tongrundig, dunkelbraun, poliert (Impasto); H. 3,3 cm; Dm. 8,1 cm; vollständig
Salerno, Museo Archeologico, Inv. 16525

Pendant zu Kat. 126.

d'Agostino 1977, 12. 44 Abb. 12 Taf. 9 (L 54). Vgl. d'Agostino 1968, 122 f. Abb. 29

129
Holmos

Tarquinia, Nekropole von Monterozzi, Bocchoris-Grab
Ende 8./Anfang 7. Jh. v. Chr.
Ton rotbraun, Oberfläche poliert (Impasto); H. 87,0 cm;
Dm. 33,0 cm; vollständig
Tarquinia, Museo Archeologico Nazionale, Inv. RC 1966

Großer orientalisierender Gefäßuntersatz, der aus vier, durch schmale Kehlen voneinander abgesetzten Einzelformen besteht: einer tiefen Schale mit gerader Wandung, zwei übereinandergesetzten Kugeln mit Rippen-

128
Chalkophon

Herkunft unbekannt
8.–7. Jh. v. Chr.
Bronze; L. 17,5 cm; Br. 13,0 cm; fragmentarisch
Zürich, Galerie Nefer

Sogenanntes phönizisches »Chalkophon«, ein in seiner Funktionsweise noch ungeklärtes Musik(?)instrument. Es besteht aus zwei geschmiedeten Bronzestäben mit quadratischem Querschnitt, deren Enden zu Voluten eingerollt sind. Die Seiten der Stäbe sind mit dreizehn Bohrlöchern versehen, in denen vermutlich einst Rundhölzer steckten, die die beiden Bronzestäbe miteinander verbanden und auf die die Bronzespiralen aufgezogen waren. Phönizische Darstellungen auf Elfenbeinen und Metallschalen (vgl. Kat. 23) überliefern vergleichbare Geräte als Musikinstrumente, die in der einen Hand gehalten und mit der anderen Hand, vielleicht unter Zuhilfenahme eines Plektrons, angeschlagen werden. Ein weiteres identisches Gerät stammt aus der Nekropole von Francavilla Marittima (Kalabrien).

Unveröffentlicht – Vgl. Niemeyer 1984, 14 Taf. 4, 1–4

verzierung und einem ovoiden Ständer mit ausgezogenem Fuß. Der Ständer ist durch schmale horizontale Rippen in fünf Register geteilt, aus denen in gleichmäßigem Abstand schlanke spitzwinklige Dreiecke herausgeschnitten sind. Am Boden der Schale sind zwei Tonösen befestigt, von denen jeweils eine mehrgliedrige Kette aus Tonringen herabhängt. Die Vorbilder für Ständer dieser Form, sowohl aus Metall wie aus Ton, stammen aus dem Orient, z. B. aus Megiddo. Zu dem Holmos gehört eine Olla mit Deckel (Kat. 135), die oben in die Schale gestellt war.

Hencken 1968, 372 Abb. 366
Florenz 1985, 93 Nr. 9. Vgl. Amiran 1969, 302 ff.

130
Kettenanhänger   (s. Farbabb. 8, S. 19)

Tarquinia, Nekropole von Monterozzi, Bocchoris-Grab
7. Jh. v. Chr.
Fayence; H. 3 cm; 45 Anhänger mit bläulich-grüner Glasur, im oberen Teil durchbohrt, modern aufgeschnürt
Tarquinia, Museo Archeologico Nazionale, Inv. RC 2062

Die kleinen Figuren im ägyptischen Stil mit länglichen Körperproportionen, geschlossenen Beinen und gestreckten bzw. angewinkelten, eng dem Körper anliegenden Armen, ägyptischer Perücke oder hoher Krone sind Darstellungen ägyptischer Götter. Als Amulette getragen, wurde ihnen apotropäische Bedeutung zugeschrieben. Die Verwendung der hier gezeigten Stücke als Beigabe in einem etruskischen Grab beweist die Beliebtheit ägyptischer magischer Vorstellungen auch weit im Westen des phönizischen Einflußgebietes.

Florenz 1985, 94 Nr. 11
Hencken 1968, 366 Abb. 361 e

131
Patäkenamulette

Tarquinia, Nekropole von Monterozzi, Bocchoris-Grab
7. Jh. v. Chr.
Fayence; H. 1,7 cm; mit weißlicher Glasur; in silbernen, laienhaft gearbeiteten Fassungen
Tarquinia, Museo Archeologico Nazionale, Inv. RC 2060–2066

Überproportional große Köpfe mit vortretenden Augen und abstehenden Ohren, kleine Körper und riesige Füße kennzeichnen die beiden Figuren als Patäken, zwergengestaltige, ursprünglich aus Ägypten stammende phönizische Schutzgötter. Nach der Überlieferung des griechischen Geschichtsschreibers Herodot schmückten Patäken als Galionsfiguren phönizische Trieren. Ihrer apotropäischen Funktion entsprechend wurden sie auch, wie die hier ausgestellten Stücke, als Amulett getragen.

Florenz 1985, 94 Nr. 12
Hencken 1968, 366 Abb. 361 b–c

132
Pferdchenfibeln

Tarquinia, Nekropole von Monterozzi, Bocchoris-Grab
Um 690 v. Chr.
Bronze; H. 2 cm; L. 3,8 cm; Nadel und Nadelschuh von allen drei Fibeln abgebrochen, zwei Pferdchen fehlt der Hinterlauf, einem davon auch der Reiter
Tarquinia, Museo Archeologico Nazionale, Inv. RC 2065

Die Bügel der drei Fibeln bilden kleine Pferde, auf deren Hinterschenkeln Affen mit zum Kopf gehobenen Armen hocken. Die Pferdefiguren mit überproportional langen gebogenen Hälsen, kleinen Köpfen, schmalem Körper und kräftigen Beinen setzen den Stil der griechisch-geometrischen Pferdestatuetten fort, der auch die Pferdchen an Dreifüßen und Gefäßen aus Tarquinia, Vetulonia und anderen italischen Orten kennzeichnet.
Die Stücke gehören zum Typus der Figurenfibel, der, vielfach variiert, als überaus beliebte Schmuckform in unterschiedlichen Kulturkreisen von der Iberischen Halbinsel bis in den Kaukasus nachzuweisen ist.

Florenz 1985, 94 Nr. 13
Hencken 1968, 366 f. Abb. 361 f.

133
Zwei Henkel

Tarquinia, Nekropole von Monterozzi, Bocchoris-Grab
700–690 v. Chr.
Bronze; H. 17,3 cm; L. 13,5/14,5 cm; vollständig
Tarquinia, Museo Archeologico Nazionale, Inv. RC 2035/2036

Diese beiden bronzenen Henkel waren einst an einer
Amphore befestigt. Sie sind aus Bronzedraht wellenförmig gebogen und gehen von einem Stab aus, auf
dessen Ende eine Lotosblüte sitzt (vgl. Kat. 202).

Hencken 1968, 367 Abb. 361 d
Florenz 1985, 93 f. Nr. 14

134
Amphoriskos

Tarquinia, Nekropole von Monterozzi, Bocchoris-Grab
Ende 8./Anfang 7. Jh. v. Chr.
Ton dunkelbraun, Oberfläche poliert (Impasto); H. 16,5 cm;
Dm. (Bauch) 15,8 cm; vollständig
Tarquinia, Museo Archeologico Nazionale, Inv. RC 1949

Amphoriskos aus »Impasto bruno« mit enger, kurzer
Mündung, kurzem, konischem Hals, gestauchtem,
kalottenförmigem Bauch und rundem Boden. Zwei
schmale Bandhenkel sind an der Mündung und
am Halsansatz befestigt. Ritzverzierung: »Wolfszahnmuster« am Halsansatz, auf dem Bauch diagonale
»Triglyphen« und in den Feldern dazwischen Doppel-
spiralen und eine imitierte phönizische Palmette.

Hencken 1968, 367 f. Abb. 367 b
Florenz 1985, Nr. 3

135
Olla mit Deckel   (s. Farbabb. 182, Kat. 129)

Tarquinia, Nekropole von Monterozzi, Bocchoris-Grab
700–690 v. Chr.
Ton rotbraun, Bemalung weiß, Oberfläche poliert (Impasto
rosso); H. 48,0 cm; Dm. 27,5 cm; vollständig, Bemalung verrieben
Tarquinia, Museo Archeologico Nazionale, Inv. RC 1967

Orientalisierende Olla aus »Impasto rosso« mit einem
schmalen, horizontalen Rand, einem kurzen, ein-
geschnürten Hals und einem weiten kugelförmigen
Bauch mit rundem Boden. Der Hals ist von der Bauchzone durch ein doppeltes Schnurmuster abgesetzt. Die
Form der Olla leitet sich von den Kugeltöpfen der
Villanova-Keramik ab, nicht dagegen die figürliche
Bemalung: Auf der Bauchzone ist – offensichtlich von
phönizischen Metallschalen beeinflußt – die Belage-
rung einer Stadt dargestellt. Durch das Gelände, das
auf der Bodenlinie durch Dreiecke wiedergegeben
wird, zieht eine Schar von sieben korinthischen (?)
Kriegern; sie tragen Helme mit Federbusch, große
Rundschilde und Speere. Zwischen ihnen, im Hintergrund, mehrere Türme, die als dekorative Abkürzung
für die befestigte Stadt anzusehen sind.
Der zugehörige, flachkonvexe Deckel ist am Rand mit
Quadraten und Dreiecken bemalt. Als Henkel dient
eine kleine Figur, die mit durchgebogenem Rücken
kopfüber – Hände und Füße sind auf den Deckel
gesetzt – in einer akrobatischen Pose, der »Brücke«,
verharrt: eine Tänzerin, wie wir sie ebenfalls von
orientalischen Darstellungen her kennen.

Hencken 1968, 368 ff. Abb. 363 f.
Florenz 1985, 93 f. Nr. 8

136
Kanne mit »kleeblattförmiger« Mündung

Veji (Etrurien)
Letztes Viertel 7. Jh. v. Chr.
Ton (»Bucchero Sottile«), Oberfläche mattglänzend schwarz,
poliert; H. 13,8 cm
Hannover, Kestner-Museum, Inv. 1977,16

Die Kanne mit kleeblattförmiger Mündung besitzt
einen gestauchten ovoiden Bauch und einen abgesetzten, nach oben verjüngten hohen Hals. Die niedrige
Standfläche ist an der Unterseite leicht konkav.
Der Henkel ist unten bandförmig und oben rund. Um
den breiten Unterteil des Halses und die Schulter läuft
je eine Reihe nach rechts geöffneter »Punktfächer«.
Diese und andere Kannentypen besitzen ihr Vorbild in
phönizischen Edelmetall- und Bronzekannen, die in
der Levante bei den Bestattungsriten eine wichtige
Funktion besaßen.

Schlüter (1982), 138 Nr. 40

136

137
Kanne

Tarquinia, Nekropole von Monterozzi, Bocchoris-Grab
700–690 v. Chr.
Ton graubraun, Impasto bruno, Bemalung; H. 41,7 cm; Dm.
(Bauch) 26,0 cm; fragmentarisch, Fuß fehlt
Tarquinia, Museo Archeologico Nazionale, Inv. RC 2021

Große orientalisierende Kanne aus »Impasto bruno«
mit linsenförmigem, aus zwei Hälften zusammengesetztem Bauch und kleinem konischem Fuß. Ein
kleines Loch auf der Oberseite diente als Einfüllöffnung. Der Hals besteht aus drei langen, engen Röhren
mit sechseckigem Querschnitt, die auf der »Ober-
schale« des Gefäßkörpers befestigt und zu einer »klee-
blattförmigen« Mündung mit spitz ausgezogenem
Ausguß zusammengeführt sind. Hier und am Knick
des Gefäßkörpers setzt ein breiter, sich nach oben verjüngender Bandhenkel an. Die Bauchoberseite ist mit
zwei Zonen bemalt: Die erste besteht aus gefüllten und
konzentrischen Dreiecken, die zweite aus gefüllten
Quadraten und quadratischen Mäanderfeldern. Darunter ein Flechtband. Auf dem hohen, schmalen Fuß
ein einfaches, umlaufendes Ornamentband.
Im Aufbau dieser Kanne mit ihrem linsenförmigen
Bauch, der charakteristischen Mündung und der
eigentümlichen dreiteiligen Halsform sind noch deutlich bronze- und früheisenzeitliche orientalische Einflüsse zu erkennen (vgl. ebenso Kat. 12. 13): Importierte, ursprünglich im Grabkult verwendete Gefäße
– sogenannte »trick-vases« – haben den italischen
Töpfer zu dieser Kanne angeregt.

Hencken 1968, 368 Abb. 362 a, b
Florenz 1985, 93 ff. Nr. 4

138
Kotyle

Tarquinia, Nekropole von Monterozzi, Bocchoris-Grab
Ende 8./Anfang 7. Jh. v. Chr.
Ton hell bräunlichgelb, Bemalung dunkelbraun; H. 15,8 cm;
Dm. (Mündung) 18,9 cm; fast vollständig, ein Henkel fehlt
Tarquinia, Museo Archeologico Nazionale, Inv. RC 1940

Italo-protokorinthische Kotyle mit weiter, leicht eingezogener Mündung, flachkonvexer Wandung und
horizontalem Boden mit schmalem, niedrigem Stand-

138

ring. Verzierung der Henkelzone mit einem Fries aus acht nach rechts laufenden vierfüßigen Tieren mit Vogelköpfen, Vogelkrallen und Fischschwänzen, vermutlich eine Art Greifen; dazwischen seitenverkehrte S-Füllornamente. In der Bauchzone darunter folgt ein hängender »Wolfszahnfries« und in der Fußzone ein fünfstrahliger Stern. Die drei Friese sind horizontal und, in der Henkelzone, vertikal durch dreifache Linien voneinander getrennt, unter den Henkeln »Wolfszähne« als Füllornament.

Hencken 1968, 372ff. Abb. 367 c
Canciani 1974, 46 f. Taf. 34, 10, 11
Florenz 1985, Nr. 1

139
Silberschale (s. Farbabb. 23, S. 37)

Praeneste (Latium), Tomba Bernardini
Ca. 710–675 v. Chr.
Silber, Innenseite vergoldet; vollständig, H. 3,3 cm; Dm. 18,9 cm; Wd. 0,22 cm; Schale und Reliefs auf der Innenseite getrieben, Umrißlinien und Details graviert und gepunzt
Rom, Museo Archeologico di Villa Giulia, Inv. 61565

Flache Schale mit schmalem, waagerechtem Rand und konvexer Wandung ohne Standfläche. Die phönizische Dekoration, eine Mischung assyrischer und ägyptischer Motive, gliedert sich in zwei konzentrische Register und ein Mittelmedaillon. Eine Schlange bildet den äußeren Rahmen, Perlschnurkreise aus kugelförmigen Bossen und halbmondförmigen Punzen setzen den inneren Fries gegen den äußeren und das Medaillon ab.

Im äußeren, in neun einzelne, linksläufige, assyrisierende Szenen unterteilten Fries ist das Jagdabenteuer eines nach Kleidung und Haartracht assyrischen Prinzen geschildert: 1. Der Prinz, mit Pfeil und Bogen bewaffnet, verläßt in einem zweispännigen Wagen, unter einem Sonnenschirm stehend, die mit Türmen befestigte Stadt und wird von seinem Wagenlenker zur Jagd gefahren. 2. Er steigt von seinem Wagen, folgt einem Hirsch ins Gebirge, kniet nieder und schießt auf diesen; der Wagenlenker bringt das Gefährt nach. 3. Der Prinz verfolgt das verletzte, blutende Tier durchs Gebirge. 4. Während der Fahrer die Pferde ausspannt und füttert, nimmt der Prinz den erlegten Hirsch aus. 5. Der Prinz bringt, unter einem Schirm auf seinem Thronsessel sitzend, einer geflügelten Gottheit (ägyptisierend, geflügelte Sonnenscheibe als Horusfalke) das Jagdopfer dar; währenddessen schnappt sich ein in einer Grotte versteckter Affe einen Knochen vom Opfer; Hirsche und Hasen streifen wieder durch den Wald. 6. Der Affe greift den Prinzen an, aber eine geflügelte weibliche Gottheit hebt ihn samt Wagen und Diener empor und bringt sie vor dem Affen in Sicherheit. 7. Sie setzt den Prinzen an anderer Stelle wieder ab, und dieser kämpft daraufhin mit dem Affen. 8. Der Prinz tötet den Affen. 9. Er kehrt in die Stadt zurück.

Das Besondere an der Darstellung ist der erzählende Zusammenhang der einzelnen Szenen. Ebenso bemerkenswert ist das Bild der in der Not helfend eingreifenden Gottheit und insbesondere die Tatsache, daß wir dieselbe Geschichte ein zweites Mal auf einer Silberschale aus Kourion (Zypern) belegt finden. Damit bietet sich uns der Zugang zu einem inzwischen verlorengegangenen und nur noch auf diesen beiden Schalen überlieferten Epos.

Auf dem inneren Fries der Schale ist in entgegengesetzter Richtung eine Pferdeprozession dargestellt; jedes dieser Pferde wird von zwei fliegenden Kormoranen begleitet.

Ein Zusammenhang zwischen der Geschichte im äußeren Fries und der Kampfszene im Mittelmedaillon ist kaum herzustellen. Den Vordergrund beherrschen zwei Männer mit ägyptischer Tracht und Frisur. Der in der Mitte stehende wirft seinen Speer nach dem zweiten, unbewaffneten und nach rechts fliehenden Ägypter, der von einem Hund in die Ferse gebissen wird. Unterhalb der Bodenlinie kriecht ein dritter, nackter und offenbar verwundeter Mann und versucht einem zweiten Hund zu entkommen, der ihn ebenfalls in die Ferse gebissen hat. Diese Verfolgungsszene hat möglicherweise ein Vorspiel gehabt, in dessen Verlauf der bärtige nackte Mann ganz links im Bild überwältigt und an einen Pfahl gefesselt in die Knie gesunken ist.

Markoe 1985, 67. 191. 278–283 (E 2)

140
Karyatidenkelch

(s. Farbabb. 18, S. 32)

Praeneste (Latium), Tomba Barberini
675–650 v. Chr.
Elfenbein; H. erg. 14,0 cm; Dm. 14,7 cm; Flachrelief, geschnitzt; fragmentarisch, ergänzt
Rom, Museo Archeologico di Villa Giulia, Inv. 13234

Reich dekorierter Elfenbeinkelch mit tiefem Becken und gerader, leicht ausschwingender Wandung, mit horizontalem, durch eine Kehle abgesetztem Boden, konischer Mittelstütze und breitem, trompetenförmigem Fuß sowie vier Stützfiguren.
Die Außenwandung des Beckens trägt einen linksläufigen Fries mit Sphinx, Löwe, Greif, Stier und Hirsch zwischen Palmetten- und Lotosstauden in flachem Relief. Die Konturen der Tiere und Einzelheiten der Innenzeichnung sind durch erhabene Linien betont. Je ein umlaufendes, von parallelen Linien gefaßtes Flechtband begrenzt den Fries nach oben und unten. Die Unterseite des Bodens trägt ein radiales Zungenmuster,

die Mittelstütze einen kordelartigen und zwei quergeriefelte Reifen sowie ein vertikales Zungenmuster. Der Fußsaum ist mit einem weiteren Flechtband abgeschlossen.

Vier nahezu rundplastische Karyatiden mit großem Kopf und kurzem Hals auf gedrungenem Ober- und überlängtem Unterkörper tragen, auf dem Rand des Kelchfußes stehend, das Kelchbecken auf dem Kopf. Sie haben volle Gesichter mit großen Augen, kurzer Nase und kleinem Mund. Das lange Haar fällt auf den Rücken herab. Die Frauen tragen durchscheinende, in der Taille gegürtete, knöchellange Gewänder mit kurzen Ärmeln und plastisch abgesetzten Säumen. Die Arme sind angewinkelt, mit den Händen fassen sie zwei über die Brust fallende Haarlocken. Die schlichte, nicht sonderlich präzise Schnitzarbeit entspricht recht genau den übrigen in der Tomba Barberini gefundenen Elfenbeinarbeiten und läßt an lokale italische Werkstätten denken.

Karyatidenkelche wie diese sind in Südetrurien (Cerveteri und Veji) bis in das 6. Jh. v. Chr. hinein vor allem in Buccherokeramik gefertigt worden. Die Form des Kelches und das Motiv der Stützfiguren – hier in einer als Klagegestus interpretierten Haltung – sind orientalischen Ursprungs (vgl. auch Kat. 148).

Curtis 1925, 29 Taf. 13, 1–3
Helbig 1969, 765, Nr. 2868
Moscati 1988, 746, Nr. 932

141
Lotosblüten und Lotosknospen

Praeneste (Latium), Tomba Bernardini
675–650 v. Chr.
Elfenbein mit Goldauflagen; H. 14,6 cm; Br. 3,6 cm; fragmentarisch; geritzt
Rom, Museo Archeologico di Villa Giulia, Inv. 61768

In quadratische Felder eingeteilte Elfenbeinstreifen mit senkrecht angeordneten, eingeritzten Lotosblüten zwischen Lotosknospen. Die Blütenkelche waren mit Blattgold belegt, an einigen fanden sich Reste blauer Farbe. Die Streifen gehören wie das Relief mit der Nilbarke (Kat. 142) in einen größeren Zusammenhang, vielleicht zu einem Elfenbeinkästchen, und haben als

vertikale (und horizontale, hier nicht gezeigte) Ornamentbänder Figurenfriese und Szenen voneinander getrennt.

Canciani / v. Hase 1979, 69 Taf. 57,2 (Nr. 123). Für das Motiv vgl. Barnett 1957, 185 Taf. 15, G 11

142
Elfenbeintäfelchen mit Nilbarke

Praeneste (Latium), Tomba Bernardini
7. Jh. v. Chr.
Elfenbein; H. 4,7 cm; Br. 18,8 cm; Flachrelief und Ritztechnik, fragmentarisch
Rom, Museo Archeologico di Villa Giulia, Inv. 61761 und 61770

Dieses ägyptisierende Täfelchen zeigt im Flachrelief eine Nilbarke aus Papyrusstauden. Vorder- und Hintersteven sind hochgezogen und enden in Papyrusblüten, die mit Glas- oder Bernsteineinlagen verziert waren. Je ein Steuermann an Bug und Heck halten die Barke auf Kurs; sie tragen Hemden und plissierte Röcke. In der Hauptszene – möglicherweise ist eine Kulthandlung dargestellt – sitzt links ein Mann (der Pharao?) in gegürtetem Gewand auf einem hohen gepolsterten Schemel, die Füße auf einem Bänkchen, im rechten Arm eine kleine Papyrusstaude und in der linken ausgestreckten Hand einen Becher haltend. Vor ihm ein Tischchen, auf dem ein (Früchte-) Korb steht. Ihm nähern sich von rechts zwei in lange durchschei-

nende Gewänder gehüllte Frauen: Die erste scheint ihm den Wein (oder das Bier) aus einem Rohr in seinen Becher zu füllen, und die hinter ihr stehende Frau reicht ihm eine Schale. Eine dritte Frau ist damit beschäftigt, Wein mittels eines geknickten Rohres (oder Weinhebers?) aus einer großen Amphore, die im Heck der Barke auf einem Ständer steht, zu trinken oder anzusaugen.

An das figürliche Relief schließen sich auf beiden Seiten Täfelchen mit einer von Papyrus- und Lotosstauden belebten Flußlandschaft an.

Helbig 1969, 786 f. (Nr. 2905)
Aubet 1971, 69. 194 Abb. 1 Taf. 1a
Canciani / v. Hase 1979, 67 Nr. 118 Taf. 54, 1–4. 55, 2
Moscati 1988, 746, Nr. 952

143   (s. Farbabb. 3, S. 13)
Bronzekessel mit Stierprotomen

Kunsthandel, aus Cumae (Kampanien)?
Ca. 730–700 v. Chr.
Bronze; H. 28,0 cm; Dm. (Wandung) 36,5 cm; Becken getrieben, Rand angestaucht, Attaschen gegossen und genietet, zwei Ringe aus Bronzedraht, Details graviert; vollständig
Kopenhagen, Nationalmuseet, Inv. 4952

Kessel mit gestauchtem, kugelförmigem und unverziertem Becken ohne Standfläche. Die Wandung ist zur Mündung hin nach innen gezogen und mit einer horizontal nach außen umgeschlagenen und durch eine Kehle abgesetzten Lippe abgeschlossen. An zwei gegenüberliegenden Stellen des Kesselrandes sind gegossene, nach außen gewandte Stierkopfprotomen befestigt, deren Hinterköpfe jeweils eine Öse für einen beweglichen Bronzering tragen. Die Bronzeringe bestehen aus einem Rundstab mit leicht verjüngten Enden. Die Köpfe mit gedrungenen Proportionen und glatten, sehr lebhaften Gesichtszügen haben fast keinen Hals, kurze, nach vorn eingedrehte Hörner und kleine dicke, hängende Ohren, große runde, von wulstigen Rändern umgebene Augen, ein breites Maul und aufgeworfene Nüstern. Einzelheiten wie die Tränendrüsen, die konzentrischen, mit Schraffuren versehenen Hautfalten um die Augen, die kleinen Nasenlöcher, die Falten über den Nüstern und schließlich des Mauls sind eingraviert. Das Fell auf dem Nasenrücken ist mit kleinen geritzten Halbkreisen angegeben, die Stirnmähne als eine runde, etwas erhabene Fläche mit einfachen Strichen markiert.

In den flachen Attaschenzungen, mit denen die Protomen am Kesselrand festgenietet sind, lassen sich deutlich die ausgebreiteten, stilisierten Schwingen und Schwanzfedern eines Vogels erkennen. Sie weisen auf eine formale und thematische Vermischung mit den sogenannten »Sirenenattaschen« oder mit den Hathoremblemen, also in den phönizischen Raum.

Neben den Greifen- und den sogenannten Assurattaschen zählen die Stierprotomen zu den bedeutendsten Erzeugnissen des orientalischen Metallhandwerks im 8. Jh. v. Chr. Die Stierköpfe des Kopenhagener Kessels stehen ebenso in jener nordsyrisch-späthethitischen Bildhauertradition, die sich auch in einigen weiteren in Gordion, im Heraion von Samos und in Olympia gefundenen Exemplaren widerspiegelt; der Kessel ist daher fraglos ein orientalisches Importstück, über dessen Herstellungsort sich bislang allerdings nur Vermutungen anstellen lassen.

Amandry 1956, 242 ff. Taf. 28
Herrmann 1966, 59–67
Kyrieleis 1977, 74 ff. Zu den eisenzeitlichen Stierkopfattaschen von Zypern vgl. Matthäus 1985, 213. bes. 214 ff.

144

Silberschale   (s. Farbabb. 4, S. 15)

Herkunft unbekannt; Praeneste?
Ca. 710–675 v. Chr.
Silber, Innenseite vergoldet; vollständig, kleiner Riß am Rand; H. 3,5 cm; Dm. 23,0 cm; Becken und Reliefs auf der Innenseite getrieben, Umrißlinien und Details graviert und gepunzt
Leiden, Rijksmuseum van Oudheden, Inv. B 1943/9.1

Flache Schale mit innen verdicktem Rand und konvexer Wandung ohne Standfläche. Die ägyptisierenden Darstellungen sind in zwei konzentrische Friese und ein Mittelmedaillon gegliedert, die von Perlschnurkreisen aus kugelförmigen Bossen unterteilt und nach außen durch einen Eichel- oder Eierkranz abgeschlossen sind. Der äußere Fries zeigt einen Zug nach links marschierender Krieger. Zwei zweispännige (?) Streitwagen führen den Zug an, der eine mit Wagenlenker allein, der zweite mit dem König und seinem Wagenlenker besetzt. Ihnen folgt zunächst eine von Lilien gerahmte Gruppe mit vier Fußsoldaten. Im Anschluß daran, durch Zypressen voneinander abgesetzt, drei Gruppen mit je fünf Fußsoldaten, die von einem berittenen Offizier angeführt werden. Alle Krieger sind gleichförmig im Profil mit ägyptisierender Haartracht dargestellt, sind nur mit Schurz bekleidet und mit Schild und Lanze bewaffnet. Vögel begleiten, wie auf anderen Schalen auch, die dargestellten Tiere.

Der innere Fries besteht aus vier unabhängigen, in sich abgeschlossenen und durch Palmen voneinander getrennten Szenen: 1. Auf einem Hügel ein stehender Hirsch, geradeaus nach rechts blickend, und eine Gemse mit zurückgewandtem Kopf zum Sprung nach links ansetzend. Über ihnen schwebt ein großer Horusfalke. 2. Zwei in assyrische Gewänder gekleidete Bogenschützen, der eine stehend, der andere hinter einem Strauch kniend, haben einen Löwen gestellt; der Löwe hebt abwehrend seine linke Vorderpfote. 3. Zwei Krieger reiten durch einen Zypressenhain; die Silhouetten ihrer Pferde sind verdoppelt, als führten die Reiter Beipferde mit sich. 4. Ein Mann (Bes?) mit ägyptischer Frisur und Tracht kämpft gegen einen aufgerichteten Löwen.

Das Mittelmedaillon zeigt im schützenden Papyrusdickicht eine Gazellenkuh mit zurückgewandtem Kopf, die ihr Junges säugt. Über ihr steigen zwei Kormorane aus dem Gebüsch.

Markoe 1985, 201. 308 f. (E 13)   *Rathje 1980, Abb. 23. (B 12)*

145
Figürliches Fayencegefäß

Etrurien (?)
7. Jh. v. Chr.
Fayence; H. 10,14/3,74 cm; Br./T. 5,7 x 3,3 cm; vollständig
Brüssel, Musées Royaux d'Art et d'Histoire, Inv. R. 126

Kleines ägyptisierendes Kännchen phönizischer Herstellung aus beigefarbener Fayence in Form einer
androgynen Menschengestalt, die vor einer großen
Alabasteramphore kniet und sie mit beiden Händen an
den Henkeln festhält. Auf der mit einem Deckel
verschlossenen Amphorenmündung sitzt ein Frosch,
dessen geöffnetes Maul als Ausgußöffnung dient. Als
Kopfschmuck trägt die Figur ein hellgrün bemaltes
Palmblattkapitell, das zugleich auch Einfüllöffnung
des Gefäßes ist. Das schulterlange, braun abgesetzte
Haar, das an die Frisur der Hathor erinnert, ist hinter
die Ohren zurückgestrichen und über der Brust zu zwei
Locken gedreht. Bekleidet ist die Gestalt mit einem langen, engen Gewand mit braunen Säumen. Wir haben
hier den Nilgott Hapi vor uns.
Vor allem die Phönizier verbreiteten diese, wohl vorwiegend aus rhodischen Werkstätten stammenden
Parfumfläschchen/Kultfigürchen im Zuge ihrer Han-
delsunternehmungen; ähnliche Stücke kennen wir aus
Etrurien, Sardinien, Sizilien und Karthago, die meisten
fanden sich aber auf Rhodos.

Brüssel 1986, 262 (Nr. 339). Zur Gefäßgattung vgl. Rathje 1976.
München 1985, 144 (Nr. 127, unpubliziert)

146
Figürliches Fayencegefäß

Etrurien (?)
7. Jh. v. Chr.
Fayence; H. 9,1/3,4 cm; Br./T. 4,5 x 2,7 cm; fast vollständig,
Kalathos bestoßen
Brüssel, Musées Royaux d'Art et d'Histoire, Inv. R. 125

Figürliches Gefäß aus grüner Fayence, den Nilgott
Hapi darstellend. Die Figur kniet hier auf einem
flachen, schwarz abgesetzten Sockel, unterscheidet sich
ansonsten aber nur in den geringfügig kleineren
Abmessungen und der etwas anderen Farbgebung von
Kat. 145.

Brüssel 1986, 262 (Nr. 340)

147
Alabastron   *(s. Farbabb. 16, S. 30)*

Etrurien
7. Jh. v. Chr.
Hellblau glasierte Fayence; H. 10,8 cm; aus Fragmenten zusammengesetzt, dabei Teile der unteren Ausbuchtung ergänzt; die
untere Wölbung hat sich bereits beim Brennen verzogen; Dekoration im Flachrelief
Hannover, Kestner-Museum, Inv. 1931

Der konische Körper des Salbgefäßes mit deformier-
tem, zu einem Wulst erweiterten unteren Teil ist in drei
umlaufenden Zonen dekoriert. Die untere deformierte
Wölbung sowie der Hals mit flacher, tellerförmiger
Mündung sind unverziert. Im breiten Mittelfries erscheint eine Tierkampfgruppe (Löwe gegen Stier),
gefolgt von zwei Gazellen inmitten einer stilisiert wiedergegebenen Vegetation (Palmblätter, Ölbäume). Das
Schmuckband der Schulterzone erinnert an ägyptische
Halsketten aus Perlen, wie wir sie von Götter- und Pharaonendarstellungen kennen. Ein Fries aus Lotosblüten und -knospen, von der Mittelzone durch ein doppeltes Zickzackband getrennt, bildet auf dem wulstig
ausladenden Teil den unteren Abschluß der Gefäß-
dekoration. Der rundliche Boden erforderte einen
Standring zum Abstellen. Zum Aufhängen dienten die
beiden in Schulterhöhe angebrachten durchbohrten
Griffknubben.
Stil und Ikonographie kennzeichnen das hier gezeigte
Stück als phönizische Arbeit: Das Motiv des hoch aufgerichteten Löwen, der einen Stier angreift, erscheint
unter anderem auf zyprophönizischen Metallschalen.
Für den Lotosfries in der unteren Gefäßzone sind dagegen enge Parallelen unter den westphönizischen Elfenbeinarbeiten, insbesondere aus Praeneste zu finden. In
bezug auf die Anordnung der einzelnen Dekorationselemente ist das Alabastron ostgriechischen, speziell
rhodischen Salbfläschchen des 7. Jhs. v. Chr. eng verwandt und wie diese von ägyptischen Fayencegefäßen
des 9. Jhs. v. Chr. inspiriert.

v. Bissing 1923/24, 191
Ders. 1928, 682–684
Webb 1978, 45ff. u. 146f. Nr. C 16

Die vier Karyatiden, in Flachrelief mit großem Kopf und kurzem Hals, tragen die Schale auf dem Kopf. Sie haben volle, massig wirkende Gesichter mit großen Augen und kleinem Mund. Das lange Haar fällt in gewellten Locken über Schultern und Brust herab. Die Frauen tragen schmucklose, in der Taille gegürtete Peploi, die bis auf die Füße reichen; die Arme sind angewinkelt, mit den Händen umfassen sie ihre Brüste.

Die Kelchform und das Motiv der Stützfiguren, die mit Darstellungen der phönizischen Astarte in Verbindung gebracht werden können, sind orientalischen Ursprungs, das Stück selbst ist griechisch.

Pottier 1896, Nr. 396 bis

148
Thymiaterion (Räucherkelch)

Aus Rhodos (?)
7. Jh. v. Chr.
Ton; Spuren von Bemalung; H. 18,0 cm; Dm. der Schale 20,0 cm
Aus Bruchstücken zusammengesetzt, der Boden der Schale teilweise ergänzt; zwei Köpfe der Karyatiden fehlen
Paris, Musée du Louvre, Inv. 396 bis (AM 104)

Reich verzierter Räucherkelch des orientalisierenden Stils, bestehend aus einer breiten, flachen Schale mit eingezogenem Rand, vertikaler Wandung und flachkonvexem Boden. Die Schale ruht auf einer zylindrischen Mittelstütze mit trompetenförmigem »Kapitell« und breitem, konischem Fuß, der mit einem niedrigen vertikalen Rand versehen ist, auf dem vier Stützfiguren stehen.
Die Außenwandung des Beckens ist mit vier Frauenkopfprotomen, einem Blattmuster und einem Kymation (Profilleiste) geschmückt, die Unterseite des Bodens ist unverziert, die Mittelstütze trägt zwei doppelte, schmale Reifen und der hochgezogene Rand des Fußes drei schmale Kehlen.

149
Siegel in Anhängerfassung

Etrurien
7. Jh. v. Chr.
Bernsteinsiegel in Silberfassung mit Goldblechauflage; Br. des Tragbügels 3,3 cm; Br. des Anhängers 2,2 cm
München, Staatliche Antikensammlungen, Inv. 11.098

Das skarabäoide Bernsteinsiegel mit glatter gewölbter Oberseite sitzt in einer beweglich an einem Bügel angebrachten Fassung. Diese, außen zweifach abgestuft und unten überstehend, ist an den Ansatzpunkten für

die Bügelenden mit je einem kleinen Wulst versehen. Die Öse des Anhängers wird aus einer eng gewundenen Drahtspirale mit zwei kleinen Ringen an den Enden gebildet.

In die flache Unterseite ist ein geflügeltes Tiermischwesen (Löwengreif) eingeschnitten.

Skarabäen mit beweglichem Bügel sind in der griechischen Kolonie Pithekoussai (Ischia) bereits von der zweiten Hälfte des 8. Jhs. v. Chr. an und vom frühen 7. Jh. v. Chr. an auch in den einheimischen Nekropolen der Apennin-Halbinsel belegt.

Vierneisel 1982, 209 Abb. 9

hend aufgerichteten Löwen, der ihn mit weit aufgerissenem Rachen, hochgeschwungenem Schweif und abstehender Mähne angreift, fest an den gespreizten Vorderbeinen gepackt. In der Mitte, über den Köpfen, erscheint ein Sonne-Mond-Symbol. Die Standfläche und die Löwenmähne sind durch Rautenmuster gegliedert.

Das Thema des Löwenkampfes setzt sich auf gräkophönizischen Skarabäen des 5.–4. Jhs. v. Chr. fort. Dort erscheint jedoch der griechische Held Herakles als Vernichter der durch den Löwen symbolisierten Feinde (vgl. Kat. 237).

Schlüter et al. 1975, 15 Nr. 15 Taf. 4

150
Skarabäus

Fundort unbekannt
6. Jh. v. Chr.
Dunkelgrüner Jaspis; H. 1,58 cm; Oberseite des Käfers fehlt, die Beine sind nur teilweise erhalten
Hannover, Kestner-Museum, Inv. K 2135

Die flache Unterseite des Skarabäus zeigt den ägyptischen Gott Bes im Kampf mit einem Löwen. Beide sind, das jeweils linke Bein vorgesetzt, einander gegenüber im Profil dargestellt. Der dämonenhafte Gott, dessen Oberkörper in die Frontalansicht gedreht ist, trägt die für ihn typische Federkrone. Er hält den dro-

151
Skarabäus

Es Salt (Jordanien), ehemals Slg. K. Schmidt, Berlin
Um 500 v. Chr.
Dunkelgrüner Jaspis; H. 1,75 cm; Oberfläche matt poliert
Hannover, Kestner-Museum, Inv. 1932,61

Die Form des Skarabäus ist der des natürlichen Vorbildes, des Mistkäfers (ateuchus sacer), sorgfältig nachmodelliert, der Kopf deutlich vom Prothorax, dieser durch eine doppelte Linie vom Thorax getrennt. Eine scharfe Mittellinie trennt die Elytren, die Deckflügel, voneinander. Die Beine sind nur angedeutet.

Auf der Unterseite des Skarabäus sind Isis und Harpokrates unter einem von zwei Stützen getragenen Baldachin, dessen Dach eine Flügelsonne bildet, dargestellt. Schützend breitet die Göttin ihre Schwingen vor ihrem als Knaben mit kurzem Schurz und zum Mund gehobenem Finger wiedergegebenen Sohn aus. Über der Szene schweben zwei weitere Sonnenscheiben, die obere ebenfalls geflügelt. Die Stützen des Baldachins enden in je drei kugelförmigen Gebilden, stilisierten Blattkapitellen. Kugelig sind auch der Kopf des Harpokrates und die Sonnenscheiben. Ein schrägschraffiertes Bodensegment bildet die Standfläche.

Die ihre Flügel spreizende Isis, hier ohne ihre Krone aus Sonnenscheibe zwischen Kuhhörnern, geht auf ägyptische Vorbilder zurück, die die Göttin als Beschützerin ihres toten Gatten Osiris, dem sie Lebensluft zufächelt, zeigen. Das Motiv wurde von den Phöniziern

150, 151

aufgegriffen und hier mit der Figur des Knaben Harpokrates kombiniert. Beide Göttergestalten waren bei den Phöniziern besonders beliebte Motive. Sie finden sich häufig in der Steinschneidekunst sowie auf Elfenbeinarbeiten.

Schlüter et al. 1975 15 Nr. 16 Taf. 4

152
Anhänger   *(s. Farbabb. 28, S. 40)*

Etrurien
7. Jh. v. Chr.
Bernsteinsiegel in Silberfassung mit Goldblechauflage; Br. des Tragbügels 12,2 cm; Br. des Anhängers 7,5 cm
München, Staatliche Antikensammlungen, Inv. 11.097

Der Bernstein-Skarabäoid ist auf seiner gewölbten Oberseite durch fünf tief eingeschnittene Linien und vier nicht ganz regelmäßig schraffierte Felder verziert. Quer zur Längsachse geführte Bohrkanäle dienten vermutlich der größeren Lichtdurchlässigkeit. Die Fassung besteht aus einem einfachen Blechreif mit kleinen Kugeln an den Ansatzpunkten der Bügelenden. Ein röhrenförmig aufgerollter Blechstreifen bildet die Schnuröse.

Vierneisel 1982, 208 f. Abb. 8

153   *(s. Farbabb. 30, S. 41)*
Gürtel- oder Gewandschließe

Etrurien
7. Jh. v. Chr.
Silber mit Goldverkleidung; L. des Mittelteils 7,2 cm; Br. 1 cm; zwei der ursprünglich 22 Ösen und Verschlußhäkchen fehlen
München, Staatliche Antikensammlungen, Inv. 11.094a

Das Mittelstück der Schließe bildet ein langrechteckiges Silberblech mit je elf Ringösen an beiden Seiten. Diese sind aus einem starken Draht gefertigt, der fortlaufend in Schlingen gelegt und an der Unterseite des Mittelteils angelötet ist. Die Ösen dienten der Aufnahme der 22 Verschlußhäkchen, die – 11 auf jeder Seite – durch zwei Stege gitterartig miteinander verbunden sind.

Die Oberseite des Mittelstücks ist mit Goldblech verkleidet, dessen Längsachse eine Reihe aus 20 kleinen Rundbuckeln betont, die von der Rückseite her getrieben und von Draht eingefaßt sind. Den Rahmen bildet ein Wellenband, das beidseitig von zwei Spiraldrähten gesäumt wird. Die ebenfalls mit Goldblech überzogenen sichtbaren Teile der Häkchen tragen als Verzierung ebenfalls Rundbuckel und das oben beschriebene Schleifenband. Die Enden der Häkchen waren nicht sichtbar mit den Gürtelenden oder den Gewandteilen verbunden.
Vergleichsstücke zu der hier gezeigten Schließe sind in etruskischen Gräbern, speziell in Marsiliana d'Albegna nachgewiesen.

Vierneisel 1982, 206 Abb. 4

154
Kammschließe   *(s. Farbabb. 25/26, S. 40)*

Etrurien
1. Hälfte 7. Jh. v. Chr.
Silber und Gold; Erh. L. des Röhrchens 8,5 cm; Erh. L. der Kammteile 12,6 cm; L. der Häkchen (= Br. des Kammes) 3,9 cm; der mittlere Teil des Röhrchens ist herausgebrochen, an einem Ende fehlt die halbrunde Abschlußkappe, ebenso einige Verschlußhäkchen; Verzierung in Granulation
München, Staatliche Antikensammlungen, Inv. 11.093

Den Mittelteil der Gewandschließe bildet ein zylindrisches Silberröhrchen, das auf einem Steg angebracht ist. Mit diesem waren ursprünglich zwei weitere Stege verbunden, in die beidseitig die Haken eingehängt wurden. Diese Haken bestehen aus einem kräftigen, fortlaufend in Schlingen gelegten Silberdraht. Das durch goldenen Filigrandraht in drei Felder unterteilte Röhrchen ist figürlich und ornamental in Granulationstechnik verziert.
Im rechten Feld erkennt man einen Mann mit Speer, der einen Hirsch an der Leine hält – eine Wiedergabe der sowohl in der Villanova-Kultur als auch im Orient bekannten Lockhirschjagd –, bei der man sich eines zahmen Tieres bediente, das durch seine Brunftschreie seine Artgenossen anlocken sollte. Die Gruppe ist von flächenfüllenden Ornamenten umgeben. Im linken Feld hält ein Mann mit Speer einen Löwen am

Schwanz; gegenüber ein Reiter, darüber von rechts nach links zwei Vögel, eine Ziege und ein Bock.

Auf der anderen Seite des Röhrchens, im linken Feld, erscheinen zwei antithetische Löwen, darüber zwei laufende Männer, mit Schild und Speer bzw. Keule bewaffnet, zwischen diesen eine große Swastika (Hakenkreuz). In der Mitte des rechten Feldes stürmt ein Kentaur mit Schlagwaffe und großem Ast nach rechts, hinter ihm ein kleines Reh, rechts von ihm eine Schlange und darüber ein Vogel.

Dieser Schließentypus gehörte zur männlichen Manteltracht. Alle bislang bekannten Stücke sind aus Edelmetall und stammen aus reichen etruskischen Gräbern.

Vierneisel 1982, 204ff. Abb. 2–3
Kaeser 1984, 7ff.

155
Dragofibel *(s. Farbabb. 27, S. 40)*

Etrurien
2. Viertel 7. Jh. v. Chr.
Silber, mit Golddraht und Granulation verziert; L. 10,7 cm
München, Staatliche Antikensammlungen, Inv. 11.094 b

Der mit dickem Goldblech verkleidete silberne Bügelkörper besteht aus zwei seitlichen Fortsätzen im Wechsel mit zwei kehlförmigen Ausbuchtungen. An allen Umbruchstellen sind die Verkleidungsbleche zur Sicherung mit Golddraht verschnürt. Der sich zur Nadelspitze verjüngende Bogen ist in seinem oberen Teil ebenfalls mit einem Golddraht umwickelt. Den langen Nadelschuh schmücken an den Außenseiten zu einem Wolfszahnmuster angeordnete granulierte Dreiecke und einzelne oder zu Dreiergruppen angeordnete Granulationskügelchen in den Zwischenräumen. Seine Oberseite weist eine Blattschleifendekoration aus Filigrandraht auf. Alle Wölbungen am Bügelkörper sind mit rund eingefaßten Kreuzmustern (Malteserkreuz) in Granulation verziert.
Eine ähnliche Dekorationstechnik ist an der hier ebenfalls gezeigten Dragofibel aus dem Kriegergrab von Tarquinia (Kat. 115) zu beobachten. Enge Parallelen stammen auch aus der Banditella-Nekropole von Marsiliana d'Albegna, aus Vetulonia und Volterra. Das

Produktionsgebiet dieser homogenen Gruppe von Drachenfibeln ist daher im Küstenraum Nordetruriens zu vermuten.

Minto 1921, 162 Taf. XII–XIII
Sundwall 1943, 240
Vierneisel 1982, 206 f. Abb. 5

156
Sanguisuga-Fibel *(s. Farbabb. 29, S. 40)*

Etrurien
2. Viertel 7. Jh. v. Chr.
Silber; L. 9,4 cm
München, Staatliche Antikensammlungen, Inv. 11.096

Die Fibel besteht aus einem bootförmigen Bügel, einer Nadel mit dreifacher Druckspirale und einem langen, sich verjüngenden Nadelschuh. Dem Bügel sind auf beiden Seiten große kantige Knöpfe aufgesetzt, deren Außenkanten mit Filigranwerk in Form eines Schleifenbandes bespannt sind. Ein ebensolches Filigranband bedeckt auch die obere Längsnaht des Bügels.
Diesem Fibeltypus mit seitlichen Knöpfen und Filigranbespannung gehören auch einige Stücke aus Vetulonia an.

Sundwall 1943, 225
Vierneisel 1982, 207 Abb. 6 oben

157
Sanguisuga-Fibel *(s. Farbabb. 29, S. 40)*

Etrurien
2. Viertel 7. Jh. v. Chr.
Silber; erh. L. 8,1 cm; Ende des Nadelhalters abgebrochen
München, Staatliche Antikensammlungen, Inv. 11.096

Bis auf die geringe Abweichung in der Größe, insbesondere in bezug auf die seitlichen Rotellen, entspricht die Fibel dem unter Kat. 156 aufgeführten Stück.

Vierneisel 1982, 208 Abb. 6 unten

Karthago gelangt sein: Jedenfalls scheint sich die Vermutung durchzusetzen, es handele sich bei diesem Askos und den übrigen in der »Chapelle Cintas« gefundenen griechischen Gefäßen (Kat. 159–165. 167) um Erzeugnisse eines ausgewanderten, entweder in Pithekoussai oder in Karthago ansässigen euböischen Töpfers (vgl. Kat. 248).

Cintas 1950, 496ff. Abb. 25. 26 Taf. 65, 10, 13
Cintas 1970, Taf. 11, 39

159
Schale

Karthago, Tophet (»Chapelle Cintas«)
750–725 v. Chr.
Ton ocker; H. 4,5 cm; Dm. 16,5 cm; vollständig
Karthago, Musée de Carthage

Unverzierte phönizische Schale aus karthagischer Produktion mit kurzem, konkavem Rand, tiefem gekieltem Becken und horizontalem Boden mit flachem Standring.

Cintas 1950, 496 Taf. 65, 11
Cintas 1970, Taf. 10, 29

158
Vogelaskos

Karthago, Tophet (»Chapelle Cintas«)
750–725 v. Chr.
Ton orangerot, Bemalung rot; H. 13,4 cm; L. 19,0 cm; vollständig
Karthago, Musée de Carthage

Askos in Form eines stilisierten Vogels mit entenförmigem Bauch, hoch aufgerichtetem Hals und einem konischen Kopf mit rüsselförmigem Schnabel als Ausguß. Die Einfüllöffnung, ein enger konkaver Hals, und der Doppelrundstabhenkel sind auf dem Rücken des Tieres angebracht, unter dem Bauch drei hohe Beinchen, eins vorn und zwei hinten; lange, schmale, trapezförmige Appliken auf beiden Seiten des Bauches deuten die Flügel an. Auf dem Rücken des Tierkörpers sind die Federn mit Wolfszahn- und Leitermuster aufgemalt, parallele Streifen und Wellen schmücken Kopf, Hals, Beine und Schwanz.
Die kunstlandschaftliche Provenienz dieses Spendegefäßes ist bis heute umstritten. Vergleichsstücke aus Zypern zeigen den orientalischen Ursprung dieser Gefäßgattung, die noch lange nach dem ersten Auftreten im westlichen Mittelmeerraum Nachahmung gefunden hat. Über die engen Bande Euböas – das selbst eine vergleichbare Askosproduktion hatte – mit der Levanteküste und Zypern dürften die orientalischen Einflüsse in den Westen, nach Pithekoussai und

dichten, horizontalen Linien, der Bauch mit einem Schachbrettmuster überzogen. Auf der Unterseite des Bauches ein siebenstrahliger Stern. In die Mündung sind drei Löcher gebohrt, eines in der Mitte und zwei an der Seite, aus denen die zu spendende Flüssigkeit in Spritzern aus dem Gefäß geschüttelt werden konnte.

Cintas 1950, 498. 501 Taf. 65, 3, 9
Cintas 1970, Taf. 11, 37

161
Kotyle

Karthago, Tophet (»Chapelle Cintas«)
750–725 v. Chr.
Ton orangerot, Überzug rötlich, Bemalung weinrot; H. 7,0 cm;
Dm. 10,5 cm; vollständig
Karthago, Musée de Carthage

Italo-korinthische Kotyle des »Aetos 666-Stils« mit flachkonvexer Wandung, geradem Rand und horizontalem Boden mit niedrigem Standring. Kurz unterhalb des Randes sitzen zwei horizontale Henkel. Bemalung der Mündung innen mit breiter Zone, horizontale Striche auf der Außenseite der Mündung und auf dem Henkelrücken. In der Henkelzone, zwischen vertikalen Strichgruppen, zwei Register mit Zickzack-und Winkelmuster, auf dem Bauch horizontale Zonen mit Linien und Streifen, Fußzone durchgehend bemalt.

Cintas 1950, 498. 500 f. Taf. 65, 8
Cintas 1970, Taf. 11, 36

160
Weihwasserflasche

Karthago, Tophet (»Chapelle Cintas«)
750–725 v. Chr.
Ton grünlichgelb, Bemalung rotbraun; H. 31,0 cm;
Dm. 18,0 cm; vollständig
Karthago, Musée de Carthage

»Weihwasserflasche« ungewöhnlicher Form, mit kleiner, mohnkapselähnlicher Mündung, einem langen, röhrenförmigen Hals und einem gestaucht eiförmigen Bauch mit rundem Boden. Die Oberseite der Mündung, der Hals unterhalb der Mündung und die Schulterzone sind mit horizontalem »Wolfszahnmuster« verziert (vgl. den Vogelaskos Kat. 158 und die zwei Kännchen Kat. 163 und 165), der übrige Hals ist mit

162
Kotyle

Karthago, Tophet (»Chapelle Cintas«)
750–725 v. Chr.
Ton orangerot, Überzug rötlich, Bemalung weinrot; H. 7,5 cm;
Dm. 10,5 cm; vollständig
Karthago, Musée de Carthage

Italo-korinthische Kotyle des »Aetos 666-Stils« wie
Kat. 161, aber mit anderer Bemalung: Henkelrücken
mit vertikalen Strichen, in der Henkelzone, zwischen
vertikalen Strichgruppen, zwei Register mit Zickzack-
muster und horizontalen Linien, auf dem Bauch horizontale Linien und zwei breite Streifen.
Beide Kotylen, Kat. 161 und 162, stammen vermutlich
aus der Hand eines euböischen Töpfers.

Cintas 1950, 496. 500 Taf. 65, 7
Cintas 1970, Taf. 11, 38

163
Oinochoe

Karthago, Tophet (»Chapelle Cintas«)
750–725 v. Chr.
Ton orangerot, Bemalung weinrot; H. 14,5 cm; Dm. (Bauch)
8,0 cm; vollständig
Karthago, Musée de Carthage

Italo-korinthische Oinochoe mit »kleeblattförmiger«
Mündung, engem, zylindrischem Hals und kugelförmigem Bauch mit horizontalem Boden und niedrigem
Standring; ein bogenförmiger Henkel ist an der Mündung und auf der Schulter befestigt. Die Mündungs-
außenseite ist durchgehend bemalt, der Hals mit
»Wolfszahnmuster« und horizontalen Linien, die
Schulter mit einem Schachbrettmuster und der Bauch
bis zum Standring, wie auch der Henkelrücken, mit
dünnen horizontalen Linien.

Cintas 1950, 496. 501 Taf. 65, 4
Cintas 1970, Taf. 11, 42

165
Oinochoe

Karthago, Tophet (»Chapelle Cintas«)
750–725 v. Chr.
Ton orangerot, Bemalung weinrot; H. 15,5 cm; Dm. (Bauch)
10,0 cm; vollständig
Karthago, Musée de Carthage

Italo-geometrische Oinochoe mit »kleeblattförmiger«
Mündung wie Kat. 163. Die Bemalung weicht ab: Am
Hals ein vertikales Strichband zwischen horizontalen
Zonen aus dünnen Linien. Auf allen drei Oinochoen
(Kat. 163–165) verbinden sich euböischer und korinthi-
scher Malstil, und wir dürfen daher annehmen, daß
diese in einer westeuböischen oder pithekoussanischen
Werkstatt entstanden sind.

Cintas 1950, 496. 501 Taf. 65, 5
Cintas 1970, Taf. 11, 41

164
Oinochoe

Karthago, Tophet (»Chapelle Cintas«)
750–725 v. Chr.
Ton grünlichgelb, Bemalung rotbraun; H. ca. 9,0 cm; vollständig
Karthago, Musée de Carthage

Italo-geometrische Oinochoe mit »kleeblattförmiger«
Mündung, in der Form vergleichbar mit Kat. 163. Hals
und Schulter mit umlaufenden Dekor-Streifen bemalt.

Cintas 1950, 496. 501 Taf. 65,6
Cintas 1970, Taf. 11, 40

166
Lampe

Karthago, Tophet (»Chapelle Cintas«)
700–650 v. Chr.
Ton ocker; H. 10,5 cm; Dm. 9,5 cm; vollständig
Karthago, Musée de Carthage

Schlichte, unverzierte karthagisch-phönizische Lampe mit einer Schnauze und schalenförmigem Boden mit Standplatte.
Lampen dieser frühen Form sind im phönizischen Mutterland wie in Karthago übliche Grabbeigaben.

Cintas 1970, 338 ff. Taf. 10, 35

167
Olpe

Karthago, Tophet (»Chapelle Cintas«)
750–725 v. Chr.
Ton orangerot, Bemalung weinrot; H. 15,5 cm; Dm. 5,5 cm; vollständig
Karthago, Musée de Carthage

Euböisch-geometrische Olpe mit kurzem, ausgestelltem Hals ohne Mündung und gelängtem, ovoidem Bauch mit horizontalem Boden ohne Standring. Ein Bandhenkel führt von der Mündung zur Schulter. Bemalung des Halses und des Henkelrückens mit horizontalen Linien, auf der sonst freigelassenen Schulter vorn ein kurzes Zickzackmuster; der Bauch ist unterhalb des Schulterknicks vollständig bemalt.

Cintas 1950, Taf. 65, 15. 75
Cintas 1970, Taf. 11, 43

168
Schale

Karthago, Tophet (»Chapelle Cintas«)
750–725 v. Chr.
Ton ocker; H. 4,5 cm; Dm. 17,5 cm; vollständig
Karthago, Musée de Carthage

Unverzierte phönizische Schale aus karthagischer Produktion mit schmalem, hängendem Rand, tiefem, gekieltem Becken und horizontalem Boden mit flachem Standring.

Cintas 1950, 496 Taf. 65, 12
Cintas 1970, Taf. 10, 30

169
Amphore

Karthago, Tophet
750–725 v. Chr.
Ton orangerot, Überzug rötlich, Bemalung weinrot, Oberfläche
poliert; H. 27,0 cm; Dm. (Mündung) 9,3 cm; fragmentarisch
Karthago, Musée de Carthage

Kleine italo-korinthische Amphore mit kurzer Mündung, langem, zylindrischem Hals und ovoidem Bauch
mit schmalem, abgesetztem Standring. Am Hals unterhalb der Mündung und auf der Schulter sind zwei Henkel aus je drei tordierten Rundstäben angebracht. Auf
dem gesamten Gefäßkörper reiche Verzierung: Lippe
mit umlaufender Zickzack-Girlande, auf dem Hals
drei horizontale Zonen mit umlaufender Zickzack-
Girlande, Metopenfries mit Zickzack-Muster und
einer Zickzack-Reihe, alle gerahmt von doppelten und
abgesetzt mit einfachen horizontalen Linien. Auf der
Schulter ein Kranz aus hängenden Dreiecken mit
Kreuzschraffur und zwischengesetzten kleinen konzentrischen Kreisen. Unterhalb der Schulter leitet eine
horizontale Zone mit acht dünnen Linien zur Dekoration des Bauches über. Diese besteht aus elf horizontalen Zonen mit breiten Streifen, die jeweils drei schmale
Linien einfassen. Auf den Henkeln betonen schräge
Striche die Drehung der drei Stäbe. Die Amphore, die
bei ihrer Auffindung leer war, gehörte zusammen mit
der phönizischen Schalenlampe (Kat. 170) nach Cintas'
Einschätzung zu einem Gründungsdepot, auf das er
unweit der nach ihm benannten »Chapelle Cintas«
gestoßen war. Auch wenn sich wegen der gestörten
Fundlage – das Gefäß war gründlich zerschlagen aus
dem Schlamm geborgen worden – keine Leichenbrand-
reste mehr in der Amphore fanden, so weist die mit-
gefundene Lampe doch deutlich auf eine Bestattung
hin: Die verstorbene Person muß im Bereich des (später?) hier angelegten phönizischen Tophet von Karthago eingeäschert und der Leichenbrand in einer griechischen Urne niedergelegt worden sein; vielleicht dürfen wir hier sogar familiäre Beziehungen zwischen
Phöniziern und Griechen vermuten, wie es sie fraglos
gegeben hat. Daß sich Phönizier auf griechischem
Boden nach griechischer Sitte haben bestatten lassen,
wissen wir z. B. aus Pithekoussai.

Cintas 1950, Taf. 65, 1
Cintas 1970, Taf. 10, 32

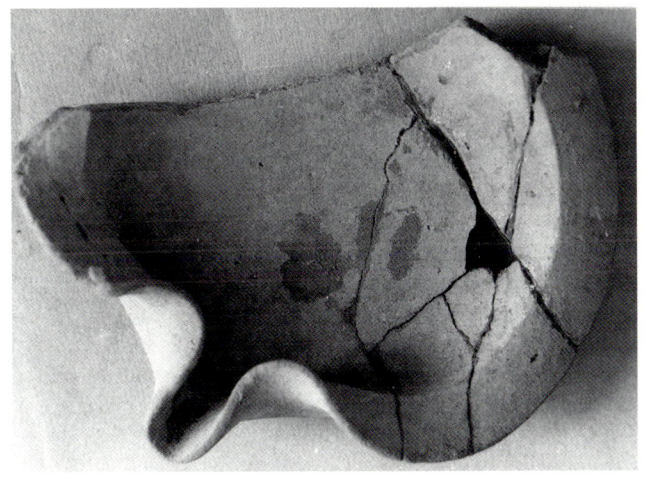

phönizischen Kultur. Während die Masken im westlichen Mittelmeerraum zumeist aus Gräbern stammen
und damit einen Hinweis auf ihre Verwendung im
Totenkult geben, wurden sie im östlichen Raum auch
häufig in Heiligtümern gefunden. Dort dienten sie vermutlich als Weihgeschenke für die Götter. In den Gräbern hatten sie dagegen sicherlich apotropäische Funktion. Dieses Stück zeigt den verzerrten Ausdruck der
grotesken Maske, der durch tief eingeritzte, stilisierte
Falten und Warzen auf Stirn und Wangen noch gestei-
gert wird. Augen und Mund sind als sichelförmige Öffnungen angegeben.

Picard 1965/66, 13 Nr. 5 Taf. 2

170
Lampe

Karthago, Tophet
750–725 v. Chr.
Ton orange-ocker, Überzug hellrot; Dm. ca. 12 cm;
fragmentarisch
Karthago, Musée de Carthage

Offene karthagisch-phönizische Tonlampe in Form
eines kleinen Tellers mit schmalem Rand, flachkonvexem Becken und nur einer Lampenschnauze für den
Docht. Ihre Oberfläche ist mit einem roten Überzug
versehen. Die Lampe wurde zusammen mit der
Amphore Kat. 169 gefunden und stammt vermutlich
aus einer griechischen Bestattung im phönizischen
Tophet.

Cintas 1950, 493 Abb. 22
Cintas 1970, Taf. 11, 34

171
Groteske Maske   (s. Farbabb. 45, S. 59)

Karthago, Nekropole Dermech, Grab 30
Ende 7./Anfang 6. Jh. v. Chr.
Terrakotta; über der Stirn und an beiden Seiten unterhalb der
Ohren befinden sich kleine Löcher zum Hindurchziehen von
Schnüren; H. 19,5 cm
Paris, Musée du Louvre, AO Inv. 3242

Die große Zahl der an der Levanteküste gefundenen
Masken belegt deren besondere Bedeutung in der

172–174
Lockenringe

Von Ohrringen derselben Machart nur durch ihren
größeren Durchmesser zu unterscheiden, wurden solche Haarspiralen von Frauen als Schmuck an den
Schläfenlocken getragen. Vielfach aus Bronze mit
Goldüberzug gearbeitet, waren sie preiswerte
Schmuckstücke und fanden in den phönizisch beeinflußten Gebieten des Mittelmeerraumes weite Verbreitung. Den hier gezeigten Stücken eng verwandte Parallelen stammen aus Syrien, von Zypern und aus Thar-
ros/Sardinien.

172
Lockenring

Nordafrika (?)
6.–5. Jh. v. Chr.
Bronze mit Goldüberzug; Dm. 2,7 cm; Goldüberzug infolge des Oxidierens der Bronze geplatzt
Hannover, Kestner-Museum, Inv. 1934,296 a

Dem zweifach gewundenen Ring ist in der Mitte ein Draht mit geripptem Goldüberzug eingefügt. Seine in dünne Drähte auslaufenden Enden sind zur Befestigung spiralig um eine Windung geschlungen.

Vergleichbare Stücke: Marshall 1911 Nr. 1532/33 Taf. 23
Culican 1973, 31 f. Taf. 2 A–C

173
Lockenring

Nordafrika (?)
6.–5. Jh. v. Chr.
Bronze mit Goldüberzug; Dm. 2,6 cm
Hannover, Kestner-Museum, Inv. 1934,296 b

Wie Kat. 172, jedoch in gutem Erhaltungszustand.

174
Lockenring

Erworben in Cherchel/Algerien
6.–5. Jh. v. Chr.
Bronze mit Goldüberzug; Dm. 3 cm; eines der dünn ausgezogenen Enden ist weggebrochen
Hannover, Kestner-Museum, Inv. 1934,297

Bei sonstiger Übereinstimmung mit den beiden vorigen Stücken (Kat. 172 und 173), ist hier der in die Spirale eingefügte Draht mit Goldverkleidung feiner gerippt.

175
Pilzkanne

Karthago, Grabungen Père Delattre
Ende 7. Jh. v. Chr.
Ton hellrot, Überzug rosa, Oberfläche feucht geglättet, Bemalung schwarz; H. 19,8 cm; Dm. (Bauch) 9,1 cm; Mündung unvollständig
Brüssel, Musées Royaux d'Art et d'Histoire, Inv. 0.765

Kanne mit breiter, »pilzförmiger« Mündung und hängender, spitzer Lippe, mit engem, durch eine Rille gegliedertem Hals aus langem, konischem Ober- und kurzem, zylindrischem Unterteil, zylindrischem Bauch mit rundlicher Schulter- und Fußzone und schmalem,

konkavem Boden mit niedrigem Standring. Enger Ringhenkel, an der Halsrille und unter dem Halsansatz befestigt. Die Lippe ist schwarz eingefaßt, der Hals ist unterhalb des Mündungsansatzes und die Schulter unterhalb des Halsansatzes mit doppelten horizontalen schwarzen Linien bemalt.

Dieses feine Exemplar vertritt einen charakteristischen karthagischen Kannentypus archaischer Zeit, die jüngere lokale Weiterentwicklung der bichromen phönizischen Pilzkanne des Mutterlandes.

Bisi 1977, 25 ff. Taf. 4, 1 (Nr. 1)

176

176
Pilzkanne

Karthago, Grabungen Père Delattre
Ende 7. Jh. v. Chr.
Ton rosa, Überzug gelblichgrün, Oberfläche feucht geglättet, Bemalung nicht erhalten; H. 17,0 cm; Dm. (Bauch) 6,9 cm; vollständig
Brüssel, Musées Royaux d'Art et d'Histoire, Inv. 0.719

Kanne mit »pilzförmiger« Mündung und spitzer Lippe, mit engem, durch eine Rille gegliedertem, kürzerem Hals aus konischem Ober- und zylindrischem Unterteil, flacher Halsrippe und gestaucht kugelförmigem Bauch mit breitem, flachem Boden und niedrigem Standring. Der Ringhenkel ist an der Halsrille und unter dem Halsansatz befestigt.

Dieses gröbere Exemplar ist wie Kat. 175 einem karthagischen Kannentypus archaischer Zeit zuzurechnen, vertritt aber eine etwas ältere lokale Form.

Bisi 1977, 27 Taf. 4, 2 (Nr. 2)

177
Kleeblattkanne

Karthago, Grabungen Père Delattre
6. Jh. v. Chr.
Ton hellrot, Überzug rosa, Oberfläche feucht geglättet, Bemalung dunkelrot; H. 19,2 cm; Dm. (Bauch) 10,2 cm; vollständig
Brüssel, Musées Royaux d'Art et d'Histoire, Inv. 0.731

Kanne mit enger, »kleeblattförmiger« Mündung und spitzer Lippe, weitem, konischem Hals, »birnenförmigem« Bauch mit breitem, konkavem Boden und niedri-

177

178

gem Standring. Bogenförmiger, kräftiger Henkel, am Mündungsrand und am Halsansatz befestigt. Der Halsansatz ist mit einer horizontalen Linie bemalt und durch einen schmalen Tonwulst betont.

Diese Kanne karthagischer Produktion, die lokale Eigenarten wie Oberflächenbehandlung und Bemalung mit der klaren phönizischen Form levantinischer und zyprischer Gefäße des 7. Jhs. v. Chr. verbindet, gehört einem im westlichen Mittelmeerraum weit verbreiteten und in vielen Varianten auftretenden Kannentypus an.

Bisi 1977, 29 f. Taf. 5, 2 (Nr. 4). Vgl. Bikai 1987, 31–34

178
Kleeblattkanne

Karthago, Grabungen Père Delattre
Anfang 7. Jh. v. Chr.
Ton rötlichgelb, Überzug rot, Oberfläche poliert (Rote Ware);
H. 18,4 cm; Dm. (Mündung) 4,5 cm; vollständig
Brüssel, Musées Royaux d'Art et d'Histoire, Inv. 0.508

Kanne mit großer, »kleeblattförmiger« Mündung, konischem, abgesetztem Hals, kugelförmigem Bauch mit konkavem Boden und hohem, abgesetztem Standring. Gestreckter, gerader Henkel, am Mündungsrand und am Halsansatz befestigt.

Das recht kleine und schlanke Gefäß, das im Bestattungskult für Libationsopfer und anschließend als Grabbeigabe verwendet wurde, setzt mit seiner ausgewogenen Form und der sorgfältigen Oberflächenpolitur nahezu ungebrochen die Tradition der im phönizischen Mutterland und auf Zypern hergestellten phönizischen Kannen der »Red Slip Ware« aus der zweiten Hälfte des 8. Jhs. v. Chr. fort (vgl. Kat. 37). Dennoch handelt es sich hier wohl eher um ein Stück lokaler phönizischer Herstellung. Reminiszenzen an die wertvollen und sehr viel selteneren Metallkannen, wie den Absatz zwischen Hals und Bauch (bei den Vorbildern die Verbindungsnaht für die getrennt gefertigten Gefäßteile), finden wir bei den Tonkannen dieses Typs häufig.

Bisi 1977, 27ff. Taf. 5, 1 (Nr. 3). Vgl. Bikai 1987, 31–34

179
Kanne

Karthago
650–600 v. Chr.
Ton rot, Überzug hellgelb, Oberfläche feucht geglättet, Bemalung braun; H. 19,5 cm; Dm. (Bauch) 14,0 cm; vollständig
Leiden, Rijksmuscum van Oudheden, Inv. 1952/2.6

Orientalisierende Kanne der karthagischen Keramik mit weiter Mündung und kurzem, zylindrischem Hals mit schmaler Halsrippe; der ovoide Bauch mit horizontalem Boden ohne Standring. Ein kräftiger Ringhenkel führt von der Halsrippe zur Schulter. Lippe farbig eingefaßt, auf der Schulterzone doppelte horizontale Linien.

Unveröffentlicht

180
Kleiner Teller

Karthago, Grabungen Père Delattre
6./5. Jh. v. Chr.
Ton rot, Überzug hellgelb, Oberfläche feucht geglättet, Bemalung schwarz und dunkelrot; H. 2,0 cm; Dm. 14,0 cm; vollständig
Brüssel, Musées Royaux d'Art et d'Histoire, Inv. o.1288

Kleiner Teller der karthagischen Keramik mit sehr breitem Rand, kleinem Becken und abgesetztem, flachkonkavem Boden. Lippe und Beckenrand sind schwarz eingefaßt, die Oberseite des Randes trägt zwei, die Oberseite des Beckens einen doppelten konzentrischen roten Malstreifen.

Bisi 1977, 45 Taf. 15 (Nr. 35)

181
Kleiner Teller

Karthago, Grabungen Père Delattre
7./6. Jh. v. Chr.
Ton hellbraun, Überzug hellgelb, Oberfläche feucht geglättet (Plain Ware); H. 2,6 cm; Dm. 9,0 cm; vollständig
Brüssel, Musées Royaux d'Art et d'Histoire, Inv. o.744

Kleiner, dickwandiger Teller der karthagischen Keramik mit breitem, horizontalem Rand, tiefem Becken und horizontalem Boden. Dieses lokal gefertigte, wohl nur für den bescheidenen Grabgebrauch bestimmte Exemplar einfachster Machart gehört dem Typus nach zu den in Karthago und in den übrigen westphönizischen Niederlassungen archaischer Zeit überaus zahlreich belegten, typisch westphönizischen flachen Tellern mit poliertem rotem Überzug.

Bisi 1977, 43 f. Taf. 14, 1 (Nr. 32)

183
Amphore

Karthago
650–600 v. Chr.
Ton hellgelb, Oberfläche feucht geglättet; H. 22,0 cm;
Dm. (Mündung) 8,3 cm; vollständig
Leiden, Rijksmuseum van Oudheden, Inv. 1952/2.11

Amphore vom Typ A 1 karthagischer Produktion.
Kurze, weite Mündung, schmale, konvexe Schulter mit
scharfem Knick, flachkonkave Henkelzone und biko-
nischer Gefäßkörper mit breitem, horizontalem Boden
ohne Standring. Zwei kräftige Henkel setzen unter
dem Schulterknick und am Bauchumbruch an (vgl.
Kat. 194).

Unveröffentlicht

182
Kleiner Teller

Karthago, Grabungen Père Delattre
6./5. Jh. v. Chr.
Ton rot, Oberfläche feucht geglättet; H. 2,1 cm; Dm. 11,7 cm;
vollständig
Brüssel, Musées Royaux d'Art et d'Histoire, Inv. 0.747

Kleiner, dickwandiger Teller der karthagisch-punischen Keramik, wie Kat. 181.

Bici 1977, 44f. Taf. 11, 2 (Nr 33)

185
Scheibenanhänger   *(s. Farbabb. 67, S. 85)*

Trayamar (Prov. Málaga), Kammergrab 4
2. Hälfte 7. Jh. v. Chr.
Gold; Dm. 2,5 cm; Platte gegossen, Dekoration teils im Relief aus der Oberfläche herausgearbeitet bzw. mitgegossen, teils in Granulations- und Filigrantechnik ausgeführt
Málaga, Museo de Bellas Artes

Den Aufhänger des Medaillons bildet eine enge Drahtspirale mit zwei Kränzen aus je fünf Kugeln an den Enden. Über diese Kugelkränze ist die Schnuröse mit dem Randwulst der Scheibe verbunden. Die untere Scheibenhälfte bestimmt ein glockenförmiges Gebilde, ein »Berg«, aus Granulationskügelchen, über das sich eine Doppeluräusschlange mit nach außen gewandten Köpfen legt. Auf diesen hockt je ein Horusfalke. Die Körper der Tiere sind im Relief herausgearbeitet, ihre Umrißlinien durch Granulationsperlen hervorgehoben. Zwischen den Falken befindet sich ein Sonne-Mond-Motiv, bekrönt von einer geflügelten Sonnenscheibe, von der drei Strahlen ausgehen und über deren Flügeln je eine Schlange aus wellenförmig gebogenem Draht liegt. Die Darstellung wird gerahmt durch ein der Außenkontur der Scheibe folgendes Band aus Granulationskügelchen, von dem an beiden Seiten je zwei granulierte Dreiecke als Füllmotive ausgehen.
Die einzelnen Bildelemente weisen eindeutig auf Ägypten. Parallelen für die ikonographische Syntax sind jedoch nur im westphönizischen Raum anzutreffen. Vergleichsstücke finden sich auf Malta, Sizilien, Sardinien, Ibiza und besonders in Karthago.
Der von Uräusschlangen und Falken bewachte »Berg« wird als »Baitylos«, als kosmischer Berg, über dem der Himmelsgott wohnt, gedeutet. Eine kosmische Symbolik liegt auch dem auf Isis und Osiris weisenden Falkenpaar, dem Sonne-Mond-Motiv und der geflügelten Sonnenscheibe zugrunde. Das Sonne-Mond-Motiv, das im Vorderen Orient auf Schmuckanhängern bereits seit dem 2. Jt. v. Chr. nachzuweisen ist, wird mit dem Kult der Göttin Astarte-Tanit, der Herrin über Leben und Tod, in Verbindung gebracht. Eine in Carambolo gefundene Bronzestatuette dieser Gottheit (Kat. 198) läßt vermuten, daß deren Kult auch im Einflußgebiet der phönizisch-spanischen Faktoreien bekannt war.

Niemeyer 1972, 40 Niemeyer/Schubart 1975, 137ff.
Schubart/Niemeyer 1976, 145 Nr. 609 Taf. 54a–b
Quillard 1979, 11–15 u. 66ff.

184
Amphore

Karthago
650–600 v. Chr.
Ton rot, Überzug hellgelb, Oberfläche feucht geglättet;
H. 24,0 cm; Dm. (Mündung) 10,3 cm; vollständig
Leiden, Rijksmuseum van Oudheden; Inv. 1952/2.10 a

Amphore vom Typ A 1 der karthagischen Keramik. Kurze, weite Mündung, knappe, gerundete Schulter; die Henkelzone ist kaum eingezogen, sonst wie Kat. 183.

Unveröffentlicht

186
Anhänger

Trayamar (Prov. Málaga), Kammergrab 4
2. Hälfte 7. Jh. v. Chr.
Gold; L. 5,5 cm; Dm. des großen Rings 2,4 cm; Kugel aus zwei
runden Blechen getrieben und zusammengelötet
Málaga, Museo de Bellas Artes

Der Anhänger besteht aus einer Kugel, die über einen
Zylinder fest mit einem senkrecht stehenden Ring verbunden ist. Mit dieser Öse hängt das Kugelglied an
einem offenen Ring, der seinerseits einem ovalen, blutegelförmigen Ring angefügt ist. Der ursprünglich wohl
als Ohrring getragene Schmuck wurde nachträglich
durch Zusammenfügen mit einem größeren hohlen
Ring zu einem Anhänger umgestaltet.
Der Typus der schlauch- bzw. blutegelförmigen Ohrringe, dem das hier gezeigte Stück angehört, läßt sich
sowohl im syrisch-phönizischen Raum, als auch im
Gebiet der westphönizischen Niederlassungen zahlreich nachweisen.

Niemeyer/Schubart 1975, 142
Schubart/Niemeyer 1976, 147 Taf. 54 c

187
Konische Anhänger

Trayamar (Prov. Málaga), Kammergrab 4
2. Hälfte 7. Jh. v. Chr.
Gold; L. zw. 2,24 u. 2,48 cm; aus verlötetem Blech, oberer Teil
getrieben; aller Wahrscheinlichkeit nach zu demselben Collier
gehörend wie das scheibenförmige Amulett Kat. 185.
Málaga, Museo de Bellas Artes

Hals- und Schnuröse der vier Anhänger bestehen aus
Golddrahtspiralen mit flachen Ringen an den Enden.
Den eigentlichen Körper bildet ein von einer Kalotte
abgeschlossener Konus.
Dieser Anhängertypus ist vor allem im Westen des
phönizischen Einflußgebietes vertreten, aber auch auf
Zypern nachgewiesen.

Niemeyer/Schubart 1975, 141
Schubart/Niemeyer 1976, 145f. Nr. 610–613 Taf. 54 f–i

188
Kleeblattkanne

Trayamar (Prov. Málaga), Kammergrab 4
700–650 v. Chr.
Ton orangebraun, Überzug weinrot, Oberfläche poliert (Red
Slip Ware); H. 21,7 cm; Dm. (Mündung) 5,4 cm; fragmentiert,
ergänzt
Málaga, Museo de Bellas Artes

Kanne der »Red Slip Ware« mit kleiner, enger »kleeblattförmiger« Mündung, kurzem, konischem Hals
und ovoidem Bauch mit breitem, konkavem Boden
ohne Standring. Ein weiter kräftiger Doppelrundstab-

◁ 185. 186. 187

Henkel ist am Mündungsrand und am Halsansatz befestigt. Der Übergang zwischen Hals und Bauch ist durch einen Absatz betont, die Oberfläche der Kanne mit einem polierten roten Überzug versehen.

Niemeyer / Schubart 1975, 91. 131 Nr. 604 Taf. 16

189
Fibel mit Doppelspiralbügel

Trayamar (Prov. Málaga), Kammergrab 4
7. Jh. v. Chr.
Bronze; L. 12 cm
Málaga, Museo de Bellas Artes

Die einfache Fibel mit Doppelspirale und einem Halbrundstab als Bügel gehört zu einer Gruppe von Gewandnadeln, die auf der Iberischen Halbinsel sowohl in phönizischen als auch in prähistorischen Fundkontexten nachgewiesen wurden. Als Ursprungsgebiet der Fibeln mit Doppelspiralbügel wird der östliche Mittelmeerraum angenommen; von dort dürfte diese Fibelform über die phönizischen Niederlassungen an der Küste ins Hinterland der Iberischen Halbinsel vorgedrungen sein.

Niemeyer / Schubart 1975, 143 ff.
Schubart / Niemeyer 1976, 151 Nr. 655 Taf. 17

190.191

190
Amphore mit Knopfdeckel

Trayamar (Prov. Málaga), Grab 1
700–650 v. Chr.
Ton hellbraun/gelblich, Überzug orangerot/tongrundig, Oberfläche poliert, feucht geglättet (Plain Ware); H. 43,1 cm; Dm. Mündung 12,2 cm; vollständig
Málaga, Museo de Bellas Artes

Amphore der »Plain Ware« vom Typ A 2 mit kurzem, geradem, vertikalem Rand, abgesetzter kurzer, leicht konvexer Schulter, scharfem Schulterknick, flachkonkaver Henkelzone und elliptischem Bauch mit schmalem, flachkonkavem Boden ohne Standring. Unterhalb des Schulterknicks sitzen zwei enge Doppelrundstabhenkel. Die Oberfläche der Amphore ist mit einem sorgfältig polierten roten Überzug versehen, die Fußzone dagegen ist tongrundig belassen. Amphoren dieses Typus, die häufig auch bichrom bemalt und nur gelegentlich ganz tongrundig sind, zählten im westphönizischen Keramikrepertoire zu den feineren Vorrats- oder – im Grabgebrauch – Bestattungsgefäßen, die zur Aufnahme des Leichenbrandes benutzt wurden. Als Verschluß dienten Knopfdeckel wie der hier gezeigte.

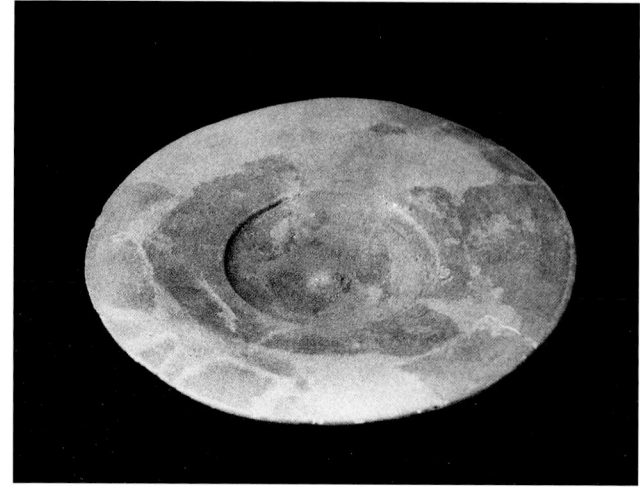

Niemeyer / Schubart 1975, 75. 133 Nr. 557, 557a Taf. 12. 49 c, d

191
Standring

Trayamar (Prov. Málaga), Grab 1
700–650 v. Chr.
Ton hellbraun, Oberfläche tongrundig, feucht geglättet (Plain Ware); H. 7,5 cm; Dm. 16,5 cm; vollständig
Málaga, Museo de Bellas Artes

Standringe, deren Form an gekielte Schalen mit weitem Fuß erinnert, waren meist tongrundig, gelegentlich aber auch mit Streifen bemalt und feucht geglättet. Sie dienten als Untersätze für Amphoren wie der hier gezeigten. Auf ihnen wurden die Urnen mit der Asche der Toten, leicht erhöht, inmitten der Grabkammer aufgestellt.

Niemeyer / Schubart 1975, 76. 134 f. Nr. 560 Taf. 12. 50 i

192
Teller

Trayamar (Prov. Málaga), Grab 1 (Dromos)
700–650 v. Chr.
Ton rotbraun, Überzug rot, Oberfläche poliert (Red Slip Ware); H. 3,8 cm; Dm. (Mündung) 26,4 cm; Rb. 8,6 cm; vollständig
Málaga, Museo de Bellas Artes

Teller der »Red Slip Ware« mit breitem, geradem, leicht ansteigendem Rand und gerade abgestrichener Lippe mit umlaufender Rille, tiefes Becken mit konvexer Wandung und horizontalem, im Zentrum flachkonkavem Scheibenboden. Die Oberfläche des Tellers ist mit einem über den Rand gezogenen, sorgfältig polierten roten Überzug versehen.
Zu einer wichtigen, in den phönizischen Siedlungen des westlichen Mittelmeerraumes weit verbreiteten Keramikleitform gehören diese Teller. Sie zählten im Haushalt zum feineren Tafelgeschirr und hatten schließlich auch im Grabgebrauch ihren Platz.
Dieser Teller fand sich im Dromos vor der Grabkammer und ist dort wohl zu einem späteren Zeitpunkt, nach der Bestattung, mit einem kleinen Speise- oder Trankopfer für den Toten aufgestellt worden.

Niemeyer / Schubart 1975, 76 Nr. 568 Taf. 14

193
Zweischnäuzige Schalenlampe

Trayamar (Prov. Málaga), Grab 1
700–650 v. Chr.
Ton hellbraun, Überzug rotbraun, Oberfläche poliert (Red Slip Ware); Dm. 13,1 cm; Rb. 2,0 cm; fragmentiert
Málaga, Museo de Bellas Artes

Offene Tonlampe der »Red Slip Ware« in Form eines kleinen Tellers mit abgesetztem, schmalem, leicht hängendem Rand, spitz abgestrichener Lippe und flachkonvexem Becken ohne abgesetzten Boden. Die beiden Lampenschnauzen zur Auflage der Dochte entstanden

knicks sitzen zwei einfache, kräftige, enge Rundhenkel. Die Oberfläche der Amphore wurde in ein dünnes gelbliches Tonbad getaucht und feucht geglättet.

Die großen phönizischen Handelsamphoren dieses Typs leiten sich von östlichen Prototypen ab und sind für die Niederlassungen im Süden der Iberischen Halbinsel kennzeichnend. Sie dienten zum Transport von Wasser, Wein, Öl oder Getreide, als Vorratsgefäße im Haushalt und im Grab als Behältnis für den Leichenbrand.

Niemeyer / Schubart 1975, 75. 134 Nr. 558 Taf. 13

durch Umbiegen des Schalenrandes an drei dicht nebeneinanderliegenden Stellen. Die Oberfläche ist mit einem sorgfältig polierten rotbraunen Überzug versehen.

Die Form dieser phönizischen Lampe ist seit ihrer Erfindung im Mutterland als ein- oder zweischnäuzige Version, vereinzelt mit Fuß, über lange Zeit nahezu unverändert geblieben und fand in allen phönizischen Niederlassungen des Mittelmeerraumes Verbreitung.

Niemeyer / Schubart 1975, 76. 127 f. Nr. 561 Taf. 12. 50 g

194
Transportamphore

Trayamar (Prov. Málaga), Grab 1
700–650 v. Chr.
Ton rotbraun, Überzug gelblich, Oberfläche feucht geglättet (Plain Ware); H. 65,5 cm; Dm. (Mündung) 12,6 cm; vollständig
Málaga, Museo de Bellas Artes

Amphore der »Plain Ware« des Typs A 1 mit sehr kurzem, dreieckigem, innen rund abgestrichenem Rand, abgesetzter kurzer, konvexer Schulter, scharfem Schulterknick, flachkonkaver Henkelzone und elliptischem Bauch mit spitzem Boden. Unterhalb des Schulter-

der Schulter befestigt. Die Oberfläche der Kanne ist mit einem polierten roten Überzug versehen.

Dieses möglicherweise sogar aus dem Osten importierte Exemplar zählt zu den ältesten Kannen der Red Slip Ware, von denen wir aus phönizischen Niederlassungen der Iberischen Halbinsel bislang nur drei kennen.

Schubart 1983, 119 Abb. 5 g
Niemeyer 1984, 53 mit Abb. 48 Taf. 18,2

196
Thymiaterion

Torre del Mar, Cerro del Peñón (Prov. Málaga)
Anfang 7. Jh. v. Chr.
Bronze; H. (gesamt) 18,5 cm; (Schale) 4,1 cm; Dm. (Schalenrand) 16,4 cm; (Fuß) 12,1 cm; fast vollständig; gegossen
Málaga, Museo de Bellas Artes

Thymiaterion aus drei gegossenen Einzelteilen zusammengesetzt: Zuoberst eine flache Rippenschale mit geradem, schräg nach außen gestelltem Rand und

195
Kugelkanne

Morro de Mezquitilla (Prov. Málaga)
8. Jh. v. Chr.
Ton gelblich rot, Überzug rot, Oberfläche poliert, mattglänzend (Red Slip Ware); H. 18,3 cm; Dm. (Mündung) 6,9 cm; fragmentarisch
Málaga, Museo de Bellas Artes

Phönizische Kugelkanne der »Red Slip Ware« mit kurzer, hängender Mündung und rund abgestrichener Lippe, zylindrischem Hals mit Halsrippe und leicht gestauchtem, kugelförmigem Bauch mit flachkonkavem Boden und niedrigem Standring. Ein V-förmiger Doppelrundstabhenkel ist an der Halsrippe und auf

flachem, gebauchtem Becken, das auf der Außenseite
45 kräftige, radial angeordnete Rippen trägt und im
Zentrum mit einer kleinen runden Öffnung versehen
ist. Darunter sitzt ein hohlgegossenes Kapitell mit
flachem, verkehrtkonischem Abakus und acht hängenden, konvexen, glatten Blättern. Beide Teile, Schale
und Kapitell, sind auf einen zweistufigen Zapfen des
Ständers gesteckt und waren vermutlich ursprünglich
mit diesem verlötet. Der Ständer hat einen schlanken,
trompetenförmigen Stamm und einen breiten, schei-
benförmigen Fuß mit umlaufendem Wulst.
Parallelen für den Schalentyp (vgl. Kat. 113), das Lotos-
blüten-Kapitell (vgl. Kat. 200 und das Thymiaterion
aus der Nekropole von Sidon, Kat. 258) und den konischen Fuß stammen aus dem zyprischen Raum oder
dem Vorderen Orient; dort muß wohl auch das Her-
stellungszentrum für unser Stück gesucht werden.
Wie und wo solche Thymiaterien – und Rippenschalen
– verwendet wurden, zeigt eine Szene auf dem Relief
aus dem Palast des Königs Assurbanipal in Ninive:
Dort sitzen König und Königin beim Festmahl beisam-
men und trinken ihren Wein aus Rippenschalen; zwischen ihnen stehen einige dieser Bronzegeräte, und in
den Schalen sind Häufchen glühender Holzkohle auf-
geschichtet, auf denen Harze – z. B. Weihrauch – und
duftende Kräuter oder dergleichen verbrannt wurden.

Niemeyer / Schubart 1965
Niemeyer 1970

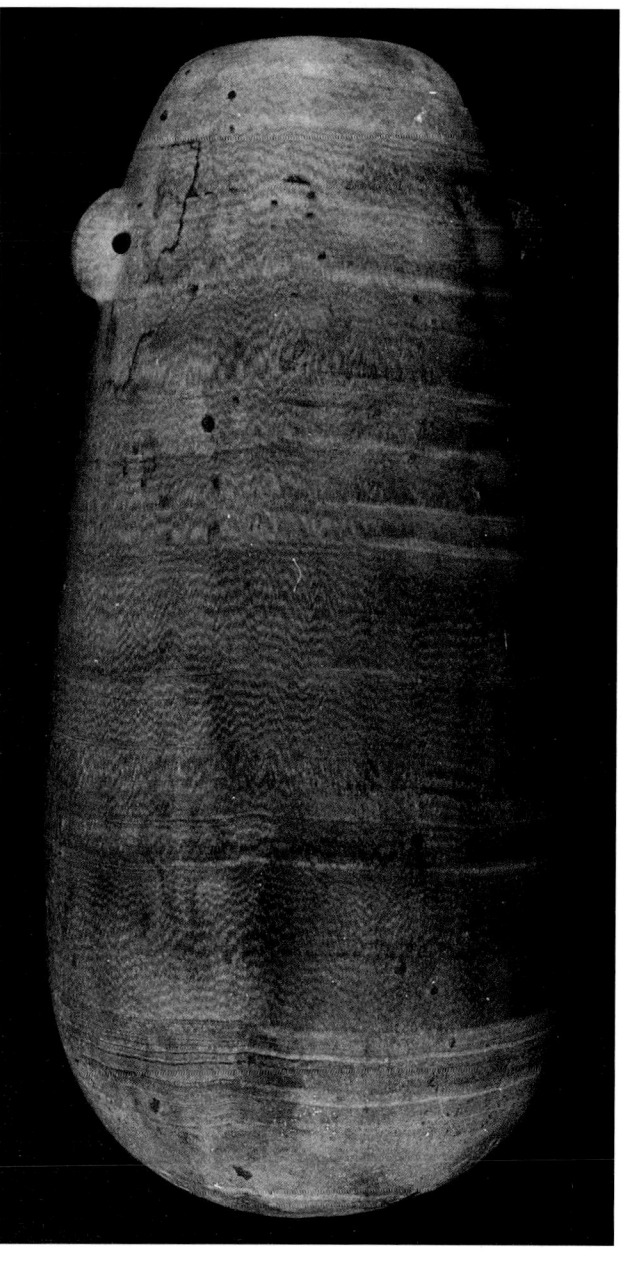

197
Alabasterurne

Torre del Mar, Casa de la Viña (Prov. Málaga)
Anfang 8. Jh. v. Chr.
Alabaster, geädert; H. 65,0 cm; Dm. (Mündung) 15,0 cm;
Wd. 3,0–5,0 cm; vollständig
Madrid, Museo Arqueológico Nacional, Inv. 16801

Amphore aus Alabaster mit kurzer, vertikaler, gekehlter Mündung und Lippe mit umlaufender Rille, kurzer,
horizontaler Schulter (Schulterknick) und langgezoge-
nem, birnenförmigem Bauch mit rundem Boden.
Unterhalb der Schulter sitzen zwei vertikale Ring-

henkel. Die Alabasteramphoren in den südspanischen
Nekropolen zählen zu den bemerkenswertesten Im-
portstücken ägyptischer Herkunft. Sie wurden von den
Phöniziern in Ostandalusien – zweckentfremdet – als

Urnen mit dem Leichenbrand in Gräbern beigesetzt. Häufig sind sie mit ägyptischen Königsinschriften versehen, die sich auf Pharaonen der 22. Dynastie (946–714 v. Chr.) beziehen. Diese Luxusgefäße, die ursprünglich einmal edle Salben enthalten hatten, müssen als Geschenke von ägyptischen Handelspartnern an reiche phönizische Kaufleute über die Metropolen des Mutterlandes oder als Raubgut in die Gräber des 7. Jhs. v. Chr. in den Westen gekommen sein. Jedenfalls deuten sie auf enge Verbindungen zwischen den Faktoreien auf der Iberischen Halbinsel und der Levante.

Pérez Die 1976, 905 f. Abb. 1. Vgl. Niemeyer / Schubart 1975, 146 ff.

198
Statuette der Astarte

El Carambolo (Prov. Sevilla)
7. Jh. v. Chr.
Bronze; H. 16,5 cm; die Figur ist voll gegossen, der Sockel hohl; rechte Hand und linker Arm sowie der Thron fehlen
Sevilla, Museo Arqueológico Nacional, Inv. 11.136

Die nackte, sitzende Frauengestalt trägt eine die Ohren freilassende Perücke, wie sie von ägyptischen Statuetten oder syrischen Beinschnitzereien, etwa aus Nimrud, bekannt ist. Die Körper- und Gesichtsformen sind in ihren anatomischen Details fein ausmodelliert. Der rechte Oberarm liegt am Körper, der Unterarm ist nach vorn angewinkelt. In den Händen hielt sie vermutlich Schale, Blüte oder Zepter. Ägyptisierend ist auch die starre Beinhaltung mit eng geschlossenen Füßen. Diese ruhen auf einem unten offenen Sockel mit einer phönizischen Inschrift auf der Vorderseite. Danach wurde die Statuette der Göttin »Astarte-hr«, die sie wahrscheinlich auch darstellt, als Dankesgabe von zwei Brüdern geweiht. Der Namenszusatz »hr«, bislang noch nicht zweifelsfrei gedeutet, könnte eine spezifische Wesensart der Göttin oder ein Toponym (Ortsbezeichnung) ausdrücken.
Wo die Figur entstand, ob in einer phönizischen Werkstatt in Ägypten oder im westlichen Mittelmeerraum, vielleicht sogar auf der Iberischen Halbinsel, ist ungewiß. Eines jedoch ist sicher: ein solch kleines Objekt läßt sich leicht mitnehmen. So ist es also auch denkbar, daß es aus dem phönizischen Mutterland stammt.

Röllig 1969, 141–145
Blázquez 1975 (2. Auflage), 110 ff. Taf. 34
Gamer-Wallert 1978, 90 ff. Taf. 25

199
Bronzekanne mit Tierkopf

Huelva, Nekropole »La Joya«, Grab 18
6. Jh. v. Chr.
Bronze; H. 27,0 cm; vollständig; Gefäß, Henkel und Palmetten
gegossen, einige Details graviert
Huelva, Museo Arqueológico

»Birnenförmige« Bronzekanne mit konischem Hals, ellipsoidem Bauch und breitem horizontalem Boden mit schmalem Standring. Die Mündung ist als Hirschkopf gestaltet; ein Loch in Scheitelhöhe diente als Einfüllöffnung, das aufgesperrte Maul mit herausgestreckter Zunge als Ausguß. Plastisch modelliert sind die großen, halbmondförmigen Augen mit den Brauen, die Nüstern und die langen Ohren. Sie skizzieren schematisch das Gesicht des Tieres. Stümpfe oberhalb der Ohren lassen sich als Reste eines Geweihs erklären, wie eine vollständig erhaltene Kanne aus Zarza de Alanje bei Mérida zeigt. Der Henkel verjüngt sich aus einem Pferdekopf zur Schulter hin. Nur die Mähne und das Zaumzeug weisen das Tier als Pferd aus. Eine orientalisierende Palmette schließt den Henkel nach unten ab. Die außerordentlich dickwandige und schwere Bronzekanne ist in einem Stück, einschließlich Henkel und Palmette, im Wachsausschmelzverfahren gegossen. Der für die aus zwei Teilen getriebenen und verlöteten Silberkannen charakteristische Wulst zwischen Bauch und Hals wurde bei diesem Stück als gegossener Zierat beibehalten. Dieser Bronzekanne liegt eine Form zugrunde, die mit ihren verschiedenen lokalen Varianten vor allem für den Bereich von Tartessos typisch ist. Die entsprechenden birnenförmigen phönizischen Tonkannen der »Red Slip Ware« haben durchweg eine »kleeblattförmige« Mündung und zählen zu den wichtigsten Leitformen aus den phönizischen Niederlassungen des westlichen Mittelmeerraumes. Die Vorbilder für die Tierkopfmündungen lassen sich bis nach Zypern verfolgen, auch wenn ein direkter Zusammenhang zwischen den west- und ostmediterranen Kannen kaum mehr nachzuweisen ist.

Feine Nachbildungen der Metallkannen – mit zoomorpher wie mit schlichter Mündung – in Impasto- und Buccherokeramik kennen wir aus Etrurien, aus Nubien sogar Exemplare aus Quarz und Alabaster. Die Kanne stammt aus einem reichen Grab in Huelva und ist dort, im Gegensatz zu den Silberkannen aus

Gräbern auf italischem Boden (vgl. Kat. 108), wesentlicher Bestandteil des Inventars. Neben dem Hinweis auf die wirtschaftliche Bedeutung der bestatteten Person werden diese Kannen wohl auch im Bestattungsbrauch ihre Funktion gehabt haben.

Garrido Roiz / Orta García 1978, 205 ff. Taf. 207
Grau-Zimmermann 1978, 169 ff. 173 f. 207. 216 Abb. 8. 16 (K 21)
Rathje 1979, 156 ff.

200

Bronzekanne mit Kapitell

Huelva, Nekropole »La Joya«, Grab 17
6. Jh. v. Chr.
Bronze; H. 25,5 cm; vollständig; Gefäß gegossen
Huelva, Museo Arqueológico

»Birnenförmige« Bronzekanne mit konischem Hals, ellipsoidem Bauch und breitem horizontalem Boden mit schmalem Standring. Die Mündung ist rund und trichterförmig nach außen gebogen, darunter umschließt ein Blattkranz den Hals, der an die Blattkapitelle der Thymiaterien und phönizischen Kandelaber erinnert (vgl. Kat. 196. 201). Der Henkel ist aus zwei Rundstäben gefertigt, die zur Mündung hin in zwei zur Seite gebogenen Schlangenköpfen enden. Die Mündungen bestehen meist aus einer flachen, runden Scheibe, die sich möglicherweise an die Mündungen der tönernen phönizischen »Pilzkannen« anlehnen. Die bandartigen Henkel bilden Schlangen nach, deren Köpfe auf der Mündung aufliegen. Am unteren Ende des Henkels sitzt wiederum eine Palmette.

Grau-Zimmermann 1978, 216 Abb. 9. 10 (K 22)

201

Thymiaterion

Huelva, Nekropole »La Joya«, Grab 17/4
6. Jh. v. Chr.
Bronze; H. 66,0 cm; Dm. (Schalen) ca. 23,0 cm; gegossen und getrieben, vollständig
Huelva, Museo Arqueológico

Bronze-Thymiaterion mit zwei Räucherschalen, aus mehreren Einzelteilen zusammengesetzt: Auf einem gegossenen, pyramidenförmigen Sockel, dessen drei Füße zu Löwentatzen ausgebildet sind, steckt der Ständer aus einem einfachen und zwei mit Lotosblattkränzen verzierten kurzen Rohren. Den Abschluß des Ständers bildet ein trichterförmiges, ebenfalls mit einem Lotosblattkranz verziertes Endstück, auf das die beiden gekielten Schalen, zusammen mit einem Distanzrohr, montiert sind. Durch Funktion und Verzierung ist das Thymiaterion eng mit der Bronzeschale Kat. 202 und der Bronzekanne Kat. 200, die aus demselben Grab stammen, verbunden. Lotosblüten sind ursprünglich Symbol des Horus, Symbol der Fruchtbarkeit (vgl. Kat. 27); sie vermitteln im Grabkult die Idee von der Auferstehung und damit die Hoffnung auf ewiges Leben.

Garrido Roiz / Orta García 1978, 91 Abb. 57–57. 177f.

201

Flache Bronzeschale mit breitem, konvexem Becken und abgesetztem, schmalem, konkavem Rand. Auf ihm ist – ungefähr ein Viertel seines Umfanges einnehmend – ein flacher, gebogener Blechstreifen festgenietet, eine zusätzliche, unverzierte Versteifung ist unter dem Rand verborgen. Die Enden des Streifens sind zu kleinen, schematisierten Palmetten geformt, und auf seiner Oberseite sitzen zwei Ösen. Sie führen einen beweglichen Griff aus Bronzedraht, dessen zurückgebogene Enden jeweils mit zwei Lotosblüten, einer geöffneten und einer geschlossenen, bekrönt sind; eine eigentümliche Besonderheit, für die sich bislang keine Parallelen gefunden haben.

Aus demselben Grab stammt auch die Bronzekanne mit kapitellförmiger Mündung (Kat. 200); beide haben als Spendegefäße eine wichtige Rolle im Grabritus gespielt. Die Herkunft dieses Schalentyps ist noch nicht einwandfrei ermittelt worden, doch kann über die Zugehörigkeit zur Kulturfacies der phönizischen Expansion kein Zweifel bestehen.

Garrido Roiz / Orta García 1978, 90f. 175ff. Abb. 56

202

202
Bronzeschale

Huelva, Nekropole »La Joya«, Grab 17/21
6. Jh. v. Chr.
Bronze; H. 4,0 cm; Dm. 35,0 cm; getrieben, Attaschen genietet; vollständig, Oberfläche versintert
Huelva, Museo Arqueológico

203

Ohranhänger

(s. Farbabb. 53, S. 67)

Andalusien, ehem. Sammlung Vives y Escudero
6. Jh. v. Chr.
Gold; Dm. 4,4 cm; Palmetten und Lotosblüten getrieben
Madrid, Museo Arqueológico Nacional, Inv. 85/75309

Der schlauchförmige Ohrschmuck ist an seinem Innen- und Außenrand sowie am Bügelansatz mit einer doppelten Reihe von Granulationskügelchen versehen. Außen schließt sich eine alternierende Reihe von Palmetten und Lotosblüten an, deren Abschluß ein üppiges Blüten-Blatt-Geschlinge bildet.
Lokale Parallelen sind die Ohrgehänge aus dem Schatzfund von Aliseda (Prov. Cáceres/Spanien). Bei einer im wesentlichen verwandten Form sind diese jedoch stilistisch feiner ausgearbeitet und weniger gedrungen. Sie werden, ebenso wie das hier gezeigte Stück, dem orientalisch beeinflußten, tartessischen Kulturkreis zugeordnet.

Almagro Gorbea 1986, 52 f. Nr. 2 Taf. 3

204

Drei Perlen

Cádiz (Andalusien)
4. Jh. v. Chr.
Gold; H. 1,6 cm
Madrid, Museo Arqueológico Nacional, ohne Inv. Nr.

Die weiten Schnuröffnungen der drei miteinander verlöteten Perlen sind mit gedrehtem Filigrandraht, der besonders für Schmuckarbeiten aus Cádiz charakteristisch ist, eingefaßt. Sie gehörten zu einer dreireihigen Kette.

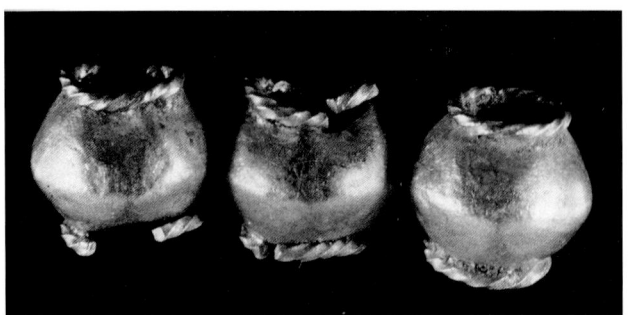

Eine Vorstellung vom Aussehen eines solchen Halsschmucks bieten z. B. spätarchaische Kalksteinplastiken aus Zypern.

Blech 1986, 153
Almagro Gorbea 1986, 60 Nr. 14 Taf. 6
Zu den Kalksteinplastiken vgl. Yon 1974, 128–135

205

Anhänger

Extremadura (?)
6. Jh. v. Chr.
Gold; H. 1,5 cm
Madrid, Museo Arqueológico Nacional, Inv. 85/67/5

Die Vorderseite des U-förmigen Anhängers ziert ein getriebenes Schuppenmuster. Alle Zwischenräume sind, ähnlich wie bei dem Stück aus Tugia/Prov. Jaén (Kat. 207), mit flächenfüllender Granulation versehen.

Die Art der Verwendung dieser Schmuckanhänger zeigen Darstellungen in der Steinskulptur. Sie gehören z. B. zum reichen Brustschmuck der berühmten »Dama de Elche« oder der »Dama de Baza«, zweier iberischer Statuen des 5. Jhs. v. Chr.

Blech 1986, 151 ff.
Almagro Gorbea 1986, 154 f. Nr. 164 Taf. 57
Zu den Statuen vgl. García y Bellido 1941, 32 ff.

206
Schminkpalette

Acebuchal, Necrópolis de Los Alcores (Prov. Sevilla)
7./6. Jh. v. Chr.
Elfenbein; H. 7,3/7,8 cm; Br. 4,5/4,7 cm; Ritztechnik, fragmentarisch
Sevilla, Museo Arqueológico, Inv. ROD 116 und 117

Schminkplatte mit zwei trapezförmigen flachen Griffen und einer runden Vertiefung in der Mitte, die für die Aufnahme der Schminkfarbe bestimmt war. Die Verzierung der Griffe beginnt am oberen Rand jeweils mit einer Zickzacklinie; darunter ein Tier unklar bezeichneter Gattung – es kann sich um eine Ziege oder einen Ibex handeln – in Schrittstellung mit rückwärts gewandtem Kopf vor einer stark vereinfachten Version des Heiligen Baumes. Diese Huftiere sind ein häufig verwandtes, für den Herkunftsort dieser Schminkpaletten charakteristisches Motiv: Wir kennen sie aus Acebuchal und Bencarrón, im Gebiet des unteren Guadalquivir im Süden der Iberischen Halbinsel. Vergleichen wir diese Darstellung (Heiliger Baum mit wachendem Tier) etwa mit den Elfenbeinen aus Nimrud (Kat. 48. 52), so scheint es, als hätten die westphönizi-

schen Kunsthandwerker den ursprünglich symbolisch-religiösen Inhalten dieser Motive keine Beachtung geschenkt, möglicherweise bestand auch bei den Käufern kein ausgeprägtes Interesse daran, vielleicht ist man sich nicht einmal des Symbolcharakters bewußt gewesen. Form und Verwendung dieser Paletten lassen sich zwar schon im Ägypten des 2. und 1. Jts. v. Chr. und in der phönizisch-syrischen Kunst belegen, die lokale, spezifisch westphönizische Ausprägung des Stückes, das vermutlich mit anderen dieser Region aus einem Werkstattkreis stammt, ist jedoch unverkennbar.

Aubet Semmler 1982, 34 ff. Abb. 7 b

207
Anhänger

Tugia, Peal del Becerro (Provinz Jaén)
6. Jh. v. Chr.
Anhänger Silber, vergoldet; H. 2,3 cm; aus zwei getrennt getriebenen und dann miteinander verlöteten Blechen; Kette modern aus unterschiedlichen, nicht zueinandergehörenden Perlen zusammengestellt
Madrid, Museo Arqueológico Nacional, Inv. 28514

Die gewölbte Vorderseite des U-förmigen Anhängers ist flächenfüllend mit Granulation überzogen. Daraus heben sich drei in Flachrelief getriebene Bogenreihen ab. Am Ende der Bögen hängen im Wechsel Knospen und Lilienblüten. Dem oberen waagerechten Ende des Anhängers sitzt eine lange gerillte Öse auf, die zu beiden Seiten durch einen kleinen Ring abgeschlossen wird.

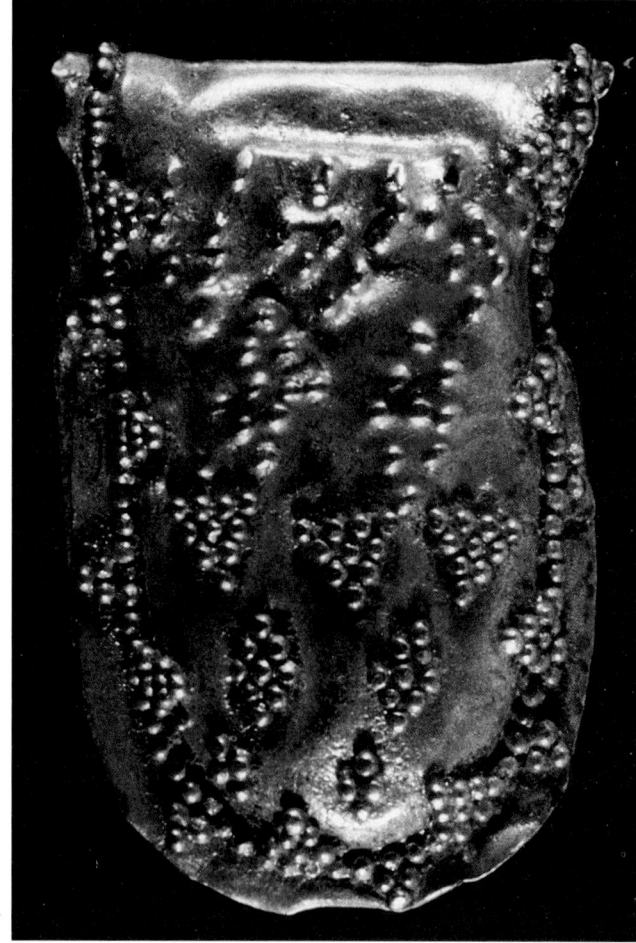

Der U-förmige Anhänger gehört zu einer Reihe ähnlicher Schmuckstücke von zahlreichen westphönizischen Fundplätzen. Allein 19 Anhänger dieser Art befanden sich im berühmten Schatzfund von Aliseda, Prov. Cáceres. Diese zeigen jedoch nur einen am Rand umlaufenden Filigrandraht als Verzierung. Eine dem hier gezeigten Stück ähnliche, flächenfüllende Dekoration weisen insgesamt drei Vergleichsstücke auf: ein Anhänger aus Extremadura (hier Kat. 205), einer aus Nordandalusien und einer von unbekannter Herkunft. Außerhalb der Iberischen Halbinsel sind U-förmige Anhänger in Tharros/Sardinien und Nordafrika belegt. Sie alle gehören in das 7. und 6. Jh. v. Chr.

Blech 1986, 151 ff.
Almagro Gorbea 1986, 72 Nr. 30, 78 Nr. 41 Taf. 13

208
Anhänger

Almuñécar (Andalusien)
6. Jh. v. Chr.
Gold; H. 1,5 cm; aus einem an beiden Schmalseiten abgerundeten Blech gefaltet, Rückseite dabei gegen die Vorderseite geschlagen, Umbruchkante diente als Schnuröse, Vorder- und Rückseite leicht gewölbt, Granulation in der oberen Zone in den Metallgrund eingesunken.
Madrid, Museo Arqueológico Nacional, Inv. 1990/91/2

Die Vorderseite des U-förmigen Anhängers zeigt einen Granulationsdekor aus Rhomben und Dreiecken. Parallel zum Rand verläuft eine Reihe von Goldkörnchen, von der alternierend nach außen und innen gerichtete kleine Dreiecke ausgehen.

Die engsten Parallelen in bezug auf die gestreckte U-Form und das geometrische Muster stammen aus Karthago. Von diesen unterscheidet sich das hier gezeigte Stück aber vor allem durch seine geringere Qualität: Das Muster ist unregelmäßig und die technische Ausführung lehrlingshaft.

Blech 1986, 151 ff., bes. 153 u. 160 Taf. 19 a–b

209
Ohrring

Tugia, Peal del Becerro (Provinz Jaén)
5. Jh. v. Chr.
Gold; Dm. 1,5 cm;
Madrid, Museo Arqueológico Nacional, Inv. 28516

Der schlauchförmig verdickte Hauptteil des Ohrrings verjüngt sich an beiden Seiten zu einem feinen Draht, der den Bügel bildet. Seine Enden sind mehrmals um den gegenüberliegenden Teil des Reifs geschlungen.

Almagro Gorbea 1986, 75 Nr. 33 Taf. 13

210
Ring

Tugia, Peal del Becerro (Provinz Jaén)
4.–2. Jh. v. Chr.
Gold; Br. 2,2 cm;
Madrid, Museo Arqueológico Nacional, Inv. 28520

Der oben offene Ringanhänger oder Ohrschmuck ist mit drei kleinen Perlenpyramiden in der Mitte und an beiden Seiten verziert. Er vertritt eine typisch spätpunische Anhängerform, deren Vorläufer in Syrien, Zypern und Sardinien zu lokalisieren sind und dem 7.–6. Jh. v. Chr. angehören.

Almagro Gorbea 1986, 76 Nr. 36 Taf. 12

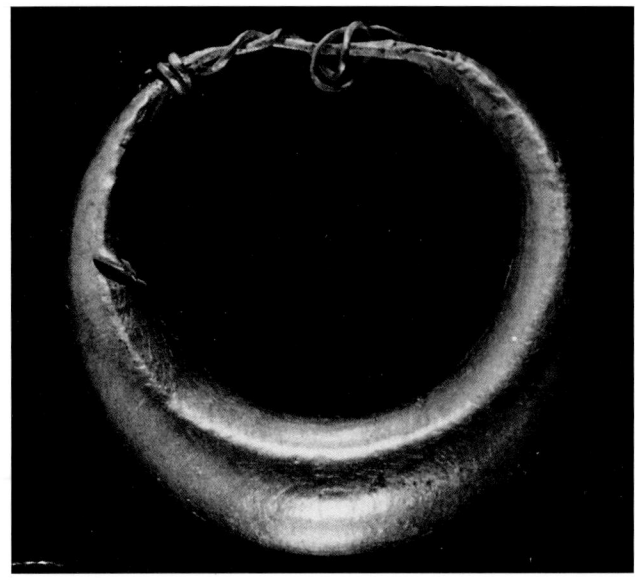

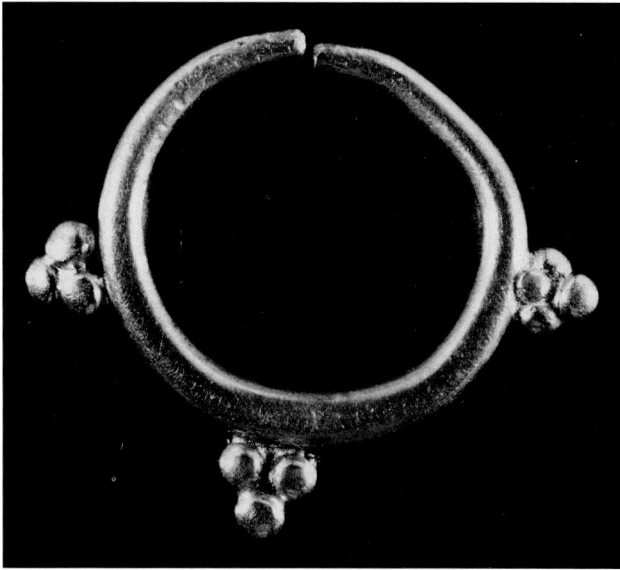

212–214
Pektorale, Armreif, Plakette

El Carambolo (Prov. Sevilla)
7. Jh. v. Chr.
Gold

Der nahezu 3 kg schwere Goldschatz vom Carambolo besteht aus insgesamt 21 goldenen, reich verzierten Schmuckstücken; sie gehören in den tartessischen Kulturkreis, dessen traditionelles Kunsthandwerk stark durch phönizischen Einfluß geprägt war. Als Ensemble gefunden und gewiß auch in ein und derselben, vermutlich im Guadalquivirtal zu lokalisierenden Werkstatt hergestellt, bildeten die Stücke wegen ihrer unterschiedlichen Dekoration sicherlich zwei verschiedene Schmuckgarnituren. Die drei hier gezeigten, zueinander passenden Gegenstände aus der ersten Gruppe zieren, in einem »horror vacui«, Bänder aus Halbkugeln und Rosetten sowie feine Filigrandrähte.

Kukahn / Blanco 1959, 38 ff.
De Mata Carriazo 1973, 125 ff.
Ders. 1978, 37 ff.

211
Gürtelschließe

Medellín (Prov. Badajóz)
7. Jh. v. Chr.
Bronze; H. 6,7 cm; Br. 8 cm
Madrid, Museo Arqueológico Nacional

Die Gürtelschließe besteht aus zwei mit Haken versehenen, in à-jour-Technik gearbeiteten Platten, deren übereinanderliegende Halbvoluten zusammengefugt das Motiv eines Lebensbaumes in quadratischem Rahmen ergeben. An den Seitenkanten der Platten sind jeweils drei Haken angebracht, mit denen die Schließe am Gürtel befestigt war.
Der Lebensbaum, ein typisch phönizisches Bildmotiv, findet sich auf zahlreichen Elfenbeinen, dort ist er häufig von Sphingen flankiert.

Almagro Gorbea 1977, 335 f. Nr. 20/1 Taf. 67,2

212
Pektorale

Br. (diagonal) 19 cm; aus doppeltem, an den Rändern zusammengefügtem Blech; Unterseite undekoriert; die ursprünglich an einer der Schmalseiten angebrachte Schnuröse fehlt, ebenso wie zwei der Rosetten; Kopie
Sevilla, Museo Arqueológico, Inv. RE 27.463

Das Pektorale (Brustschmuck) nimmt die ein Tierfell nachahmende Form der spätbronzezeitlichen Metallbarren auf.
Das beidseitig konkav eingezogene Mittelblech umgibt ein vorspringender Rahmen, der, an der Vorder-, Außen- und Innenkante mit aufgesetzten Halbkugeln bzw. getriebenen Buckelreihen verziert, an den vier Enden in paarige, innen zwei- und außen einfach gerippte Röhren ausläuft. Eine Reihe aufgesetzter Halbkugeln schmückt auch die Mittelachse des Pektorales. Diese, beidseitig eingefaßt von getriebenen, Granulation nachahmenden Punkten, flankieren zwei

ebenfalls konkav gekrümmte Reihen elfblättriger Rosetten in runden, mit Filigrandraht belegten Fassungen. Filigrandraht schmückt auch die Ränder sämtlicher Halbkugelreihen. Die vier Zwickel zwischen Mittelgrat und Rosettenbändern sind kissenartig aufgetrieben.

213
Armreif

H. 10 cm; Dm. 12 cm; aus zwei, an den Rändern zusammengefügten Blechen; Halbkugeln z. T. leicht eingedrückt; Kopie
Sevilla, Museo Arqueológico, Inv. RE 27.461

Der zylindrische, massiv wirkende Armreif hat seine engsten formalen Parallelen in den einheimischen Goldarbeiten der späten Bronzezeit. Die technischen Grundvoraussetzungen für die Verzierung und das Rosettenmotiv basieren jedoch nicht auf indigener Tradition, sondern stammen aus dem Vorderen Orient. Das streng horizontal gegliederte Dekorationssystem entwickelt durch unterschiedliche Höhen und Tiefen seiner Elemente eine starke Licht-Schattenwirkung. Betont sind die Querachse und die Ränder durch große aufgesetzte Halbkugeln. Die beiden Zwischenräume werden von je einer Reihe mit kleineren Halbkugeln gefüllt, die ihrerseits beidseitig von Bändern aus elfblättrigen, tief in ihren runden Fassungen liegenden Rosetten gerahmt sind. Filigrandrähte zieren die Kanten der Rosettenfassungen und die Fugen zwischen den einzelnen Bändern.

214
Plakette

L. 11 cm, Br. 6 cm; aus zwei, an den Seiten zusammengefügten Blechen; Kopie
Sevilla, Museo Arqueológico, Inv. RE 27.465

Zusammen mit sieben weiteren Stücken gehörte die hier gezeigte langrechteckige Plakette wahrscheinlich zu einer aus Einzelgliedern bestehenden Krone, wie wir sie aus dem phönizisch-zyprischen Bereich kennen. Die der Längsachse nach angeordnete Dekoration in

einem Rahmen, dessen Ober- und Seitenkanten mit aneinandergereihten aufgelegten Halbkugeln bzw. Ringen belegt sind, besteht aus abwechselnd drei Reihen von Rosetten in runden Fassungen, zwei Reihen von Halbkugeln und sechs Granulation nachahmenden, getriebenen Punktketten mit Filigrandrähten in den Zwischenräumen.

215
Amphore

Nekropole von Tugia, Peal de Becerro (Prov. Jaén)
Anfang 6. Jh. v. Chr.
Ton rötlich, Überzug beige, Bemalung dunkelrot, Oberfläche feucht geglättet; H. 24,0 cm; Dm. (Mündung) 12,5 cm; vollständig
Madrid, Museo Arqueológico Nacional, Inv. II 11.51

Orientalisierende Amphore der indigenen iberischen Keramik mit weiter, ausgestellter Mündung und gerader Lippe, weitem, kurzem, trichterförmigem Hals mit flacher Halsrippe und gestaucht birnenförmigem Bauch mit konkavem Boden und konkav abgesetztem Standring. Zwei kleine Ringhenkel sind an der Halsrippe und unterhalb des Halsansatzes befestigt. Die Oberfläche ist mit einem hellen Überzug versehen, die Lippe ist farbig eingefaßt. Hals, Bauch und Fußzone sind mit horizontalen Zonen aus hellen Bändern und parallelen dunkleren Linien bemalt. Gefäßform und Dekor sind von Amphoren der lokalen polychromen phönizischen Keramik abgeleitet, wie sie für die Niederlassungen im Süden der Iberischen Halbinsel und für Karthago typisch sind.

Pellicer 1968, 79 Abb. 6, 5

216
Amphore

Nekropole von Tugia, Peal de Becerro (Prov. Jaén)
Anfang 6. Jh. v. Chr.
Ton rötlich beige, Überzug graubeige, Bemalung orange und dunkelrot, Oberfläche feucht geglättet; H. 21,5 cm; Dm. (Mündung) 13,5 cm; vollständig
Madrid, Museo Arqueológico Nacional, Inv. II 12.58

Orientalisierende Amphore der indigenen iberischen Keramik mit weiter, kurzer, ausgestellter Mündung und gerader Lippe, weitem, zylindrischem Hals mit Halsrippe und gestaucht kugelförmigem Bauch mit konkavem Boden und flachem Standring. Die Oberfläche ist mit einem hellen Überzug versehen, die Lippe ist farbig eingefaßt und der gesamte Gefäßkörper mit horizontalen Zonen aus verschieden schmalen, orangenen und dunkelroten Linien bemalt (vgl. Kat. 215).

Pellicer 1968, 81 Abb. 8, 4

217

Perlen

Villaricos (Prov. Almería), Grab 407
4. Jh. v. Chr. (vgl. Kat. 218)
10 Bernstein-, 5 Goldperlen; modern zusammengefügt
Madrid, Museo Arqueológico Nacional, Inv. 84/152/Vill. 407–5

Die Perlen aus einem Grab der großen Nekropole von Villaricos gehörten ursprünglich wohl zu zwei verschiedenen Colliers. Den Bernsteinperlen sind kleine Goldperlen mit glatter Oberfläche und unterschiedlich stark angedeutetem Mittelgrat angefügt. Diese beidseitig an ihren großen Schnuröffnungen mit jeweils einem aufgesetzten gewundenen Draht verzierten Goldperlen sind den drei Perlen aus Cádiz (Kat. 204) eng verwandt.

Astruc 1951, 74 f.

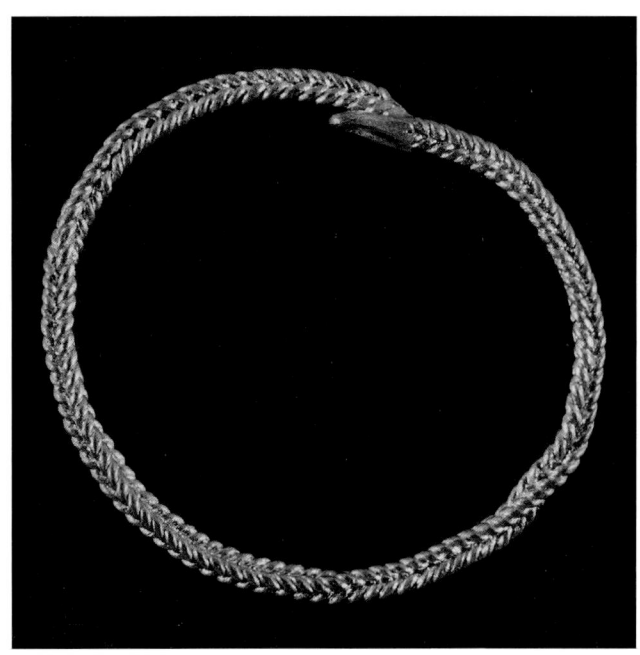

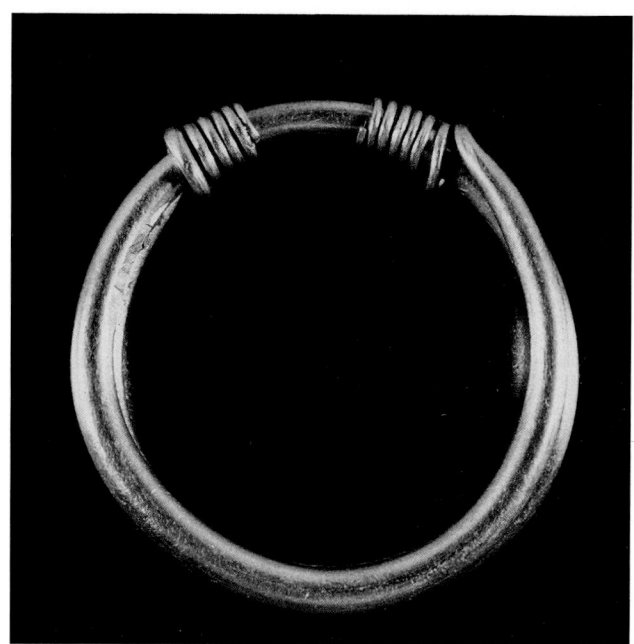

218
Ohrring

Villaricos (Prov. Almería), Grab 407
4. Jh. v. Chr.
Gold; Dm. 2,1 cm
Madrid, Museo Arqueológico Nacional, Inv. 84/152/Vill. 407-4

Zwei aus Filigrandraht geflochtene Schnüre, zu einer Kordel umeinandergedreht, bilden den offenen Ring. Seine Enden sind zugespitzt, um das Hindurchziehen des Schmuckstücks durch das Ohrläppchen zu ermöglichen.
Solche besonders feine Filigranarbeit ist typisch für hellenistischen Schmuck. Sie war im gesamten Mittelmeerraum verbreitet.

Almagro Gorbea 1986, 95 f. Nr. 76 Taf. 19

219
Ohrringe

Villaricos (Prov. Almería), Grab 407
5.–4. Jh. v. Chr.
Gold; Dm. 2,2 u. 2,3 cm
Madrid, Museo Arqueológico Nacional, Inv. 84/152/Vill. 407-15 und 407-16

Die Ohrringe bestehen aus doppelten, sich stetig verjüngenden Goldblechröhren. Ihre Enden sind von der Stärke eines dicken Drahtes, der sich als Spirale im oberen Viertel an zwei Stellen um die Ringe legt.
Dieser Ohrringtypus ist in der Nekropole von Villaricos häufig vertreten. Spätere Vergleichsstücke des 4.–2. Jhs. v. Chr. sind auf Ibiza gefunden worden (vgl. Kat. 244). Diese bestehen jedoch aus Bronze mit Goldauflage.

Almagro Gorbea 1986, 79 Nr. 78 Taf. 18

Der Ring besteht aus einem einfachen Reif, der in der Mitte in eine ovale, leicht konvex gebogene Platte übergeht. In diese ist ein stilisiertes Thymiaterion (Weihrauchständer) eingraviert, umgeben von einem der ovalen Außenkontur der Platte folgenden Blätterkranz. Derartige Ringe sind auch aus Griechenland, Unteritalien, Sizilien und Etrurien bekannt, allerdings haben sie dort vorwiegend rhombenförmige Platten. Ihre Form, die auf den ägyptischen Kartuschenring zurückgeht, wurde bereits von der ersten Hälfte des 6. Jhs. v. Chr. an verwendet und bis in das 4. Jh. v. Chr. beibehalten.

Almagro Gorbea 1986, 97 Nr. 77 Taf. 19

221
Bronzering

Villaricos (Prov. Almería), Grab 407
4. Jh. v. Chr.
Bronze, korrodiert; Dm. 2,1 cm
Madrid, Museo Arqueológico Nacional, Inv. 84/152/Vill. 407-7

Schlichter, geschmiedeter Bronzering, von einer Kette(?) oder einem Pferdegeschirr(?).

Ohne Abbildung. Unveröffentlicht

222
Bronzedraht

Villaricos (Prov. Almería), Grab 407
4. Jh. v. Chr.
Bronze, korrodiert; Dm. ca. 0,3 cm
Madrid, Museo Arqueológico Nacional, Inv. 84/152/Vill. 407-13

Bronzedraht unbekannter Verwendung, an einem Ende zu einer Öse gedreht. Der Draht ist zu einer unregelmäßigen Kreisform zusammengebogen.

Unveröffentlicht

220
Fingerring

Villaricos (Prov. Almería), Grab 407
4.-3. Jh. v. Chr.
Gold; Dm. 2,1 cm
Madrid, Museo Arqueológico Nacional, Inv. 84/152/Vill. 407-14

223
Bronzeniet

Villaricos (Prov. Almería), Grab 407
4. Jh. v. Chr.
Bronze; L. etwa 2,0 cm, Dm. etwa 0,4 cm; vollständig
Madrid, Museo Arqueológico Nacional, Inv. 84/152/Vill.
407–6

Feiner Niet aus geschmiedeter Bronze, durch den vielleicht einmal ein Metallbeschlag auf einem Möbel-
stück befestigt war.

Ohne Abbildung. Unveröffentlicht

224
Lampe

Villaricos (Prov. Almería), Grab 407
Um 380 v. Chr.
Ton orange, Firnis schwarz, glänzend; H. 3,5 cm; Dm. 9,3 cm;
vollständig
Madrid, Museo Arqueológico Nacional, Inv. 84/152/Vill.
407–4

Attische Schwarzfirnis-Lampe (»Inkwell-Type«) mit
geschlossenem Korpus: Horizontaler, weit nach innen
gezogener Rand, zylindrischer Bauch mit dickem, konkavem Boden und langer gerader Schnauze. Verzierung
des Randes mit zwei konzentrischen Rillen.

Unveröffentlicht – Vgl. Howland 1958, 61 f. Taf. 8. 37, 239

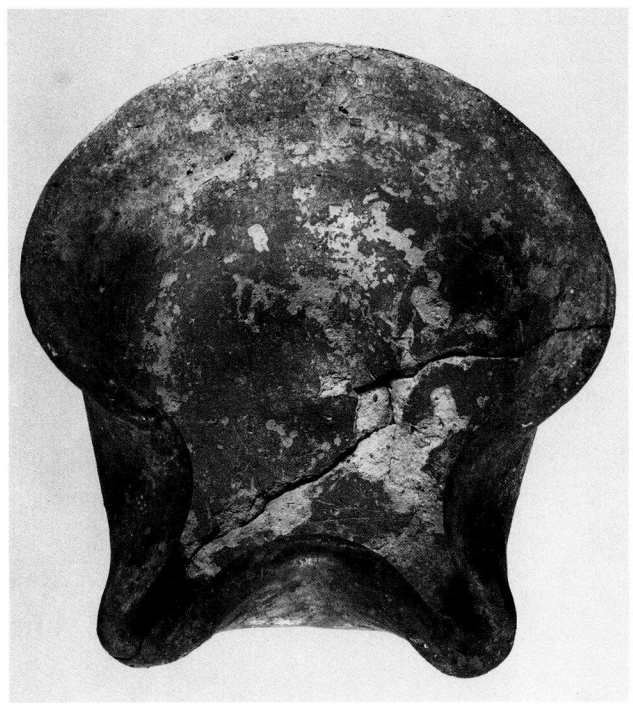

225
Schalenlampe

Villaricos (Prov. Almería), Grab 625
4. Jh. v. Chr.
Ton rot, Überzug rot, Oberfläche poliert, mattglänzend;
Dm. 12,0 cm; fragmentarisch
Madrid, Museo Arqueológico Nacional, Inv. 84/152/Vill.
625–1

Offene punische Tonlampe in Form eines kleinen Tellers mit zwei eingedrückten Schnauzen, ähnlich wie
Kat. 193.

Unveröffentlicht

226–228
Straußeneier

Villaricos (Prov. Almería)
5.–4. Jh. v. Chr.
Madrid, Museo Arqueológico Nacional, Inv. 84–152

Die hier gezeigten Stücke gehören zu einer großen Gruppe von Straußeneiern aus der iberisch-punischen Nekropole von Villaricos. Sicherlich aus Nordafrika importiert, gelangten sie entweder bereits verziert nach Spanien oder im Rohzustand und wurden dann für den einheimischen Markt im Lande selbst bearbeitet. Größtenteils in Gräbern gefunden, hatten sie offenbar eine wichtige Bedeutung im Sepulkralkult. Darauf weisen auch die Dekorationselemente, vor allem pflanzliche Motive wie Palmetten und Lotosblüten.

226
Straußenei

Villaricos, Grab 629
H. 13,6 cm; restauriert

Das etwa auf dreiviertel seiner Höhe verkürzte, zu einem Gefäß verarbeitete Straußenei schmückt ein breiter, oben und unten durch mehrere umlaufende Linien begrenzter Fries mit rötlicher Bemalung: vertikale Flechtbänder, beidseitig umgeben von je vier Linien, unterteilen den Dekorationsstreifen in sechs metopenartige Felder. Darin erscheinen abwechselnd gegenständige Palmetten, deren in Voluten auslaufende Stengel ein stilisiertes Geschlinge bilden, je zwei Dreiecke in den Zwischenräumen, kleine Kreuze in Bildmitte zwischen Reihen von spitzwinkeligen Dreiecken am oberen und unteren Rand des Feldes.

Astruc 1951, 141 f.

227

227

230

227
Straußenei

Villaricos, Grab 623
H. 14 cm; restauriert

Das oben abgeschnittene ebenso wie die anderen hier gezeigten Stücke sicherlich als Behältnis im Grabkult verwendete Straußenei ziert eine rötliche, stark verwitterte Bemalung. Im oberen Drittel ist noch ein breites, beidseitig durch je drei Linien eingefaßtes, horizontal umlaufendes Flechtband zu erkennen. Die breite Mittelzone war anscheinend durch vertikale Bänder in einzelne Bildfelder unterteilt. Die hier nur noch in schwachen Resten erhaltene Bemalung ist heute leider nicht mehr zu deuten. Im unteren Teil wiederholen sich die horizontalen Malstreifen.

Astruc 1951, 141f.

228
Straußenei

Villaricos, Grab 602
H. 14 cm; restauriert

Das Straußenei mit roter Bemalung, wie die beiden vorigen auf dreiviertel seiner Höhe verkürzt, zeigt eine reiche florale Dekoration: vier vertikale, von breiten Linien eingefaßte Flechtbänder teilen die Schalenoberfläche in vier Segmente, die ihrerseits durch einen horizontal umlaufenden Doppelstreifen nochmals gegliedert sind, so daß insgesamt acht Bildfelder entstanden. Diese zeigen abwechselnd große Blattrosetten und Lotosblüten. Den oberen und unteren Abschluß bilden breite Malstreifen.

Astruc 1951, 144ff. Taf. 85

228

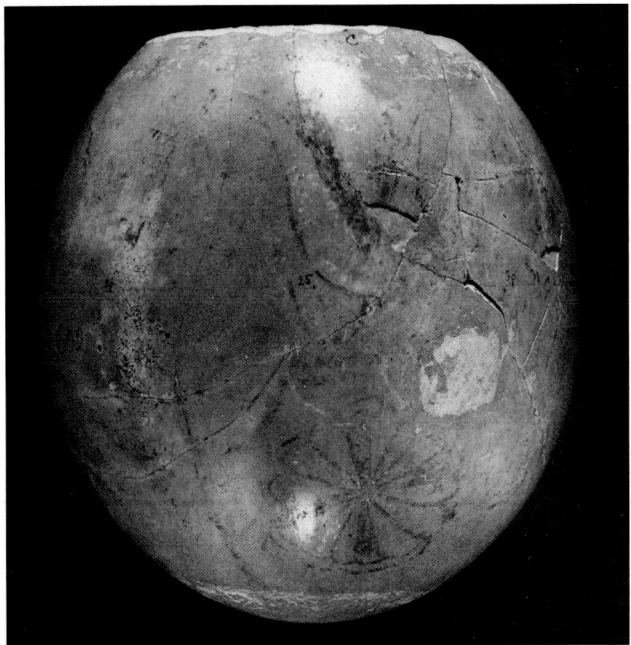

228

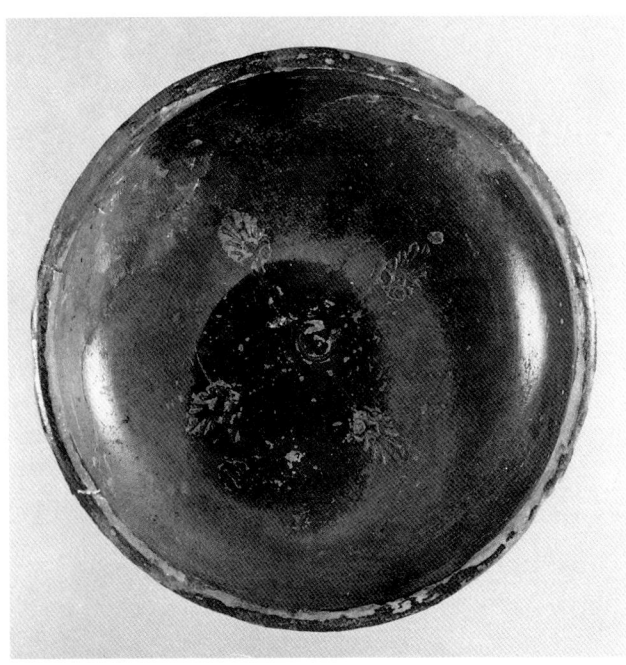

230
Amphore

Villaricos (Prov. Almería), Grab 785
6. Jh. v. Chr.
Ton hellbraun, Überzug hellgelb, Bemalung hell- und weinrot;
H. 21,0 cm; vollständig
Madrid, Museo Arqueológico Nacional, Inv. 84/152/Vill. 785-1

Orientalisierende punische Amphore mit kurzer, weiter Mündung und runder Lippe; durch einen Wulst ist der weite, konkave Hals vom kräftigen, bikonischen Bauch abgesetzt. Flacher Boden ohne Standring. Die Henkel setzen unter der Mündung und unter dem Hals an. Bichrome Bemalung in mehreren Zonen: unterhalb des Halsansatzes mit umlaufendem, vertikalem Strichfries, darunter und am Bauchumbruch je ein breites rotes Band zwischen zwei dünnen schwarzen Linien, in der Zwischenzone umlaufender Fries aus fünffachen konzentrischen Kreisen; oberhalb der Fußzone schmale rote zwischen zwei schwarzen Linien.

Unveröffentlicht

229
Kleine Schale

Villaricos (Prov. Almería), Grab 407
Um 380 v. Chr.
Ton orange, Firnis schwarz, glänzend; H. 2,8 cm; Dm. 8,7 cm; fragmentiert, restauriert
Madrid, Museo Arqueológico Nacional, Inv. 84/152/Vill. 407-3

Attisches Schwarzfirnis-Schälchen mit einfachem, ausgezogenem Rand, flachem Becken mit konvexer Wandung und abgesetztem Ringfuß. Auf der Innenseite Stempelverzierung mit Palmetten-Vierpaß und kleinem Kreis, auf der Unterseite des Bodens tongrundig reservierte Zone mit einem Kreis und einem Punkt bemalt.

Unveröffentlicht. Vgl. Sparkes / Talcott 1970, 293 Fig. 8 Taf. 32 (Nr. 802)

231
Schale

Villaricos (Prov. Almería), Grab 407
4. Jh. v. Chr.
Ton ocker; H. 4,2 cm; Dm. 16,0 cm; fragmentiert, restauriert
Madrid, Museo Arqueológico Nacional, Inv. 84/152/Vill.
407-2

Flache, unbemalte Schale der punischen Keramik mit
runder Lippe, weitem Becken mit flachkonvexer Wandung, rundem Boden und schmalem, hohem Standring. Die Form ist verwandt mit solchen der Schwarz-
firniskeramik griechischer bzw. unteritalischer Produktion (»Campaniense A, Serie 2234«, nach
P. Morel).

Unveröffentlicht. Vgl. Morel 1981, 150 f. Taf. 37

232
Urne

Villaricos (Prov. Almería), Grab 407
4. Jh. v. Chr.
Ton hellbraun, Bemalung hell- bzw. weinrot; H. 22,1 cm;
Dm. (Mündung) 14,7 cm; vollständig
Madrid, Museo Arqueológico Nacional, Inv. 84/152/Vill.
407-1

Henkellose Urne der punischen Keramik mit weiter
Mündung, kurzem, eingeschnürtem Hals und birnen-
förmigem Bauch, ohne Standring. Horizontale Bema-
lung mit wechselnden Zonen aus doppelten weinroten
Streifen und mehrfachen hellroten, weinrot gerahmten
Streifen. Die Lippe ist farbig eingefaßt.

Unveröffentlicht

Schmuckplättchen dieser Art wurden wahrscheinlich auf die Kleidung geheftet. Neben ihrer dekorativen Funktion hatten sie sicherlich auch Amulettcharakter.

Almagro Gorbea 1986, 163 f. Nr. 176 Taf. 59

234
Medaillon

Ibiza, ehem. Sammlung Vives y Escudero
5. Jh. v. Chr.
Goldblech; Dm. 2,7 cm; am oberen Rand ist ein Stück mit dem Aufhänger herausgebrochen
Madrid, Museo Arqueológico Nacional, Inv. 73/36/641
(alte Nr. 85/75.5)

Das Medaillon ist dem Scheibenanhänger aus Trayamar (Kat. 185) eng verwandt. Die dort auf eine massiv gegossene Platte in Granulation und Filigran aufgelegte Dekoration ist hier von der Rückseite aus dem Blech herausgedrückt. Das Punktmuster des »kosmischen Berges« und der äußeren wie der inneren Rahmung muß dabei als eine Imitation der Granulationskörnchen verstanden werden.

233
Schmuckplättchen

Ibiza, Nekropole Puig des Molins(?), ehem. Sammlung Vives y Escudero
6. Jh. v. Chr.
Gold; H. 2,3 cm; Figur getrieben
Madrid, Museo Arqueológico Nacional, Inv. 73/36/641 (alte Nr. 85/751)

Das rechteckige Plättchen mit unregelmäßiger Außenkontur zeigt die schematisierte Darstellung einer weiblichen Figur. Sie ist in ägyptisierendem Habitus mit Hathor-Locken und ägyptischer Krone dargestellt. Es handelt sich um die Fruchtbarkeitsgöttin Astarte, die im Gestus des Brüstehaltens ein im phönizisch-punischen Einflußbereich beliebtes Thema war, das besonders häufig in Figuren und auf Plaketten aus Terrakotta wiederkehrt.

Der »kosmische Berg«, die Doppeluräusschlange, das Sonne-Mond-Symbol und die Flügelsonne sind dem Kompositionsprinzip des Stückes aus Trayamar entsprechend angeordnet. Hier sind jedoch die beiden Horusfalken über den Köpfen der Schlangen durch zwei Sonnensymbole ersetzt.

Quillard 1979, 69 Taf. 24 Fig. 6
Almagro Gorbea 1986, 168 f. Nr. 183 Taf. 61

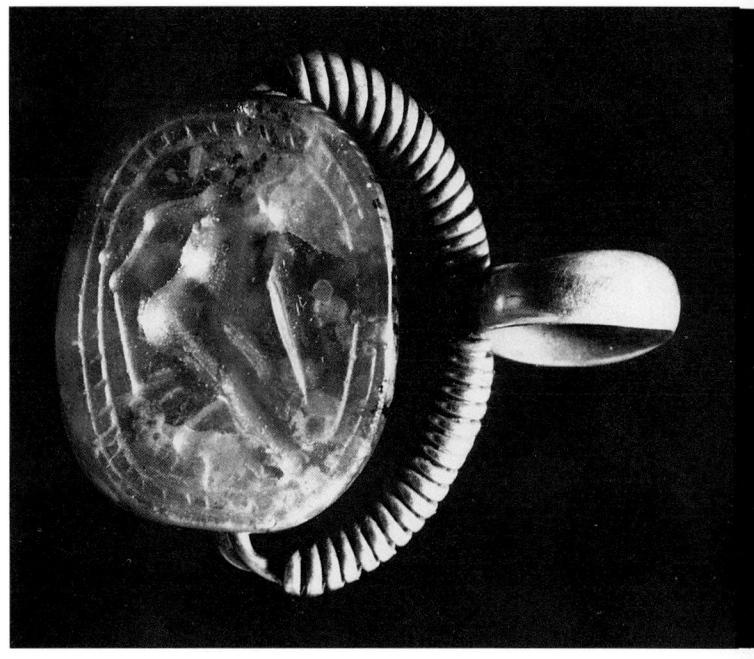

235
Anhänger mit Skarabäus

Ibiza, ehem. Sammlung Vives y Escudero
4.–3. Jh. v. Chr.
Karneol an Goldbügel; L. des Steines 1,3 cm, der Fassung 2 cm
Madrid, Museo Arqueológico Nacional, Inv. 73/36/697 (alte Nr. 35.943/20)

Der Skarabäus hängt an einem Bügel mit Schnuröse, der zur Verstärkung spiralförmig mit einem Draht umwunden ist.
Auf der gerundeten Oberseite des Steines sind die Körperformen des Käfers schematisch eingeritzt. Die flache Unterseite trägt die Darstellung eines Kriegers, der in Ausfallstellung nach rechts mit Helm, Schild und einer nicht näher bestimmbaren Schlagwaffe ausgerüstet ist. Das Bildfeld wird von einem schmalen gekerbten Band gerahmt.
Die Arbeit wurde im sog. »a-globolo-Stil« ausgeführt, d. h., die Darstellung erscheint wie aus groß- und kleinkugeligen Aushöhlungen zusammengesetzt. Das Gesicht und die Binnenzeichnungen des Körpers sind bei dieser Technik, die eine schnelle Herstellung ermöglichte, nicht besonders sorgfältig angegeben.
Die »a-globolo-Technik« ist typisch für die späten etruskischen Skarabäen des 4.–3. Jhs. v. Chr. Daß auch das hier gezeigte Stück aus Etrurien stammt, belegen außerdem die motivischen und stilistischen Übereinstimmungen mit den zahlreichen Herakles-Darstellungen auf den etruskischen Skarabäen.

Almagro Gorbea 1986, 209 f. Nr. 266 Taf. 83
Boardman 1984, 77 Nr. 240

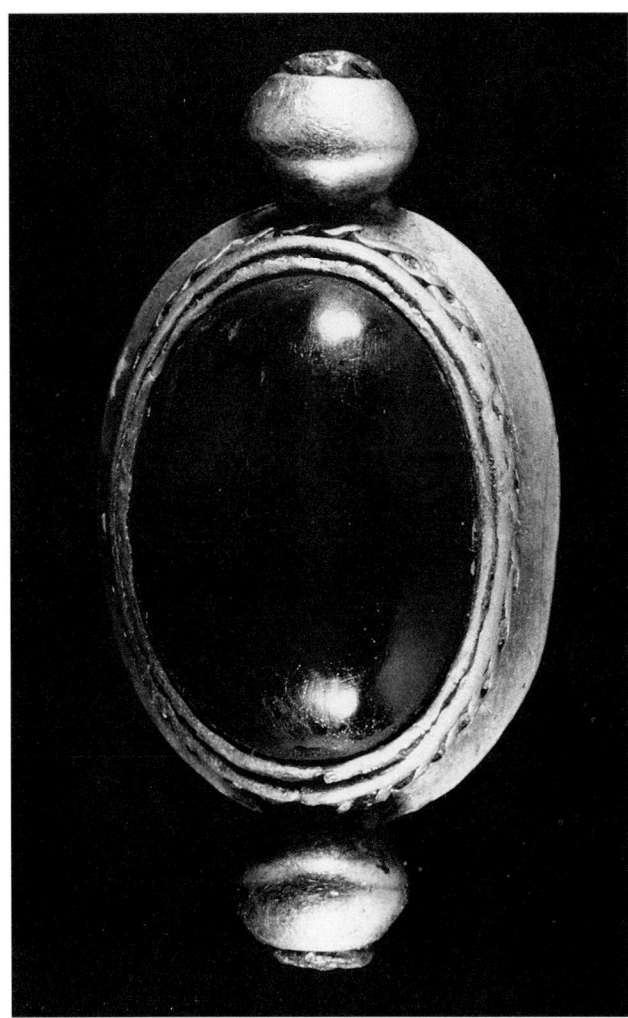

Die so geformten und gefaßten Schmucksteine sind in der Regel als Skarabäen oder Skarabäoide ausgeführt worden. Sie tragen auf der flachen Rückseite fast immer ein eingeschnittenes Bild. Das hier gezeigte Stück hat keine Verzierung, es greift lediglich die ovale Form dieser Schmuckgattung auf.

Almagro Gorbea 1986, 63 Nr. 19 Taf. 8

237–241
Fünf Skarabäen

Ibiza
5.–4. Jh. v. Chr.
Grüner Jaspis

Die hier gezeigten Stücke sind charakteristisch für die große, gerade auch in den Nekropolen auf Ibiza stark vertretene Gruppe der sog. gräko-phönizischen Skarabäen, die vorwiegend aus grünem Jaspis geschnitten sind.

236
Karneol in Goldfassung

Ibiza
4.–3. Jh. v. Chr.
Karneol; Gold; L. 2,3 cm
Madrid, Museo Arqueológico Nacional, Inv. 73/36/696 (alte Nr. 28486–28505)

Der ovale Karneol sitzt in einer Goldblechfassung, die mit zwei umeinandergewundenen breiten Filigrandrähten verziert ist. In den Goldperlen am oberen und unteren Rand der Fassung war ursprünglich ein heute verlorener Ring oder Anhängerbügel drehbar verankert.

237
Skarabäus

H. 1,3 cm; Br. 1 cm
Madrid, Museo Arqueológico Nacional, Inv. 37004

In die flache Unterseite des Skarabäus ist das Bild des griechischen Helden Herakles eingeschnitten. Dieser, im Knielauf wiedergegeben, trägt den im Kampf überwundenen Löwen von Nemea auf seinen Schultern. Das Tier läßt kraftlos den Kopf hängen und stemmt die Vorderpranken wie in letzter Gegenwehr nach vorn, gegen den Rand des Bildfeldes.

Boardman 1982, 295ff.
Ders. 1984, 69 Nr. 200 Taf. 32

238
Skarabäus

H. 1 cm; Br. 0,8 cm
Madrid, Museo Arqueológico Nacional, Inv. 36992

In die Unterseite ist ein bärtiger Männerkopf eingeschnitten, dessen Haupthaar in Form von Buckel-
locken im Nacken und an der Stirn unter einer eng am
Kopf anliegenden, mit Gittermuster verzierten Kappe
hervorquillt. Der spitze Bart ist durch Längs- und
Querlinien gegliedert. Präzise ausgearbeitet sind auch
das weit geöffnete, von wulstigen Lidern gerahmte
Auge und die aufgeworfenen Lippen. Den Rahmen bildet ein Kordelband.
Der Kopf entspricht dem Formenkanon griechischer
Menschendarstellungen der spätarchaisch-frühklassi-
schen Zeit.

Boardman 1984, 53 Nr. 103 Taf. 18

239
Skarabäus

Br. 1,4 cm; H. 1 cm
Madrid, Museo Arqueológico Nacional, Inv. 37012

In die flache Unterseite dieses Skarabäus ist ein bärtiger, mit Lanze, Schild und Helm bewaffneter Reiter eingeschnitten. Die Figur ragt an mehreren Stellen über die aus einem einfachen Grat bestehende Rahmung des Bildfeldes heraus.

Boardman 1984, 62 Nr. 159 Taf. 26

240
Skarabäus

H. 1,5 cm; Br. 1,2 cm
Madrid, Museo Arqueológico Nacional, Inv. 36996

Der in einer Kordelrahmung dargestellte Krieger, mit
Lanze und Rundschild bewaffnet, trägt über Schultern
und Armen ein dünnes gefälteltes Gewand, die »Chla-
mys«. Er ist im Lauf mit stark angewinkelten Beinen
wiedergegeben. Dieser sog. »Knielauf«, ein typisch
griechisches Bildschema, wurde zur Hervorhebung
besonderer Schnelligkeit und Beweglichkeit benutzt.
Griechisch ist auch die Formensprache des Körpers, die
an Figuren auf attischen Vasen erinnert.

Boardman 1984, 64 Nr. 171 Taf. 28

241
Skarabäus

H. 1,5 cm; Br. 1,2 cm
Madrid, Museo Arqueológico Nacional, Inv. 37024

Im Bildfeld sitzt ein Neger auf einem kleinen Stuhl mit Rückenlehne. Nach ägyptischem Vorbild trägt er einen knielangen Schurz und einen breiten Brustschmuck. In der Rechten hält er, ebenfalls ägyptischer Ikonographie entsprechend, ein Zepter mit Knauf, mit der Linken führt er einen Kantharos zum Mund. Vor ihm auf einem Tischchen steht eine Amphore, dahinter wächst aus der Bildrahmung ein Rebenzweig mit zwei Trauben.

Das Stück fällt auf wegen der Verbindung ägyptischer Bildelemente mit griechischen Motiven wie Weinrebe und Kantharos, die dem dionysischen Themenkreis entnommen sind.

Boardman 1984, 55 f. Nr. 103 Taf. 20

242
Ohrringe

Ibiza, ehem. Sammlung Vives y Escudero
5.–4. Jh. v. Chr.
Silber, vergoldet; Dm. 2 cm
Madrid, Museo Arqueológico Nacional, Inv. 73/36/692 u. 693
(alte Nr. 85/75.21 u. 22)

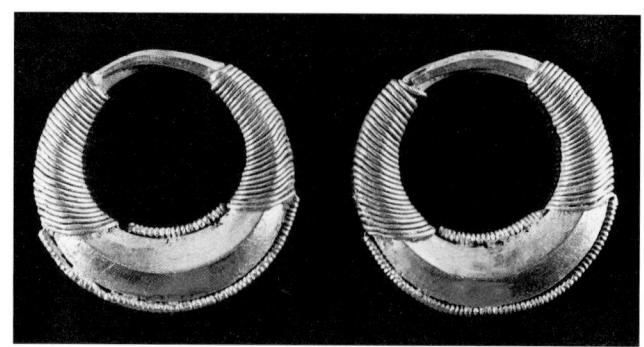

Der Typus des schlauch- oder blutegelförmigen Ohrrings ist hier durch mittelständige Grate variiert. Am
oberen und unteren Rand der Ringe verläuft im mittleren Teil je ein Zierdraht. Die sich verjüngenden Seiten-
partien sind spiralförmig mit einem dicken Draht umwunden. Dieser umschließt auch die übereinander-
gelegten Ringenden. Innen- und Außenkante des
Mittelteils werden von einem Zierdraht eingefaßt.
Der schlauchförmige Ohrringtypus ist auf der Iberischen Halbinsel außerdem in Tugia (vgl. Kat. 209),
Cádiz und Villaricos nachgewiesen. Zahlreiche Vergleichsstücke stammen auch aus Karthago und Sardinien.

Almagro Gorbea 1986, 176 Nr. 196 Taf. 65
Vgl. Quattrocchi Pisano 1974, 23 u. 49–50

243
Ohrring

Ibiza, ehem. Sammlung Vives y Escudero
4.–3. Jh. v. Chr.
Bronze mit Goldauflage; Dm. 2 cm
Madrid, Museo Arqueológico Nacional, Inv. 1930/106/9 (alte
Nr. 85/75.69)

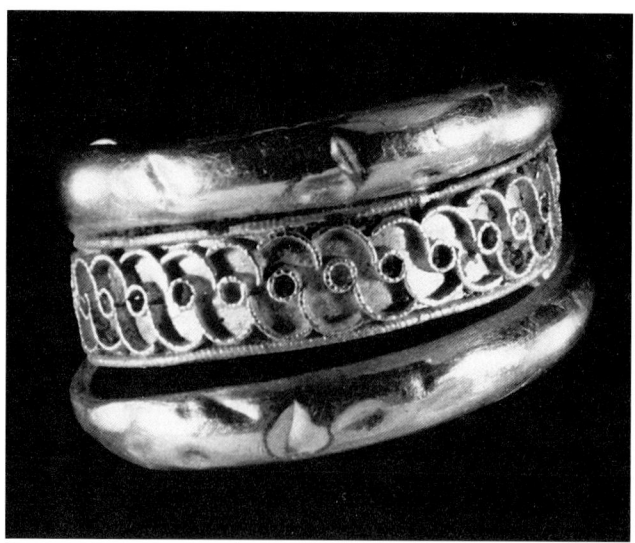

Der aus Bronze gearbeitete Ohrring ist mit Goldfolie
überzogen und besteht aus einer doppelten Spirale,
zwischen die ein filigranverziertes Band mit einem
Muster aus aneinandergereihten Halbkreisen eingefügt ist. Den Zusammenhalt der Spirale sichern um die
Enden gewundene Drähte.
Das hier gezeigte Stück ist ein Vertreter einer typisch
hellenistischen Schmuckform, die auch in Cádiz nachgewiesen wurde.

Almagro Gorbea 1986, 183 Nr. 210 Taf. 69

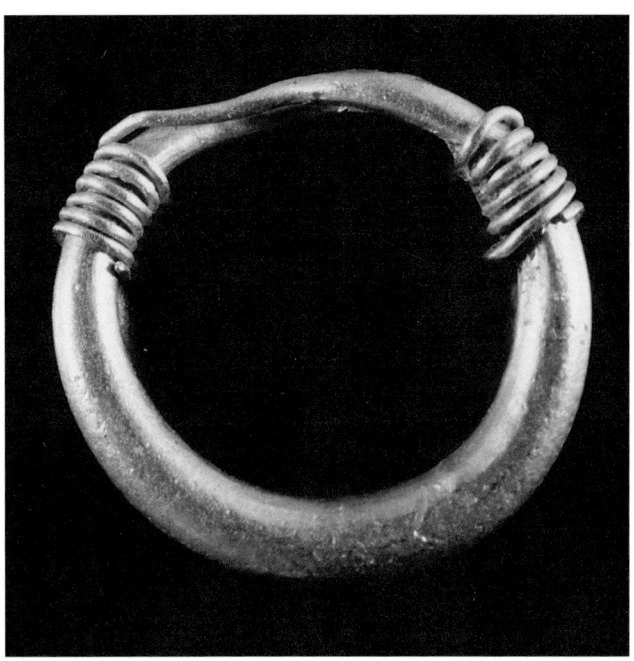

245
Tanit-Zeichen

Ibiza
6.–5. Jh. v. Chr.
Blei; H. 3,4 cm; kalkig versintert; etwa die Hälfte der oberen Rundung abgebrochen; ursprünglich wohl mit einer Schnuröse ausgestattet
Madrid, Museo Arqueológico Nacional

Das aus einem Dreieck mit Querbalken und Diskus zusammengesetzte Symbol ist das Hierogramm der Tanit, der neben Baal Hammon verehrten Hauptgöttin von Karthago. Als westphönizische Entsprechung der östlichen Astarte war sie zugleich Himmels-, Mond-, Fruchtbarkeits- und Totengöttin.
Ihr Zeichen, vielleicht vom »anch-Kreuz«, dem ägyptischen Lebenssymbol abgeleitet, ist außerordentlich häufig auf karthagischen Grabstelen zu finden; es muß eine besondere Rolle im Totenkult gespielt haben. Auf goldene Fingerringe graviert oder als Anhänger getragen, wurde ihm sicherlich auch magische Wirkung zugeschrieben.
Wegen seiner Entwicklung von der anfangs geometrischen hier gezeigten Form zur stilisierten weiblichen Figur wird das Zeichen auch als schematische Darstellung einer weiblichen Kultstatuette gedeutet.

Vgl. Brüssel 1986, 79 und 210, Nr. 232

244
Ohrring

Ibiza, ehem. Sammlung Vives y Escudero
4.–2. Jh. v. Chr.
Bronze mit Goldüberzug; Dm. etwa 2 cm
Madrid, Museo Arqueológico Nacional, Inv. 85/75.45–55

Der Ohrring gehört in eine Reihe von insgesamt 11, annähernd identischen Stücken, die alle auf Ibiza gefunden wurden.
Wie die früher zu datierenden schlauchförmigen Ohrringe (vgl. hier Kat. 209; 242) laufen auch diese zu Drähten aus, die mehrmals um das jeweils andere Ringende gewunden sind. Ihre freie Mitte ist jedoch nicht zur Blutegelform aufgetrieben. Sie bestehen aus billiger, nur mit Goldfolie verkleideter Bronze: wohlfeile Schmuckstücke und, wie die große Anzahl der bis heute gefundenen Exemplare zeigt, als Massenware hergestellt.
Vergleichsstücke stammen von zahlreichen Fundplätzen in Andalusien.

Almagro Gorbea 1986, 178 Nr. 201 Taf. 68

246
Halsband

Ibiza
4.–3. Jh. v. Chr.
Aus 51 Glasperlen und 5 Fayence-Amuletten modern geschnürt
Madrid, Museo Arqueológico Nacional, Inv. 73/36/1037

Häufig in phönizisch-punischen Nekropolen des Mittelmeerraumes gefunden, belegen diese Amulette die weite Verbreitung und besondere Beliebtheit ägyptischer magischer Vorstellungen in der phönizischen Welt. Auf Ibiza sind allein in den Gräbern des Puig des Molins etwa 50 verschiedene Typen auszumachen. Ob es sich dabei um Importe aus dem Niltal oder ägyptisierende, in heimischen Werkstätten hergestellte Imitationen handelt, ist letztlich ungeklärt. – Sicher dagegen scheint das offenbar tiefe Vertrauen der Bevölkerung in die Wirkung der aus dem ägyptischen Mythos stammenden tier- und menschengestaltigen Götter und die glücks- und machtverheißenden sowie übelabwehrenden Symbole, wie hier die Kobra-Schlange, die Katzenfigur, die Djed-Pfeiler und die kniende Göttergestalt. Eine magische Bedeutung hatten sicherlich auch die mit den Amuletten modern aufgeschnürten Augenperlen (vgl. Kat. 247).

Gamer-Wallert 1978, 236 ff.

Edelsteine. Darüber hinaus wurde ihnen sicherlich magische Wirkung zugeschrieben. Die Perlen erinnern an die Augen der kleinen, durch ihren suggestiven Blick charakterisierten menschlichen Köpfe aus Glaspaste. Wie für jene läßt sich auch für die Augenperlen eine apotropäische Bedeutung annehmen. Dafür spricht auch ihre häufige Verwendung als Grabbeigabe.

Neuburg 1962, 23 ff.
Venedig 1988, Nr. 886

247
Perlenhalsband

Ibiza
5.–4. Jh. v. Chr.
Glaspaste; L. 37 cm; Dm. der Perlen ca. 3,1 cm; Oberfläche von drei der zylindrischen Perlen durch Verwitterung weiß verfärbt und rauh; aus 11 großen zylindrischen, 8 kleinen kugeligen, an den Enden abgeflachten Perlen und einer ringförmigen zusammengesetzt
Madrid, Museo Arqueológico Nacional, Inv. 73/36/577

Die gelben, blauen und türkisfarbenen Perlen mit unregelmäßiger Außenkontur und blauen, von konzentrischen weißen Kreisen umgebenen, flachen Buckeln in der Mittelachse gehören zum Typus der Augenperlen. Zusätzlich – wie hier die großen zylindrischen Perlen – mit unregelmäßig verteilten, reliefartig vorspringenden Tupfen verziert, waren sie vielfarbiger Ersatz für

248
Vogelaskos

Ibiza, Puig des Molins
5.–4. Jh. v. Chr.
Ton ocker, Oberfläche feucht geglättet, Bemalung dunkelbraun; H. 9,5 cm; L. 14,0 cm; Dm. (Mündung) 2,6 cm; vollständig
Madrid, Museo Arqueológico Nacional, Inv. 36625

Vogelförmiger Askos der punischen Keramik mit stilisiertem Taubenkörper und einem geknickten Tubus als Kopf und Schnabel, der zugleich Ausguß ist. Einfüllöffnung und Henkel sind auf dem Rücken des Tieres angebracht, unter dem Bauch drei kleine Füßchen, zwei vorn und eins hinten; die Flügel sind als kleine Wülste angesetzt. Deckfedern sind mit einem Leitermuster aufgemalt, Farbkleckse auf dem Kopf gliedern vage Gesicht und Schnabel.

Askoi dieser Art (vgl. Kat. 14) wurden im Nahen Osten seit dem 2. Jt. v. Chr. im Grabkult und in Heiligtümern benutzt, aber sicher genauso im täglichen Leben, als Spendegefäße oder auch als Saugflaschen (vgl. mit gleicher Funktion Kat. 15 und 158). Seit dem 8. Jh. v. Chr. finden sie von Karthago aus im westlichen Mittelmeerraum ihre Verbreitung.

Rodero Riaza 1980, 77 Abb. 27, 3. Vgl. Fernández Gómez 1983, 68 f.

249
Groteskmaske

Ibiza, Puig des Molins, ehem. Sammlung Vives y Escudero
6. Jh. v. Chr.
Terrakotta; H. 13 cm; aus der Hohlform gewonnen
Madrid, Museo Arqueológico Nacional, Inv. 36.598

Im phönizischen Mutterland treten Masken vom 9. Jh. v. Chr. an entlang der ganzen Küste auf. Im phönizischen Westen sind sie am frühesten in Karthago im 7. Jh. v. Chr. bezeugt.
Das hier gezeigte Stück entspricht dem Typus der »grinsenden« Maske: Die Augen sind als sichelförmige Öffnungen angegeben, der Mund ist geschlossen. Auf der Stirn erscheint ein stilisierter Zweig.
Ebenso wie für die Protomen ist für die aus Gräbern stammenden Masken eine apotropäische Bedeutung anzunehmen. Dafür spricht besonders der verzerrte, oft drastisch wirkende Gesichtsausdruck.

Almagro Gorbea 1980, 99 Nr. 110 Taf. 65

250
Protome   *(s. Farbabb. 42, S. 54)*

Ibiza, Puig des Molins, ehem. Sammlung Vives y Escudero
6.–5. Jh. v. Chr.
Terrakotta; H. 25,2 cm; aus der Matrize gedrückt; Reste von Bemalung
Madrid, Museo Arqueológico Nacional, Inv. 36100

Als Protomen werden vollplastische Köpfe mit Halsansatz bezeichnet. In Heiligtümern dienten sie als Weihgaben und waren sicherlich Götterdarstellungen. Als Grabbeigabe wird man ihnen apotropäische Bedeutung zugeschrieben haben.

Derartige Protomen sind in zahlreichen phönizischen Niederlassungen des Westens gefunden worden. Die Entwicklung zu speziell westlichen Typen vollzog sich in Karthago und auf Sizilien. Dem griechisch-phönizischen Stil dieser Protomen entspricht auch das hier gezeigte Stück. Die Einzelformen des Gesichtes, insbesondere die der Augen und des Mundes, sind vom archaisch-ostgriechischen Stil geprägt.

Almagro Gorbea 1980, 87 Nr. 84

251
Relieftafel

Ibiza, Puig des Molins, ehem. Sammlung Vives y Escudero
Ende 6. Jh. v. Chr.
Terrakotta; H. 27,5 cm; aus der Hohlform gepreßt; flache Rück-
seite unbearbeitet; unterer Teil abgebrochen; am Gewand Reste
ockerfarbener Bemalung
Madrid, Museo Arqueológico Nacional, Inv. 36.081

Die weibliche Gestalt in ägyptisierendem Stil mit
gestreckten, eng am Körper anliegenden Armen und
einer die Ohren freilassenden Perücke trägt ein in der
Taille von einem Band mit lose herabhängenden Enden
gehaltenes Gewand, das sie in Höhe der Oberschenkel

auf beiden Seiten rafft. Die Gesichtsformen, insbesondere die mandelförmigen Augen mit schweren Lidern,
aber auch die Gewandgestaltung lassen griechischen
Einfluß erkennen.

Almagro Gorbea 1980, 47 f. Nr. 2 Taf. 8

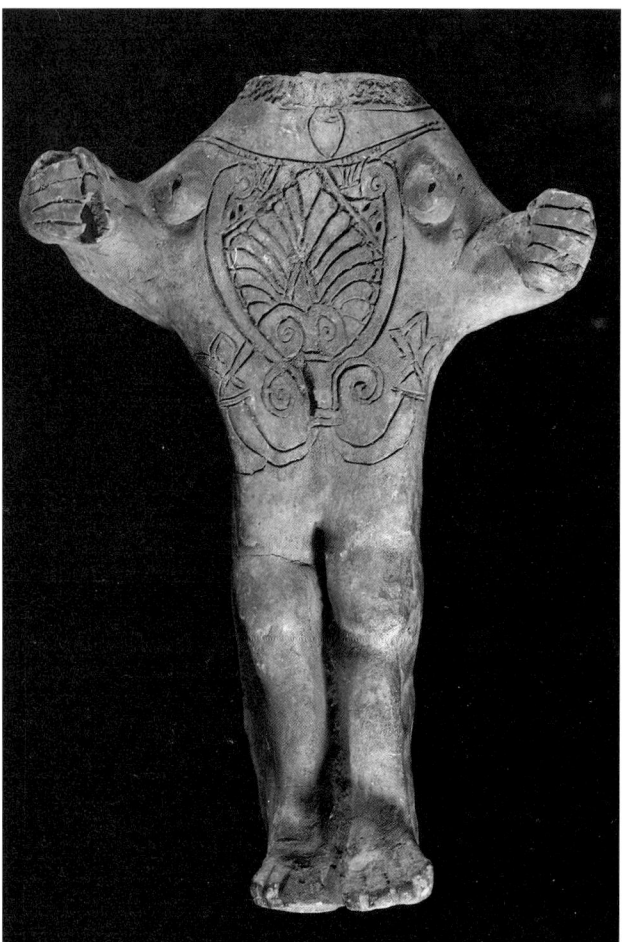

252
Statuette

Ibiza, Puig des Molins
4.–3. Jh. v. Chr.
Terrakotta; H. 17,5 cm; Brustornament und Halsschmuck in den
Ton eingeritzt; Kopf abgebrochen
Madrid, Museo Arqueológico Nacional, Inv. 36.163

Die brettartig gestaltete weibliche Figur trägt ein nur
durch den Halssaum angedeutetes kurzes Gewand, auf
dem eine große Schalenpalmette über Doppelvoluten
eingeritzt ist, die an den Seiten in stilisierte Blüten
übergehen. Um für dieses typisch phönizische Ornament Platz zu schaffen, wurden die weiblichen Brüste
weit nach außen gesetzt. Den Hals schmückt ein breites, kettenartiges Band mit einem ovalen Mittelanhänger.
Komplizierte Pflanzenmotive auf den Gewändern und
eine reiche Schmuckausstattung sind typisch für die
Tonfiguren von Ibiza und müssen als Ausdruck des
lokalen Geschmacks verstanden werden.

Tarradell 1974, 80 Nr. 15
Almagro Gorbea 1980, 70 Nr. 46 Taf. 33

253
Amphore

Ibiza, Puig des Molins
Ende 5.–4. Jh. v. Chr.
Ton hellorange, Bemalung weiß und weinrot, Oberfläche feucht
geglättet; H. 28,5 cm; Dm. (Mündung) 9,8 cm; vollständig
Madrid, Museo Arqueológico Nacional Inv. 35846

Amphore der punischen Keramik für Haus- und Grabgebrauch mit orientalisierender Form: weite, kurze
Mündung mit dreieckiger Lippe, weiter, zylindrischer

Hals mit flacher Halsrippe und gestaucht ovoider Bauch mit konkavem Boden ohne Standring. Breite Henkel führen von der Halsrippe zur Schulter. Die Lippe ist rot eingefaßt; Malzonen aus dünnen roten Linien setzen Schulter- und Fußzone ab, ein breites Band zwischen doppelten roten Linien betont die Stelle des größten Bauchumfanges, Hals- und Henkelzone sind mit vertikalen, die Henkelrücken mit horizontalen Linien bemalt.

Rodero Riaza 1980, 18. 58 Abb. 16, 1 Taf. 6, 2
Fernández Gómez 1983, 55 ff. Abb. 7 (Typ Eb. 64 nach Font de Taradell)

254
Urne mit Deckel

Ibiza, Puig des Molins
Ende 5.–4. Jh. v. Chr.
Ton orange, Oberfläche feucht geglättet, Bemalung rot, eingeritztes Tanit-Zeichen; H. 15,7 cm; Dm. (Mündung) 10,2 cm; vollständig
Madrid, Museo Arqueológico Nacional, Inv. 73.36.435

Orientalisierende Deckelurne der punischen Keramik mit weiter, eingezogener Mündung und nach innen verdickter Lippe, gestaucht eiförmigem Bauch mit konkavem Boden ohne Standring. Vertikale Henkel setzen direkt an der Mündung an und führen zum Schulterumbruch; sie sind mit einer Bohrung versehen. Der zugehörige Deckel, der wohl mit dem Gefäß in einem Stück gedreht und anschließend ausgeschnitten worden ist, schließt paßgenau mit der Mündung ab, führt den Gefäßkontur fort und endet schließlich in einem zapfenähnlichen Knopf. Zwei durchbohrte Warzen auf dem Deckelrand korrespondieren mit den Henkeln; durch die Bohrlöcher wurden Schnüre gezogen, mit denen der Deckel (dauerhaft) auf der – mit der Asche des Toten gefüllten – Urne festgebunden wurde. Bemalung des Deckelknopfes, der Deckelwandung sowie des Urnenbauches unterhalb der Schulter und des Bauches mit doppelten bzw. dreifachen horizontalen Linien; die Schulter ist mit vertikalen Wellenlinien verziert. Auf dem Rand der Urne ist ein kleines Tanit-Zeichen eingeritzt. Die orientalischen Vorbilder für diese Gefäße stammen aus Zypern, und über Karthago fanden sie Eingang in das westphönizischze Keramikrepertoire; auch dort wurden sie als Urnen verwendet.

Rodero Riaza 1980, 19. 61 Abb. 20, 1 Taf. 8

255
Teller

Ibiza, Puig des Molins
4. Jh. v. Chr.
Ton orange, Oberfläche feucht geglättet, Bemalung dunkelrot; H. 2,4 cm; Dm. (Rand) 18,4 cm; vollständig
Madrid, Museo Arqueológico Nacional, Inv. 73.36.425

Teller mit schmalem, abgesetztem, leicht hängendem Rand und runder Lippe, flachem Becken mit gerader Wandung und konkavem Boden mit flachem, abgesetztem Standring. Konzentrische Kreisbemalung auf dem Rand, am Außenrand des Beckens und im Beckenboden.
Punische Nachbildung eines frühen westphönizischen Tellers der Roten Ware, wie er um das Ende des 8. Jhs. v. Chr. in den phönizischen Niederlassungen Andalusiens gebräuchlich war.

Rodero Riaza 1980, 19. 64 Abb. 21, 1 Taf. 9, 1. Vgl. Schubart 1976

255

256

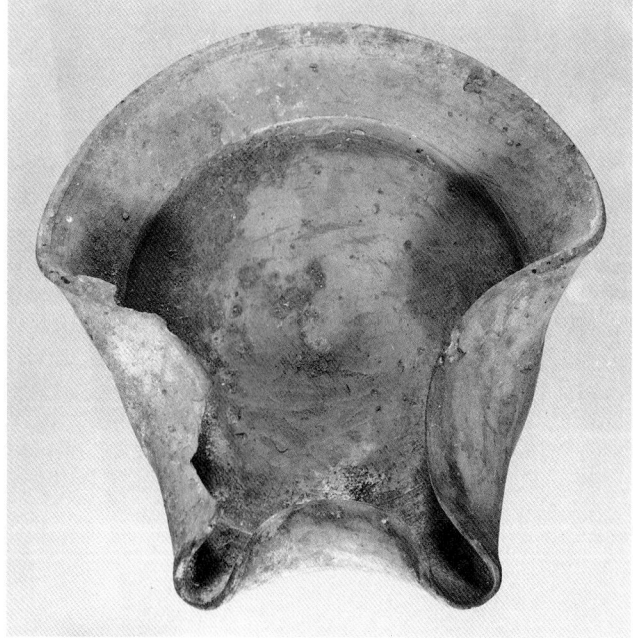

256
Schalenlampe

Ibiza, Puig des Molins
5.–4. Jh. v. Chr.
Ton; vollständig
Madrid, Museo Arqueológico Nacional, Inv. 73.36.651

Offene punische Tonlampe in Form eines kleinen Tellers mit zwei Schnauzen, ähnlich wie Kat. 193.

Unveröffentlicht

257
Schalenlampe

Ibiza, Puig des Molins
6./5. Jh. v. Chr. (?)
Bronze; H. 2,1 cm; L. 11,0 cm; Br. 10,0 cm; vollständig, Oberfläche ausgeblüht
Madrid, Museo Arqueológico Nacional, Inv. 73.36.944

Offene Bronzelampe in Form einer flachen Schale mit schmalem Rand und zwei Schnauzen (vgl. Kat. 193)

Unveröffentlicht

OHNE NR.
Modell einer phönizischen Bireme

L. 78,0 cm; Br. 27,0 cm; (Maßstab 1 : 50)
Bremerhaven, Deutsches Schiffahrtsmuseum

Ein phönizisches Kriegsschiff, wie das hier im Modell gezeigte, hatte eine Vielzahl spezieller Anforderungen zu erfüllen, die es von den Handelsschiffen unterschied. Während diese große Ladekapazitäten brauchten und stabil gebaut sein mußten, hohes Eigengewicht also in Kauf genommen werden konnte, sollten Kriegsschiffe vor allem schnell und wendig sein, d. h. schlank und leicht konstruiert. Um die größtmögliche Zahl Ruderer und Krieger unterzubringen, waren sie bis zu siebenmal so lang wie breit und boten nur ein Minimum an Raum.
Der langgezogene Rumpf hatte ein rundes, hochgebogenes Heck und einen spitz ausgezogenen, mit einem bronzenen Rammsporn bewehrten Bug, der gleichzeitig wichtigster Teil des Schiffes war: mit ihm wurden die Flanken des gegnerischen Schiffes gerammt und zersplittert. Im Rumpf des Schiffes saßen zu beiden Seiten je zwei Reihen mit insgesamt 50 Ruderern, die dem Schiff im Gefecht große Manövrierfähigkeit und

Wendigkeit verliehen; das kleine Rahsegel wurde vornehmlich zur Überwindung größerer Entfernungen benutzt. Vom Bug zum Heck des Schiffes, über die Köpfe der Ruderer hinweg, zog sich eine schmale hölzerne Konstruktion, eine »Kampfbrücke«, die mit Schilden bewehrt wurde und auf der Bogenschützen und Katapulte Platz und Schutz fanden. Beiderseits des Hecks waren schließlich die Steuerruder angebracht. Die Bauweise der Schiffe aus leichtem, weniger dauerhaftem Kiefernholz und die fehlende Möglichkeit, die Besatzung längere Zeit an Bord unterzubringen, schränkte jedoch ihren Aktionsradius erheblich ein; es war erforderlich, die Schiffe, wann immer sich Gelegenheit bot,

zu verlassen und auf den Strand zu ziehen oder den Heimathafen anzulaufen.

DeVries 1972

OHNE NR.
Modell eines Kammergrabes

Trayamar (Prov. Málaga), Grab 4
700–650 v. Chr.
L. 78 cm; Br. 27 cm; H. 29 cm; (Maßstab 1 : 50)
Madrid, Deutsches Archäologisches Institut

Modell des bis nach der Grabung nahezu vollständig erhaltenen, phönizischen Kammergrabes 4 aus der Nekropole von Trayamar (später bei Terrassierungsarbeiten zerstört). Vor der Anlage des Grabes ist zunächst in dem anstehenden, weichen Schiefer eine tiefe, geringfügig größere Baugrube ausgehoben worden, vor deren Wände sich – wie eine Fassade – die Grabkammer mit ihrer Konstruktion legt. Der Fußboden ist mit Platten unterschiedlicher Größe und Form ausgelegt. Darauf sind aus sorgfältig gearbeiteten und gefügten Kalksteinquadern die vier Wände der Grabkammer mit schmalen, hochrechteckigen Bindern und langrechteckigen Läufern errichtet; oberhalb der dritten und vierten Quaderlage muß sich ursprünglich zur Versteifung der Konstruktion ein Holzrahmen befunden haben. Auf der Höhe der vierten Quaderlage, zwischen dem umlaufenden Holzrahmen, sind auf der Süd-, West- und Nordseite jeweils in der Mitte der Wände drei Nischen eingelassen. In ihnen war ein Teil der wertvollen Beigaben deponiert. Der Grabeingang, der nach der letzten Bestattungsphase von außen mit kleineren, nur grob zugehauenen Quadern zugesetzt worden ist, befindet sich auf der Ostseite der Kammer; seine Türlaibung war aus Holz gefertigt und in die horizontale Rahmenkonstruktion eingebunden. Die Giebelwände der östlichen und westlichen Schmalseite gehen sehr viel höher auf als die Langseiten der Kammer, und nach dem Befund ist ein Firstdach zu rekonstruieren. Einarbeitungen in den Quadern zeigen noch die Stellen, an denen der Firstbalken eingesetzt war; darunter lag, Einarbeitungen in der fünften Quaderlage zeigen dies, die flache horizontale Holzdecke der eigentlichen Grabkammer. Für die Abdeckung des Außendaches wurden Holz und in Lehm gebettete, flache Schieferplatten verwendet. Vor dem Grabeingang schließlich erstreckte sich der Dromos, eine flache Rampe, die nach der letzten Belegung mit Schutt und Erde verfüllt worden ist.

Die vergleichsweise sehr qualitätvolle Konstruktion des Grabes sowie die insgesamt drei Brand- und zwei Körperbestattungen mit ihren reichen Gold-, Bronze-, Elfenbein- und Keramikbeigaben zeigen enge Verbindungen zum phönizischen Mutterland.

Niemeyer / Schubart 1975, 81 ff.

Bibliographie

1. Verzeichnis weiterführender Literatur

1.0 Allgemein

BRAUDEL, F. – DUBY, G. – AYMARD, M. (1987): Die Welt des Mittelmeeres.

BUNNENS, G. (1979): L'expansion phénicienne en Méditerranée.

GRAS, M. – ROUILLARD, P. – TEIXIDOR, J. (1989): L'univers phénicien.

HARDEN, D. (1980): The Phoenicians.

MOSCATI, S. (1966): Die Phönizier.

MOSCATI, S., Hrg. (1989): Die Phönizier. Deutsche Ausgabe der Einführungsbeiträge zum Katalog der Ausstellung Venedig 1988.

MOVERS, F. C. (1841–1856): Die Phönizier. 4 Bände.

MUHLY, J. D. (1985): Phoenicia and the Phoenicians. – Biblical Archaeology Today. Proceedings of the International Congress on Biblical Archaeology Jerusalem, April 1984: 177 ff.

NIEMEYER, H. G., Hrg. (1982): Phönizier im Westen. Die Beiträge des Internationalen Symposiums über »Die Phönizische Expansion im westlichen Mittelmeerraum« in Köln vom 24. bis 27. April 1979. Madrider Beiträge Bd. 8.

NIEMEYER, H. G. (1984): Die Phönizier und die Mittelmeerwelt im Zeitalter Homers. – Jahrbuch des Römisch-Germanischen Zentralmuseums Mainz 31: 3 ff.

Rivista di Studi Fenici 1 ff., 1973 ff.

Studia Phoenicia, Travaux du Groupe de contact interuniversitaire (Louvain 1983 ff.)

1.1 Zu J. Latacz, Die Phönizier bei Homer

BUCHHOLZ, H.-G. (1988): Der Metallhandel des zweiten Jahrtausends im Mittelmeerraum. – M. HELTZER – E. LIPINSKI, Hrg.: Society and Economy in the Eastern Mediterranean (c. 1500–1800 B.C.): 187 ff.

BURKERT, W. (1984): Die orientalisierende Epoche in der griechischen Religion und Literatur. – Sitzungsberichte der Heidelberger Akademie 1984/1.

COLDSTREAM, J. N. (1982): Greeks and Phoenicians in the Aegean. – H. G. NIEMEYER, Hrg.: Phönizier im Westen (s. oben unter 1.0).

LATACZ, J. (1989): Homer. Der erste Dichter des Abendlands.

MUHLY, J. D. (1970): Homer and the Phoenicians. – Berytus 19: 19 ff.

NIEMEYER, H. G. (s. oben).

RÖLLIG, W. (1982): Die Phönizier des Mutterlandes zur Zeit der Kolonisierung. – H. G. NIEMEYER, Hrg.: Phönizier im Westen (s. oben unter 1.0).

WATHELET, P. (1974): Les Phéniciens dans la composition formulaire de l'épopée grecque. – Revue Belge de Philologie 52: 5 ff.

1.2 Zu U. Gehrig, Die Phönizier in Griechenland

BOARDMAN, J. (1981): Kolonien und Handel der Griechen.

HELCK, W. (1979): Die Beziehungen Ägyptens und Vorderasiens zur Ägäis bis ins 7. Jahrhundert v. Chr.

KILIAN-DIRLMEIER, I. (1985): Fremde Weihungen in griechischen Heiligtümern vom 8. bis zum Beginn des 7. Jahrhunderts v. Chr. – Jahrbuch des Römisch-Germanischen Zentralmuseums Mainz 32: 215 ff.

1.3 Zu A. Rathje, Die Phönizier in Etrurien

PALLOTTINO, M. (1987): Italien vor der Römerzeit.

RIDGWAY, D. – RIDGWAY, F., Hrg. (1979): Italy Before the Romans.

STRÖM, I. (1971): Problems Concerning the Origin and Early Development of the Etruscan Orientalizing Style.

1.4 Zu H. G. Niemeyer, Die phönizischen Niederlassungen im Mittelmeerraum

Vgl. allgemein oben unter 1.0, dazu:

HUSS, W. (1985): Geschichte der Karthager (Handbuch der Altertumswissenschaft Abt. III, 8. Teil).

NIEMEYER, H. G. (1989): Das frühe Karthago und die phönizische Expansion im Mittelmeerraum. – Veröffentlichungen der Joachim-Jungius-Gesellschaft der Wissenschaften Hamburg Nr. 60.

NIEMEYER, H. G. (1990): Karthago, Stadt der Phönizier am Mittelmeer. – Antike Welt 21, 2: 89 ff.

1.5 Zu M. E. Aubet Semmler, Die Phönizier, Tartessos und das frühe Iberien

Vgl. allgemein oben unter 1.0, dazu:
AUBET SEMMLER, M. E. (1987): Tiro y las colonias fenicias de Occidente.
BENDALA GALÁN, M. (1985): Tartessos. – Historia General de España y América Bd. 1, 1: 595 ff.
DEL OLMO LETE, G. – AUBET, M. E., Hrg. (1986): Los Fenicios en la península Ibérica. – Aula Orientalis Bd. 3/4.

1.6 Zu E. Gubel, Die phönizische Kunst

BARNETT, R. D. (1982): Ancient Ivories in the Middle East and Adjacent Areas.
BISI, A. M. (1967): Le stele puniche.
CULICAN, W. (1965): The First Merchant Venturers.
CULICAN, W. (1986): Opera Selecta.
Dictionnaire de la civilisation phénicienne et punique (1990)
HÖLBL, G. (1986): Ägyptisches Kulturgut im phönikischen und punischen Sardinien.
MATTHIAE SCANDONE, G. (1975): Scarabei e scaraboidi egiziani ed egittizzanti del Museo Nazionale di Cagliari.
MOSCATI, S. (1988): I gioielli di Tharros. Origini, caratteri, confronti.
SEEFRIED, M. (1982): Les pendentifs en verre sur noyau des pays de la Méditerranée antique.
Vgl. im übrigen die unter 2. aufgeführte Literatur zu den einzelnen Ausstellungsstücken.

1.7 Zu W. Röllig, Das phönizische Alphabet und die frühen europäischen Schriften

FRIEDRICH, J. (1966): Geschichte der Schrift.
JENSEN, H. (1958): Die Schrift in Vergangenheit und Gegenwart. 2. Auflage.
McCARTER, K. P. (1976): The Antiquity of the Greek Alphabet and the Early Phoenician Scripts. – Harvard Semitic Monographs Bd. 9.
NAVEH, J. (1987): Early History of the Alphabet. 2. Auflage.

1.8 Zu H. G. Niemeyer, Die Phönizier im Mittelmeerraum

Vgl. oben unter 1.0.

2. Verzeichnis der im Katalog abgekürzt genannten Literatur

(zusammengestellt von Chr. Briese und E. Schlüter)

ÅSTRÖM, P. (1957): The Middle Cypriote Bronze Age.
ALMAGRO GORBEA, M. (1977): El Bronce Final y el Período Orientalizante en Extremadura.
ALMAGRO GORBEA, M. J. (1980): Catálogo de las terracotas de Ibiza del Museo Arqueológico Nacional.
– (1986): Orfebrería Fenicio-Punica del Museo Arqueológico Nacional.
AMANDRY, P. (1956): Chaudrons à protomes de taureau en Orient et en Grèce. – S. S. WEINBERG, Hrg.: The Aegean and the Near East. Studies Presented to Hetty Goldman: 239 ff.
– (1972): Collection de l'École Française. Bronzes. – Bulletin de Correspondance Hellénique 96: 13 ff.
AMIRAN, R. (1969): Ancient Pottery of the Holy Land.
ASTRUC, M. (1951): La Necrópolis de Villaricos. – Informes y Memorias Bd. 25.
AUBET, M. E. (1971): Los marfiles orientalizantes de Praeneste.
AUBET SEMMLER, M. E. (1982): Die westphönizischen Elfenbeine aus dem Gebiet des unteren Guadalquivir. – Hamburger Beiträge zur Archäologie 9: 15 ff.
BARNETT, R. D. (1957): A Catalogue of the Nimrud Ivories in the British Museum.
– (1974): The Nimrud bowls in the British Museum. – Rivista di Studi Fenici 2: 11 ff.
BARNETT, R. D. – MENDLESON, C., Hrg. (1987): Tharros. A Catalogue of Material in the British Museum from Phoenician and other Tombs at Tharros, Sardinia.
BIELEFELD, E. (1968): Schmuck. – Archaeologica Homerica Bd. 1.
BIKAI, P. (1987 A): The Phoenician Pottery of Cyprus.
– (1987 B): The Phoenician Pottery. – V. Karageorghis, Hrg.: La nécropole d'Amathonte. Tombes 113–367 Bd. 2. Céramiques non chypriotes.
BIRMINGHAM, J. (1963): The chronology of some Early and Middle Iron Age Cypriot sites. – American Journal of Archaeology 67: 15 ff.
BISI, A. M. (1977): La collezione di vasi cartaginesi del Museo di Bruxelles. – Rivista di Studi Fenici 5: 23 ff.
– (1980): La Diffusion du ›Smiting God‹ Syro-Palestinien dans le Milieu Phénicien d'Occident. – Karthago 19: 5 ff.
VON BISSING, FR. W. FRHR. (1923/24): Untersuchungen über die ›phoinikischen‹ Metallschalen. – Jahrbuch des Deutschen Archäologischen Instituts 38/39: 180 ff.
– (1928): Sitzungsbericht der Archäologischen Gesellschaft zu Berlin. – Archäologischer Anzeiger: 682 ff.
BLÁZQUEZ, J. M. (1963): Joyas orientalizantes extremeñas del Museo Arqueológico Nacional de Madrid. – Zephyrus 14: 5 ff.
– (1970/71): Escarabeos de Ibiza. – Zephyrus 21/22: 315 ff.
– 1975: Tartessos y los Orígines de la Colonización Fenicia en Occidente. 2. Auflage.

BLECH, M. (1986): Goldschmuck aus Almuñécar. – Madrider Mitteilungen 27: 151 ff.

BLINKENBERG, CHR. – KINCH, K. F. (1931): Lindos. Fouilles de l'acropole 1902–1914 Bd. 1. Les petits objets.

BOARDMAN, J. (1967): Archaic Greek Finger Rings. – Antike Kunst 10: 3 ff.

– (1970): Greek Gems and Finger Rings. Early Bronze Age to Late Classical.

– (1982): Greek Myths on ›Graeco-Phoenician‹ Scarabs. – Praestant Interna. Festschrift für Ulrich Hausmann: 295 ff.

– (1984): Escarabeos de piedra procedentes de Ibiza. – Madrid, Museo Arqueológico Nacional Catálogos y monografías Bd. 8.

BRIESE, CHR. (1985): Früheisenzeitliche bemalte phönizische Kannen von Fundplätzen der Levanteküste. – Hamburger Beiträge zur Archäologie 12: 7 ff.

BRÜMMER, E. (1976): Corpus Vasorum Antiquorum Hamburg, Museum für Kunst und Gewerbe Bd. 1.

BRÜSSEL (1986): Les Phéniciens et le monde méditerranéen. Ausstellungskatalog Brüssel.

BUCHHOLZ, H.-G. (1966): Talanta – Neues über Metallbarren der ostmediterranen Spätbronzezeit. – Schweizer Münzblätter 16: 58 ff.

– (1974): Ägäische Funde und Kultureinflüsse in den Randgebieten des Mittelmeers. – Archäologischer Anzeiger: 325 ff.

BUCHHOLZ, H. G. – KARAGEORGHIS, V. (1971): Altägäis und Altkypros.

CANCIANI, F. (1974): Corpus Vasorum Antiquorum Italia, Tarquinia, Museo Archeologico Nazionale Bd. 3.

CANCIANI, F. – VON HASE, F. W. (1979): La Tomba Bernardini di Palestrina.

CARROL, D. L. (1974): A classification for granulation in ancient metalwork. – American Journal of Archaeology 78: 33 ff.

– (1983): – American Journal of Archaeology 87: 551 ff.

CHAPMAN 1972: A catalogue of Iron Age pottery from the cemeteries of Khirbet Silm, Joya, Qrayé and Qasmieh of South Lebanon. – Berytus 21: 55 ff.

CINTAS, P. (1950): Céramique punique.

– (1970): Manuel d'archéologie punique Bd. 1.

COCHE DE LA FERTÉ, E. (1956): Les bijoux antiques.

CROWFOOT, J. W. – CROWFOOT, G. M. (1938): Samaria-Sebaste. Reports of the Work of the Joint Expedition in 1931–1933 and of the British Expedition in 1935 Bd. 2. Early Ivories from Samaria.

CULICAN, W. (1969): Dea Tyria Gravida. – Australian Journal of Biblical Archaeology 2: 35 ff.

– (1970 A): Coupes à décor phénicien provenant d'Iran. – Syria 47: 65 ff.

– (1970 B): Problems of Phoenicio-Punic Iconography – A Contribution. – Australian Journal of Biblical Archaeology 3: 28 ff.

– (1971): A foreign motif in Etruscan jewellery. – Papers of the British School at Rome 39: 1 ff.

– (1973): Phoenician jewellery in New York and Copenhagen. – Berytus 22: 31 ff.

– (1982): The repertoire of Phoenician pottery – H. G. NIEMEYER (Hrg.): Phönizier im Westen. Die Beiträge des Internationalen Symposiums über »Die phönizische Expansion im westlichen Mittelmeerraum« in Köln vom 24. bis 27. April 1979: 45–78. Madrider Beiträge Bd. 8.

CURTIS, C. D. (1925): The Barberini Tomb. – Memoirs of the American Academy in Rome 5: 9 ff.

D'AGOSTINO, B. (1968): Pontecagnano. Tombe orientalizzanti in contrada S. Antonio. – Atti della Accademia Nazionale dei Lincei. Notizie degli Scavi di Antichità, Serie 8, 22: 75 ff.

– (1977): Tombe »principesche« dell'orientalizzante antico da Pontecagnano. – Monumenti Antichi. Serie miscellanea Bd. 2,1, 49: 9 ff,

DECAMPS DE MERTZENFELD, C. (1954): Inventaire commenté des ivoires phéniciennes et apparentés découverts dans le Proche-Orient.

DE MATA CARRIAZO, J. (1973): Tartessos y El Carambolo.

– (1978): El Carambolo.

DEPPERT-LIPPITZ, B. (1985): Griechischer Goldschmuck.

DEVRIES, K. (1972): Greek, Etruscan and Phoenician ships and shipping. – G. W. BASS (Hrg.): A History of Seafaring: 37 ff.

FALSONE, G. (1986): Anath or Astarte? A phoenician bronze statuette of the Smiting Goddess. – Studia Phoenicia Bd. 4: 51 ff.

– (1985): A Syro-Phoenician bull-bowl in Geneva and its analogue in the British Museum. – Anatolian Studies 35: 131 ff.

FERNANDEZ GOMEZ, J. H. (1983): Guia del Museo monografico del Puig des Molins. – Trabajos del Museo Arqueológico de Ibiza Bd. 10.

FERRON, J. (1969): Les statuettes au tympanon des hypogées puniques. – Antiquités Africaines 3: 11 ff.

– AUBET, M. E. (1974): Orants de Carthage Bd. 1–2.

FLORENZ (1985): Civiltà degli Etruschi. Katalog der Ausstellung.

FOLLMANN, A. B. (1971): Corpus Vasorum Antiquorum Hannover, Kestner-Museum Bd. 1.

FRÄNKEL, H. (1956): Rezension zu Hampe, R.: Die Gleichnisse Homers. – Gnomon 28: 569 ff.

FRANKFORT, H. (1954): The Art and Architecture of the Ancient Orient.

FURUMARK, A. (1941): The Mycenaean Pottery, Analysis and Classification.

GAMER-WALLERT, I. (1978): Ägyptische und ägyptisierende Funde von der Iberischen Halbinsel.

– (1977): Der Skarabäus vom Cabezo de la Joya in Huelva. – Madrider Mitteilungen 18: 98 ff.

GARCÍA Y BELLIDO (1941): La Dama de Elche y el conjunto de piezas arqueológicas reingresadas en España en 1951.

GARRIDO ROIZ, J. P. – ORTA GARCÍA, E. M. (1978): Excavaciones en la Necropolis de »La Joya« Huelva Bd. 2. Excavaciones arqueológicas en España Bd. 96.

GJERSTAD, E. (1946): Decorated metal bowls from Cyprus. – Opuscula Archaeologica 4: 1 ff.

– (1948): The Swedish Cyprus Expedition Bd. 4, 2. The Cypro-Geometric, Cypro-Archaic and Cypro-Classical Periods.

GRAU-ZIMMERMANN, B. (1978): Phönikische Metallkannen in den orientalisierenden Horizonten des Mittelmeerraumes. – Madrider Mitteilungen 19: 161 ff.

GREIFENHAGEN, A. (1970/1975): Schmuckarbeiten in Edelmetall, Staatliche Museen Preußischer Kulturbesitz, Antikenabteilung.

GUBEL, E. (1977): Vijf Fenicische ivoren uit Nimrud in de Koninklijke Musea voor Kunst en Geschiedenis. – Bulletin des Musées Royaux d'Art et d'Histoire, Bruxelles 49: 67 ff.

– (1982): Notes sur un fragment de statuette phénicienne de la région d'Amurru. – Archéologie au Levant. Recueil à la mémoire de Roger Saidah: 225 ff.

– (1985): Notes on a Phoenician seal in the Royal Museum for Art and History, Brussels (CGPH. 1). –Orientalia Lovaniensia Periodica 16: 91 ff.

HACHMANN, R.: s. SAARBRÜCKEN.

HAMPE, R. (1952): Die Gleichnisse Homers und die Bildkunst seiner Zeit.

– (1969): Kretische Löwenschale des siebten Jahrhunderts v. Chr.

VON HASE, F. W. (1975): Zur Problematik der frühesten Goldfunde in Mittelitalien. – Hamburger Beiträge zur Archäologie 5, 1: 100 ff.

HELBIG, W. (1969): Führer durch die öffentlichen Sammlungen klassischer Altertümer in Rom Bd. 3. Die Staatlichen Sammlungen. Museo Nazionale Romano, Museo Nazionale di Villa Giulia. 4. Auflage.

HENCKEN, H. (1968): Tarquinia, Villanovans and Early Etruscans Bd. 1.

HERRMANN, H. V. (1966): Die Kessel der orientalisierenden Zeit Bd. 1. – Olympische Forschungen Bd. 6.

HIGGINS, R. A. (1960/61): The Elgin Jewellery. – The British Museum Quarterly 23: 101 ff.

– (1961): Greek and Roman Jewellery.

– (1969): Early Greek jewellery. – The Annual of British School at Athens 64: 143 ff.

HOFFMANN, H. – VON CLAER, V. (1968): Antiker Gold- und Silberschmuck. Museum für Kunst und Gewerbe Hamburg.

– et al. (1974): Erwerbungen des Museums für Kunst und Gewerbe Hamburg 1963–1972. – Archäologischer Anzeiger: 51 ff.

HOWLAND, R. H. (1958): The Athenian Agora Bd. 4. Greek Lamps and their Survivals.

KAESER, B. (1984): Zur Ikonographie frühetruskischer Granulationsarbeiten. – Münchner Jahrbuch der Bildenden Kunst 35: 7 ff.

KARAGEORGHIS, V. (1963): Corpus Vasorum Antiquorum Cyprus, Nicosia Bd. 1, Cyprus Museum (Nicosia), Larnaca District Museum.

– (1987): La nécropole d'Amathonte. Tombes 113–367 Bd. 3, 1. The Terrakottas.

KARYDI, H. (1964): Ein naxischer Goldanhänger in Berlin. – Archäologischer Anzeiger: 266 ff.

KILIAN, K. (1977): Das Kriegergrab von Tarquinia. – Jahrbuch des Deutschen Archäologischen Instituts 92: 24 ff.

KUKAHN, E. – BLANCO, A. (1959): El tesoro de ›El Carambolo‹. – Archivo Español de Arqueología 23: 38 ff.

KYRIELEIS, H. (1977): Stierprotomen – orientalisch oder griechisch ?. – Mitteilungen des Deutschen Archäologischen Instituts. Athenische Abteilung 92: 71 ff.

LAYARD, A. H. (1853): The Monuments of Ninivch Bd. 2.

LIEPMANN, U. (1982): Glas der Antike. Kestner-Museum Hannover.

LO SCHIAVO, F. – VAGNETTI, L. (1980): Micenei in Sardegna ?. – Atti dell'Accademia nazionale dei Lincei. Rendiconti 35: 371 ff.

LULLIES, R. (1952): Corpus Vasorum Antiquorum Deutschland, München Bd. 3, Museum Antiker Kleinkunst.

– (1954): Neuerwerbungen der Antikensammlungen in München. – Archäologischer Anzeiger: 260 ff.

MALLOWAN, M. E. L. (1966): Nimrud and its Remains.

MANA DE ANGULO, J. M. (1947): Museo Arqueológico de Ibiza. Huevos de avestruz cartagineses con decoración pintada o grabada. – Memorias de los Museos Arqueológicos Provinciales 8: 45 ff.

MARKOE, G. (1985): Phoenician Bronze and Silver Bowls from Cyprus and the Mediterranean.

MARSHALL, F. H. (1911): Catalogue of the Jewellery, Greek, Etruscan and Roman, in the Departments of Antiquities, British Museum.

MATTHÄUS, H. (1985): Metallgefäße und Gefäßuntersätze der Bronzezeit, der geometrischen und archaischen Periode auf Cypern. Prähistorische Bronzefunde Abt. 2 Bd. 1.

VON MERCKLIN, E. (1928): Antiken im Hamburgischen Museum für Kunst und Gewerbe. – Archäologischer Anzeiger: 290 ff.

MEYER, J.-W. (1987): Die Silberschale VA 14117 – ägyptisch oder phönizisch ?. – E. Lipinski (Hrg.): Phoenicia and the East Mediterranean. Proceedings of the Conference held in Leuven from the 14th to the 16th of November 1985. Studia Phoenicia Bd. 5: 167 ff.

MINTO, A. (1921): Marsiliana d'Albegna.

MITCHELL, T. C. (1987): Pottery. – BARNETT, R. D. – MENDLESON, C.: Tharros: A Catalogue of Material in The British Museum from Phoenician and other Tombs at Tharros, Sardinia: 50 ff.

MÖLLER, L. L. (1962): Stiftung zur Förderung der Hamburgischen Kunstsammlungen, Erwerbungen 1962.

MONTELIUS, O. (1904): La civilisation primitive en Italie Bd. 2.

MOOREY, P. R. S. (1973): Some Syro-phoenician bronze caryatid stands. – Levant 5: 83 ff.

MOREL, J. P. (1981): Céramique campanienne: les formes.

MOSCATI, S. (Hrg.) (1988): Die Phönizier. Deutsche Ausgabe der Einführungsbeiträge zum Katalog der Ausstellung Venedig 1988.

MÜNCHEN (1985 A): WILDUNG, D. – SCHOSKE, S. (Hrg.): Entdeckungen. Ägyptische Kunst in Süddeutschland.

MÜNCHEN (1985 B): Idole. Frühe Götterbilder und Opfergaben. Ausstellungskatalog.

MYRES, J. L. (1914): Handbook of the Cesnola Collection of Antiquities of Cyprus.

NEUBURG, F. (1962): Antikes Glas.

NIEMEYER, H. G. (1970): Zum Thymiaterion vom Cerro del Peñón. – Madrider Mitteilungen 11: 96 ff.

– (1972): Orient im Okzident – Die Phöniker in Spanien. Ergebnisse der Grabungen in der archäologischen Zone von Torre del

Mar (Málaga). – Mitteilungen der Deutschen Orientgesellschaft zu Berlin 104: 5 ff.

– (1984): Die Phönizier und die Mittelmeerwelt im Zeitalter Homers. Zweite Theodor-Mommsen-Vorlesung, 1983. – Jahrbuch des Römisch-Germanischen Zentralmuseums Mainz 31: 3 ff.

NIEMEYER, H. G. – SCHUBART, H. (1965): Ein ostphönikisches Thymiaterion vom Cerro del Peñón (Almayate Bajo, Prov. Málaga). – Madrider Mitteilungen 6: 74 ff.

– (1975): Trayamar. Die phönizischen Kammergräber und die Niederlassung an der Algarrobo-Mündung. – Madrider Beiträge Bd. 4.

OHLY, D. (1953): Griechische Goldbleche des 8. Jh. v. Chr.

ORCHARD, J. J. (1967): Equestrian Bridle Harness Ornaments. Ivories from Nimrud (1949–1963) Abt. 1 Teil 2.

PARROT, A. (1964): Acquisitions et inédits du Musée du Louvre. 19. Coupelles en pierre. – Syria 41: 227 ff.

PELLICER, M. (1968): Las primitivas cerámicas a torno pintadas hispanas. – Archivo Español de Arqueología 41: 60 ff.

PÉREZ DIE, M. DEL CARMEN (1976): Notas sobre cuatro vasos egipcios de alabastro de Torre del Mar (Málaga), conservados en el Museo Arqueológico Nacional de Madrid. – Revista de Archivos Bibliotecas y Museos 79: 903 ff.

PERROT, G. – CHIPIEZ, CH. (1885): Histoire de l'art dans l'Antiquité Bd. 3.

PICARD, C. (1965/66): Sacra punica. Études sur les masques et rasoirs de Carthage. – Karthago 13: 1–115.

PIERIDES (1971): Jewellery in the Cyprus Museum.

POTTIER, E. (1896): Catalogue des Vases Antiques de Terre cuite I.

QUATTROCCHI PISANO, G. (1974): I gioielli fenici di Tharros nel Museo Nazionale di Cagliari, Collezione di Studi Fenici Bd. 3.

QUILLARD, B. (1979): Bijoux carthaginois Bd. 1. Les colliers.

RATHJE, A. (1976): A group of »Phoenician« faience anthropomorphic perfume flasks. – Levant 8: 96 ff.

– (1979): Oriental imports in Etruria in the eighth and seventh centuries B. C.: their origins and implications. – D.-F. R. RIDGWAY, Hrg.: Italy Before the Romans: 145 ff.

– (1980): Silver relief bowls from Italy. – Analecta Romana Instituti Danici 9: 7 ff.

– (1983): A Banquet Service from the Latin City of Ficana. – Analecta Romana Instituti Danici 12: 7 ff.

RIIS, P. J. (1948–1949): Astarte plaques and their western connections. – Berytus 9: 69 ff.

RODERO RIAZA, A. (1980): Colección de ceramica punica de Ibiza en el Museo Arqueológico Nacional.

RÖLLIG, W. (1969): Zur phönizischen Inschrift der Astarte-Statuette in Sevilla (Hispania 14). – Madrider Mitteilungen 10: 141 ff.

SAARBRÜCKEN (1983): Frühe Phöniker im Libanon. Ausstellungskatalog.

VON SALDERN, A. (1966): Glass. – M. MALLOWAN: Nimrud and its Remains Bd. 2 Anhang 3: 623 ff.

SCHLÜTER, M. (1982): Kestner-Museum. Jahresbericht 1977–1981, Hannoversche Geschichtsblätter N. F. 36: 138 f. Nr. 40.

SCHLÜTER, M. – PLATZ-HORSTER, G. – ZAZOFF, P. (1975): Antike Gemmen in Deutschen Sammlungen Bd. 4. Hannover, Kestner-Museum. Hamburg, Museum für Kunst und Gewerbe.

SCHUBART, H. (1976): Westphönizische Teller. – Rivista di Studi Fenici 4: 179 ff.

– (1983): Morro de Mezquitilla. Vorbericht über die Grabungskampagne 1982 auf dem Siedlungshügel an der Algarrobo-Mündung. – Madrider Mitteilungen 24: 104 ff.

SCHUBART, H. – NIEMEYER, H. G. (1976): Trayamar. Los hipogeos fenicios y el asentamiento en la desembocadura del río Algarrobo. – Excavaciones Arqueológicas en España Bd. 90.

SEEDEN, H. (1980): The Standing Armed Figurines in the Levant. – Prähistorische Bronzefunde Bd. 1, 1.

– (1982): Peace figurines from the Levant. – Archéologie au Levant. Recueil à la mémoire de Roger Saidah: 108 ff.

SPARKES, B. A. – TALCOTT, L. (1970): The Athenian Agora Bd. 12. Black and Plain Pottery of the 6th, 5th and 4th Centuries B. C.

STUCKY, R. A. (1974): The engraved Tridacna Shells. – Dédalo 19.

SUNDWALL, J. (1943): Die älteren italischen Fibeln.

TARRADELL, M. (1974): Terracotas púnicas de Ibiza.

THIMME, J. (1973): Phönizische Elfenbeine. Bildhefte des Badischen Landesmuseums Karlsruhe.

– (1986): Antike Meisterwerke im Karlsruher Schloß.

TORELLI, M. (1965): Un uovo di struzzo dipinto, conservato nel Museo di Tarquinia. – Studi Etruschi 32: 329 ff.

VENEDIG (1988): I FENICI. Ausstellungskatalog.

VIERNEISEL, K. (1982): Neuerwerbungen. – Münchner Jahrbuch der bildenden Kunst 32: 204 ff.

WALTER, H. (1959): Orientalische Kultgeräte. – Mitteilungen des Deutschen Archäologischen Instituts. Athenische Abteilung 74: 69 ff.

WEBB, V. (1978): Archaic Greek Faience. Miniature Scent Bottles and Related Objects from East Greece, 650–500 B. C.

WELTEN, P. (1970): Eine neue »phönizische« Metallschale. – Archäologie und Altes Testament. Festschrift für Kurt Galling: 273 ff.

YON, M. (1974): Un depot de sculptures archaïques. Salamine de Chypre Bd. 5.

ZAHN, R. (1932): Ausstellung von Schmuckarbeiten in Edelmetall aus den Staatlichen Museen in Berlin.

ZWIERLEIN-DIEHL, E. (1969): Antike Gemmen in Deutschen Sammlungen Bd. 2. Staatliche Museen Preußischer Kulturbesitz, Antikenabteilung.

Abbildungsnachweis

Berlin	Staatliche Museen Stiftung Preußischer Kulturbesitz Antikenmuseum 100, 115, 116 Ingrid Geske 97 Johannes Laurentius 61, 89, 90, 91, 92, 93, 98, 99	Kopenhagen	Nationalmuseet, The National Museum of Denmark Department of Near Eastern and Classical Antiquities 143
Berlin, DDR	Staatliche Museen zu Berlin, DDR Ägyptisches Museum 23	Leiden	Rijksmuseum van Oudheden 144, 179, 183, 184
Brüssel	Musées Royaux d'Art et d'Histoire Département des Antiquités Grecques, Etrusques et Romaines 54, 175, 176, 177, 178, 180, 181, 182 Département des Antiquités Orientales, Fotoarchiv Fabbri/Bompiani (Mailand) 2, 3, 27, 46, 47, 48, 49, 50, 51, 52, 53	London	The British Museum 16, 24, 36, 40, 45, 55, 59, 60, 73, 74, 75, 76, 77, 78, 79, 80, 81, 82, 83, 84, 85, 86, 87, 88 British School of Archaeology in Iraq 56, 57, 58
Bremerhaven	Deutsches Schiffahrtsmuseum Egbert Laska	Madrid	Museo Arqueológico Nacional 203, 204, 205, 207, 208, 209, 210, 211, 217, 218, 219, 220, 224, 225, 226, 227, 228, 229, 230, 233, 234, 235, 236, 237, 238, 239, 240, 241, 242, 243, 244, 245, 246, 247, 248, 249, 250, 252, 253, 254, 255, 256 Deutsches Archäologisches Institut Madrid 193, 195 Peter Witte Abb. Grabkammer Trayamar
Genf	Dieter Widmer (Basel) 1, 25		
Hamburg	Museum für Kunst und Gewerbe Beatrice Frehn 33, 41, 95		
Hannover	Kestner-Museum Wolfgang Frost 4, 5, 9, 10, 11, 12, 13, 14, 15, 18, 65, 66, 67, 68, 69, 70, 71, 72, 101, 102, 103, 136, 147, 150, 151, 172, 173, 174 Dagmar Grauel 94	Málaga	Museo de Bellas Artes de Málaga 185, 186, 187, 188, 189, 190, 191, 192, 193, 194, 196
Heidelberg	Archäologisches Institut der Universität Heidelberg Antikenmuseum und Abguß-sammlung 107	München	Staatliche Antikensammlungen und Glyptothek Christa Koppermann 96, 104, 105, 149, 152, 153, 154, 155, 156, 157
Huelva	Museo de Huelva 199, 200, 201, 202	Paris	Musées du Louvre, Service photographique de la Réunion des Musées Nationaux 6, 7, 8, 26, 37, 38, 39, 42, 43, 44, 148, 171
Karlsruhe	Badisches Landesmuseum, Antikenabteilung 28, 29, 30, 31, 32, 34, 35, 106	Rom	Museo di Villa Giulia 129, 130, 131, 132, 133, 135, 138, 139, 140, 141, 142
Karthago	Musée de Carthage 158, 160, 161, 162, 163, 164, 165, 167, 168, 169, 170	Saarbrücken	Institut für Vor- und Frühgeschichte der Universität des Saarlandes

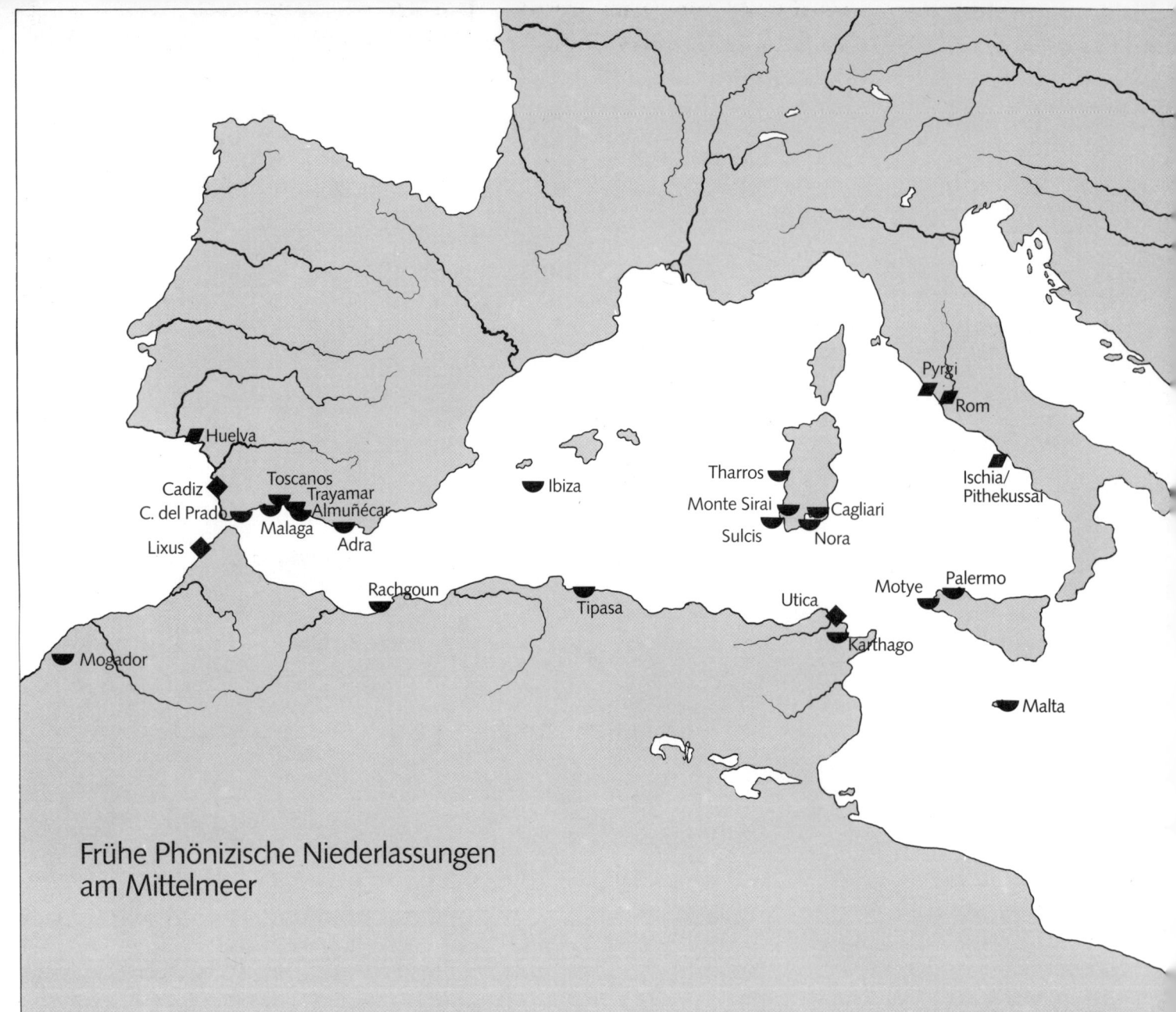

Huelva

Cadiz
C. del Prado

Toscanos
Trayamar
Malaga
Almuñécar
Adra

Lixus

Rachgoun

Ibiza

Tipasa

Tharros

Monte Sirai
Sulcis
Cagliari
Nora

Utica
Karthago

Pyrgi
Rom

Ischia/
Pithekussai

Motye
Palermo

Mogador

Malta

Frühe Phönizische Niederlassungen
am Mittelmeer

● Städte im Phönizischen Mutterland

◆ Früheste Niederlassungen der Phönizier auf Zypern
und im westlichen Mittelmeer

◣ Phönizische 'Enoikismoi' in einheimischen Siedlungen (Auswahl)

◖ Phönizische Niederlassungen (Faktoreien) im Westen.